풍수지리지도사
문제은행

풍수지리지도사 문제은행

초판인쇄	2024년 8월 20일
초판발행	2024년 8월 25일
지은이	김남선, 김현회, 박성대, 조민관, 지영학, 지종학
발행인	조현수
펴낸곳	도서출판 프로방스
기획	조영재
마케팅	최문섭
편집	문영윤
본사	경기도 파주시 광인사길 68, 201-4호(문발동)
물류센터	경기도 파주시 산남동 693-1
전화	031-942-5366
팩스	031-942-5368
이메일	provence70@naver.com
등록번호	제2016-000126호
등록	2016년 06월 23일

정가 23,000원
ISBN 979-11-6480-362-0 (13180)

풍수를 알면 부동산이 보이고 재테크에 유리하다

풍수지리 지도사

문제은행

김남선 | 김현회 | 박성대 | 조민관 | 지영학 | 지종학 지음

P. 프로방스

사단법인 대한풍수지리학회 풍수지리지도사 자격검정위원회
풍수지리지도사 자격 관리·운영 규정

(최근 개정일: 2024년 1월 15일)

제1장 총 칙

제1조(목적) 이 규정은 민간자격검정(이하 "검정"이라 한다.)의 업무를 엄정하고, 효율적으로 시행하기 위하여 필요한 사항에 대하여 규정함을 목적으로 한다.

제2조(용어의 정의) 이 규정에서 사용하는 용어의 정의는 다음과 같다.

1. "시험위원"이라 함은 출제위원, 감수위원, 본부위원, 책임관리위원, 시설관리위원, 보조위원, 시험감독위원, 복도감독위원, 방송통제위원, 실기보조위원, 채점위원 및 기타 독찰위원을 말한다.

2. "답안카드"라 함은 광학판독기에 의하여 채점되는 필기시험 답안지를 말한다.

3. "답안지"라 함은 검정 시행종목 중 수작업에 의하여 채점되는 필기시험 답안지(주관식 시험문제지 포함) 및 실기시험 시행 시 순수 필답형으로 시행하는 종목의 답안지를 말한다.

4. "비번호"라 함은 답안지 및 작품채점 시 채점의 공정을 기하기 위하여 답안지 및 작품이 어느 수험자의 것인가를 알지 못하도록 답안지 및 작품에 숫자 또는 문자로 표시하는 비밀부호를 말한다.

5. "등번호"라 함은 검정시행 시 수험자의 인적사항을 알지 못하도록 수험자의 등에 부착하는 숫자 또는 문자로 표시하는 부호를 말한다.

6. "작품"이라 함은 실기시험 시행종목 중 작업형 시행종목의 작품 및 답안지를 말한다.

제3조(적용대상) 이 규정은 검정을 시행하는 사단법인 대한풍수지리학회 소속 직원과 검정 관련업무 종사자 (시험위원 등) 및 기타 검정업무와 관련이 있는 자(수험자 등)에게 적용한다.

제2장 업무구분

제4조(검정업무의 구분) ① 사단법인 대한풍수지리학회 본부는 민간 자격의 검정업무 전반을 주관·시행하며, 다음 각 호의 업무를 수행한다.

1. 검정시행계획의 수립 및 공고에 관한 사항
2. 검정 출제기준의 작성 및 변경에 관한 사항
3. 검정업무의 기획, 제도개선에 관한 사항
4. 시험위원의 위촉·활용에 관한 사항
5. 검정 시험문제의 출제·관리 및 인쇄·운송에 관한 사항
6. 필기시험 답안지의 채점 및 합격자 사정에 관한 사항
7. 합격자 관리 및 자격수첩 발급·관리에 관한 사항
8. 검정사업 일반회계 운영에 관한 사항
9. 기타 민간자격검정 업무와 관련된 사항

② 시행 주관팀(부)에서는 다음 각 호의 업무를 수행한다.

1. 수험원서 교부·접수, 수험 연명부 작성 및 안내에 관한 사항
2. 검정 세부실시계획 수립 및 운영에 관한 사항
3. 검정집행업무(시험장 준비, 시험위원 배치, 시험시행 등)와 관련된 사항
4. 실기시험 답안의 현지채점에 관한 사항
5. 합격자 명단 게시공고 및 자격수첩 교부에 관한 사항
6. 시험위원 추천 및 위촉업무에 관한 사항
7. 부정행위자 처리에 관한 사항
8. 검정수수료 수납에 관한 사항
9. 기타 검정사업의 집행업무와 관련된 사항

제3장 자격의 종목 및 검정

제5조(민간자격의 취득) 본 사단법인 대한풍수지리학회의 민간자격을 취득하고자 하는 자는 시험에 응시하여 합격하여야 한다.

제6조(자격종목 및 등급) 자격의 종목명은 풍수지리지도사이며, 등급은 명인, 1급, 2급이다.

제7조(자격소지자의 직무내용) ① 우리 고유의 전통적 풍수지리학문에 대한 체계정립과

풍수지리학이 올바른 학문으로 발전할 수 있게 음택과 양택풍수를 전반적으로 이해하고 입지분석 등을 활용하여 국민의 삶의 질 향상에 기여한다.

② 등급별 직무내용은 다음과 같다.

자격명	등급	등급별 직무내용
풍수지리 지도사	명인	관공서와 기업체의 컨설팅을 담당하고 양택과 음택에 관한 업무를 수행함
	1급	대학과 문화센터 등에서 풍수 강의를 할 수 있고 기업체와 일반인들 대상으로 풍수지리 컨설팅을 수행함
	2급	풍수지리를 실생활에 활용할 수 있으며 저변확대 및 풍수지리 발전에 기여함

제8조(검정의 기준) 검정의 기준은 다음과 같다.

자격명	등급	검정기준
풍수지리 지도사	명인	지리오결, 지리신법, 설심부, 명산론 등의 풍수고전Ⅲ을 이해할 수 있는 수준이어야 하며 음택풍수 과제에서 논리적이고 체계적인 서술이 가능해야 한다
	1급	청오경, 금낭경 등의 풍수고전Ⅰ과 인자수지 등의 풍수고전Ⅱ를 이해할 수 있어야 하며, 기업체 컨설팅이 가능한 수준
	2급	음양오행론과 풍수학 개론을 이해하여 실생활에 활용할 수 있는 수준

제9조(검정방법 및 검정과목) ① 등급별 검정방법과 검정과목은 다음과 같다.

등급	검정방법	검정 과목(분야 또는 영역)
명인	필기시험	풍수고전Ⅲ
	실기시험	음택풍수
1급	필기시험	풍수고전Ⅰ, 풍수고전Ⅱ
	실기시험	강의 시연
2급	필기시험	음양오행론, 풍수학 개론

② 검정방법 및 검정과목별 문항수와 수험시간은 별표1과 같다.

제10조(응시자격) 응시자격은 다음과 같다.

등급	응시자격
명인	① 제도권에서 풍수지리를 강의하거나 박사논문을 소지한 자 ② 본 학회 1급 자격증 소지자 ③ 본 학회에서 추천하는 자 ④ 위 ①②③ 중 1개 사항에 해당하는 자
1급	① 대학원 풍수지리관련 학과 석박사 과정을 이수한 자 ② 풍수지리를 지도하는 교·강사 ③ 해당분야의 2급 자격증을 취득한 자 ④ 위 ①②③ 중 1개 사항에 해당하는 자
2급	① 본 교육기관의 풍수지리지도사 양성과정 교육을 80시간 이상 수료한 자 ② 타 교육기관 풍수지리 관련 자격증 소지자 또는 풍수지리 교강사 ③ 타 교육기관에서 풍수지리 교육을 이수한 자 ④ 위 ①②③ 중 1개 사항에 해당하는 자

제11조(검정의 일부 면제) ① 명인과 1급의 경우 필기시험 또는 실기시험 중 어느 하나에 합격한 경우, 이후에 시행되는 시험에 있어서 연속하여 1회에 한하여 합격한 필기시험 또는 실기시험을 면제한다.

제12조(합격결정 기준) ① 풍수지리지도사 2급은 풍수학 개론과 음양오행론 두 과목 모두 100점 만점에 70점 이상인 자를 최종합격자로 결정한다.

② 풍수지리지도사 1급은 풍수고전 I 과 풍수고전 II 두 과목 모두 100점 만점에 80점 이상인 자를 최종합격자로 결정한다. 실기시험은 풍수지리학에 대한 강의 시연을 하며 심사위원 3명으로부터 80점 이상의 점수를 획득한 자를 최종합격자로 결정한다.

③ 명인은 풍수고전 III 필기시험에서 100점 만점에 80점 이상이어야 한다.

명인의 음택풍수 실기시험은 풍수지리 관련 박사학위 소지자 또는 교·강사로 구성된 심사위원 5명 전원으로부터 80점 이상의 점수를 획득한 자를 최종합격자로 결정한다.

제4장 수험원서

제13조(검정안내) ① 사단법인 대한풍수지리학회 본부는 검정의 종목, 수험자격, 제출서류, 검정방법, 시험과목, 검정일시, 검정장소 및 수험자 유의사항 등을 포함한 검정안내서를 작성 배포할 수 있다.

② 사단법인 대한풍수지리학회 본부의 모든 직원들은 수험자로부터 검정시행에 관한 문의가 있을 때에 이에 성실히 응답하여야 한다.

제14조(수험원서 등) 시험에 응시하고자 하는 사는 수험원시 및 응시지격 관련서류를 제출하여야 한다.

제15조(원서접수) ① 원서접수, 검정수수료(이하 "수수료"라 한다) 수납업무는 복무규정의 근무시간 내에 한함을 원칙으로 한다.

② 원서는 사단법인 대한풍수지리학회 본부에서 접수함을 원칙으로 한다.

③ 우편접수는 접수마감일까지 도착분에 한하며, 반신용 봉투(등기요금 해당 우표 첨부, 주소기재 등) 1매를 동봉한 것에 한한다.

④ 수험표는 원서접수 시에 교부한다. 다만, 우편접수자에게는 우편으로 우송 할 수 있고, 단체접수자는 접수종료 후 교부할 수 있다.

⑤ 원서접수 담당자는 원서기재 사항 및 응시자격 관련서류를 확인하고 접수받아야 한다.

제16조(수험번호 부여) 원서접수에 따른 수험번호 부여는 원서접수 순서에 따른다.

제17조(수수료) ① 검정을 받고자 하는 자는 수수료를 납부하여야 한다.

② 검정을 받고자 하는 자가 이미 납부한 수수료는 과오납한 경우를 제외하고는 이를 반환하지 아니한다.

③ 수수료는 현금으로 수납함을 원칙으로 한다. 단, 우편환 증서, 자기앞 수표는 현금으로 간주한다.

④ 수수료는 원서접수 시에 수납함을 원칙으로 한다. 단, 마감일에 수납된 수수료는 마감일로부터 2일내에 예입한다.

⑤ 마감 후에 수납된 현금은 금고에 보관하고 은행에 예입할 때까지 필요한 조치를 취해야 한다.

⑥ 수수료에 대한 영수증은 별도 발급하지 않고 수험표로 이를 갈음한다. 단, 단체

접수의 경우에는 수납총액이 기재된 단체접수 영수증을 발급한다.

⑦ 검정수수료는 풍수지리지도사 명인 1,000,000, 1급 200,000, 2급 100,000으로 구분하여 각각 소정의 수수료를 납부한다.

제18조(접수현황 및 수험자 파일보고) ① 주관 팀은 원서접수 마감 종료 후 종목별 접수 현황, 검정 수수료 내역 등을 사단법인 대한풍수지리학회 본부로 제출하여야 한다.

② 주관 팀은 원서접수 마감일로부터 7일 이내에 수험 연명부 명단 등의 수험자 파일을 사단법인 대한풍수지리학회 본부로 제출하여야 한다.

제19조(검정시행자료 등의 준비) ① 사단법인 대한풍수지리학회 본부는 시험실배치 계획표, 좌석 배치표, 수험자 명단 등의 시행 자료를 발행해야 한다.

제5장 검정시행 준비

제20조(수험사항 공고 및 통지) 주관 팀은 시행 자격종목, 시험일시, 수험자 지참물 등에 대해 수험원서 접수 시 사전공고 및 수험표에 기재하여 통보하고, 사전공고가 불가능한 때에는 원서접수 시에 게시 안내하여야 한다.

제21조(시험장 준비) ① 시험장책임자는 주관 팀으로 하며 책임관리위원은 사단법인 대한풍수지리학회 이사장으로 한다.

② 시험장 책임자는 당해 종목시행에 적합한 시설, 장비 등을 사전에 점검하여 시험 시행에 지장이 없도록 하여야 한다.

제22조(실기시험 재료) ① 검정사업단은 검정시행 ○일전까지 각 시험장에 자격종목별 소요재료의 납품을 완료토록 조치하여야 하고, 주관 팀은 납품된 검정재료의 이상 유무를 확인하여야 한다.

제23조(시험본부 설치·운영) 주관 팀은 검정시행입무를 총괄 지휘하기 위하여 자체 운영에 필요한 시험본부를 설치·운영하여야 한다.

제6장 출제 및 감수

제24조(출제·감수위원 위촉) ① 시험문제를 출제할 때에는 각 종목 또는 과목별마다 출제위원을 위촉한다.

③ 시험문제의 출제는 보안을 철저히 유지하도록 하여야 한다.

제25조(출제·감수위원 위촉기준) ① 출제위원 또는 감수위원의 위촉기준은 다음 각 호의 1에 해당하는 자로 위촉한다.

1. 관련 자격증 소지자로서 해당 기술종목에 10년 이상 산업체에 종사하는 자
2. 관련 자격증 소지자로서 당해 기술직종을 10년 이상 자영하는 자
3. 해당 기술 분야의 직업훈련 자격이 있는 자로 직업교육훈련기관에 3년 이상 재직하는 자
4. 해당 종목분야에서 3년 이상 산업체에 종사하는 자
5. 대학교 또는 전문대학에서 해당 기술 분야 전임강사 이상으로 재직하는 자
7. 해당분야에 20년 이상 실무에 종사한 자로서 해당분야에 관한 학식과 경험이 풍부하여 자격이 있다고 인증되는 자

제26조(시험문제 원고의 인수, 보관, 관리 등) ① 시험문제의 사전유출을 방지하기 위하여 사단법인 대한풍수지리학회 본부장은 시험문제의 인수, 보관, 관리 등에 대한 지휘·감독의 책임을 지고 보안유지에 최선의 노력을 다하여야 한다.

② 담당팀장은 실무자급으로 시험문제 관리담당자를 지정할 수 있다.

③ 시험문제 관리담당자는 출제위원으로부터 시험문제 원고를 인수한 즉시 출제된 문제가 출제 의뢰한 사항과 일치하는지의 여부를 확인하고 동 시험문제를 봉인한다.

④ 시험문제는 제한구역에 보관하며, 열쇠는 담당팀장이 보관하고, 동 제한구역의 개폐는 담당팀장 또는 시험문제 관리담당자만이 할 수 있다.

제27조(시험문제의 감수) ① 시험문제의 감수는 사단법인 대한풍수지리학회 본부가 지정한 장소에서 시험문제 관리담당자 또는 담당팀장이 지정한 직원의 입회하에 수행되어야 한다.

② 시험문제 감수는 종목별 또는 과목별로 시행하되, 시험문제 출제직후에 감수함을 원칙으로 하며, 필요에 따라 시험 직전에 재감수할 수 있다.

제7장 시험문제 인쇄 및 운송

제28조(시험문제 인쇄) ① 시험문제 인쇄는 사단법인 대한풍수지리학회 본부내의 관련 업무 종사자 또는 담당팀장이 지정한 직원이 수행하여야 하며, 업무의 분량에 따라 인쇄업무 보조요원을 쓸 수 있다.

② 시험문제 인쇄는 사단법인 대한풍수지리학회 본부가 지정한 보안시설을 갖춘 곳에서 소정절차에 따라 실시하여야 한다.

③ 시험문제 인쇄 시에는 출입문과 창문을 봉쇄한 후 관계자 외에는 출입을 통제하여야 한다.

제29조(시험문제지 운송 및 보관) ① 사단법인 대한풍수지리학회 본부 검정시행 담당팀장은 문제지 운반 시 운반책임자를 지정하여야 한다.

② 사단법인 대한풍수지리학회 본부에서 해당 시험장까지 문제지 운반 책임자로 지정된 자는 담당팀장으로부터 문제지를 인수받아 해당 시험장 책임관리 위원에게 직접 인계하여야 하며, 문제지 인계인수사항을 기록하여 담당팀장에게 제출하여야 한다.

③ 시행 주관 팀에서는 문제지를 인수받은 즉시 시험문제가 들어있는 행낭의 봉인 상태 이상 유무를 확인하고 사단법인 대한풍수지리학회 본부에 즉시 유선으로 이상 유무를 보고하여야 한다.

④ 시행 주관 팀은 사단법인 대한풍수지리학회 본부로부터 시험 문제지를 인수 받은 시점부터 시험문제지 유출방지 및 훼손예방 등에 책임을 지고 시험문제에 대한 보안 및 안전관리에 최선을 다 하여야 한다.

⑤ 문제지 봉투는 시험시작시간 이전에는 여하한 이유로도 개봉할 수 없다.

제8장 검정시행

제30조(검정시행 총괄) 시험장책임자는 시험 시행 전에 관리위원회를 개최하여 시험본부를 운영하고, 책임관리위원은 시험위원을 지휘, 감독하며 시험위원회의, 평가회의 주관 등 시험집행 및 시험관리업무를 총괄하여야 한다.

제31조(시험위원 기술회의) 책임관리위원은 시험시행 전에 시험위원회의를 개최, 다음 사항을 주지시켜야 한다.

  1. 필기시험에 있어서는 문제지와 답안지의 배부 및 회수방법, 답안지 작성방법, 부정행위자 처리요령 등 감독상 유의사항

  2. 실기시험에 있어서는 종목별 시행방법에 따르는 수험자 교육사항 및 감독상 유의사항 등

제32조(수험자교육) ① 감독위원은 배치된 시험실에 입장하여 수험자 유의사항, 시험시

간, 시험진행요령, 부정행위에 대한 처벌 및 답안지 작성요령 등을 주지시켜야 한다.

② 감독위원은 수험자에게 지정한 필기구, 시설·장비 또는 지급된 재료(공구)이외의 사용을 금지시켜야 한다.

제33조(수험자 확인) 감독위원은 시험에 있어서 매 시험시간마다 주민등록증 또는 기타 신분증과 수험표를 대조하여 수험자의 본인여부를 확인하여야 한다.

제34조(시험감독 배치 및 문제지 배부) ① 필기시험 및 실기시험의 감독위원 배치는 별표 2와 같이 배치한다.

② 필기시험 문제지는 시험시작 5분전 예령과 동시에 배부하고, 시험개시 본령과 동시에 수험토록 하며, 답안지 작성이 끝난 수험자의 답안지와 문제지를 회수 확인한 후 퇴실시켜야 한다.

제35조(답안지) 필기시험 감독위원은 시험시간이 종료되면 답안지 회수용 봉투 표지에 수험현황을 기재하고, 감독위원의 성명을 기입, 날인 또는 서명한 다음 감독위원 2인이 시험본부까지 동행하여 본부위원의 확인을 받은 후 수험자 인적사항이 노출되지 않도록 봉인하여 시험본부에 제출하여야 한다.

제36조(문제지 회수) 본부위원은 필기시험 종료즉시 감독위원으로부터 문제지와 답안지 및 사무용품 등을 확인·회수하여야 한다.

제37조(시험시행결과보고) 책임관리위원은 시험종료 후 그 결과를 사단법인 대한풍수지리학회 본부에 보고하여야 한다. 이 경우 시험진행 중 이상이 발생하였을 때에는 그 내용을 구체적으로 유선보고하고 차후 서면보고 하여야 한다.

제9장 시험위원의 위촉 및 임무

제38조(시험위원의 위촉) ① 실기시험의 감독위원은 다음 각호의 1에 해당하는 자로 위촉한다.

1. 관련 자격증 소지자로서 해당 기술종목에 3년 이상 산업체에 종사하는 자

2. 관련 자격증 소지자로서 당해 기술직종을 3년 이상 자영하는 자

3. 해당 종목분야에서 3년 이상 산업체에 종사하는 자

4. 대학 또는 전문대학에서 해당 기술분야 전임강사 이상으로 재직하는 자

5. 해당분야에 10년 이상 실무에 종사한 자로서 해당분야에 관한 학식과 경험이 풍

부하여 자격이 있다고 인증되는 자

제39조(시험위원의 임무) ① 시험위원의 임무는 다음과 같다.

1. "독찰위원"은 독찰을 위하여 특별히 부여된 업무수행과 시험위원의 근무상태 및 시험장의 상황 등을 확인한다.

2. "책임관리위원"은 시험장 시설·장비의 전반적인 책임을 담당하는 자로서 시험장의 시설·장비 등의 관리와 안전관리 등 전반적인 관리업무를 담당한다.

3. "시험감독위원"은 수험자 교육, 시설·장비 및 재료점검과 확인, 시험문제지, 답안지 및 작품의 배부 및 회수, 시험질서 유지, 부정행위의 예방과 적발 및 처리, 실기시험의 채점업무를 담당한다.

4. "복도감독위원"은 시험장 복도 질서유지, 시험실내의 수검자를 측면에서 감독하는 업무를 담당한다.

5. "보조위원"은 시험준비 및 시험집행을 보조하는 업무를 담당한다.

6. "시설관리위원"은 시험장 시설·장비의 준비, 동력, 통신, 시험장 점검을 담당한다.

7. "실기보조위원"은 실기 시험감독위원의 감독 및 채점을 보조하는 업무를 담당한다.

② 시험위원으로 위촉된 자에 대하여는 소정의 서약서를 징구하여야 한다.

제40조(본부위원의 임무 등) ① 본부위원의 임무는 다음과 같다.

1. 사단법인 대한풍수지리학회 본부로부터 검정시행 시험장까지 시험문제지 운반

2. 검정 진행상태 점검

3. 서약서 징구 및 수당지급

4. 책임관리위원의 시험위원 회의 지원

5. 시험문제지 및 답안지 회수 수량 확인

6. 회수한 답안지를 사단법인 대한풍수지리학회 본부로 운반

제10장 필기시험 채점

제41조(답안지 인계) ① 본부위원은 필기시험 종료 후 회수한 답안지의 봉인상태 확인 후 사단법인 대한풍수지리학회 본부로 인계하여야 한다.

② 답안지는 감독위원이 봉인한 상태로 인계하여야 한다.

제42조(정답교부) ① 검정사업단 검정업무 담당자는 필기시험의 주관식 정답이 표시된

정답표를 작성하여 이를 봉인 후 보안시설이 갖추어진 장소에 보관하여야 한다.

② 정답표는 채점개시일에 채점위원이 보는 앞에서 개봉한 후 채점위원에게 인계한다.

제43조(채점과정) ① 필기시험의 객관식 채점은 전산 채점을 실시하며, 주관식 채점은 답안지의 수험자 인적사항이 봉인된 상태에서 진행하여야 한다.

② 주관식 채점이 종료된 답안지에 한해 득점을 전산입력하며, 봉인은 이때 해제하여야 한다.

③ 답안지 채점은 종목별 또는 지역별로 분류 채점하여야 한다.

제44조(답안지 관리) 필기시험의 답안지(검정 관련 서류 포함)는 최종합격자 발표일로부터 6개월간 보관한다.

제11장 실기시험 채점

제45조(실기시험위원의 위촉 및 채점) ① 실기채점의 공정성, 효율성 제고 및 종목의 성격을 고려하여 감독 겸 채점위원을 위촉할 수 있다.

② 실기시험의 채점은 관계 전문가를 위촉, 채점함을 원칙으로 한다.

③ 실기시험 작품 또는 평가표에 비번호를 부여하거나, 수험자의 인적사항이 노출되지 않도록 채점함을 원칙으로 한다.

④ 채점과정에서 기 득점분이 잔여배점을 만점으로 가산하여도 60점 미만이거나, 과락이 있을 때에는 나머지 부분을 채점하지 아니하고 불합격으로 처리할 수 있다.

제46조(작품관리) ① 채점이 완료된 실기시험 작품으로써 원형보존이 불가능한 것을 제외한 작품은 합격자 발표일로부터 6개월간 보관한다.

② 검정종료 후 답안지 및 채점관련 자료는 일체 공개하지 않음을 원칙으로 한다.

제12장 합격자 공고 및 자격증 교부

제47조(합격자 공고) ① 사단법인 대한풍수지리학회 대표(이사장)는 검정종료 후 15일 이내에 합격자를 공고하여야 한다.

제48조(자격증 교부) ① 최종합격자중 신청자에 한하여 자격수첩을 교부한다.

제13장 부정행위자 처리

제49조(부정행위자의 기준 등) ① 시험에 응시한 자가 그 검정에 관하여 부정행위를 한 때에는 당해 검정을 중지 또는 무효로 하고 3년간 검정을 받을 수 있는 자격이 정지되며, 부정행위를 한 자라 함은 다음 각호의 1에 해당하는 자를 말한다.

1. 시험 중 시험과 관련된 대화를 하는 자

2. 답안지(실기작품을 포함한다. 이하 같다)를 교환하는 자

3. 시험 중에 다른 수험자의 답안지 또는 문제지를 엿보고 자신의 답안지를 작성한 자

4. 다른 수험자 위하여 답안(실기작품의 제작방법을 포함한다)등을 알려주거나 엿보게 하는 자

5. 시험 중 시험문제 내용과 관련된 물건을 휴대하여 사용하거나 이를 주고받는 자

6. 시험장 내외의 자로부터 도움을 받아 답안지를 작성한 자

7. 사전에 시험문제를 알고 시험을 치른 자

8. 다른 수험자와 성명 또는 수험번호를 바꾸어 제출한 자

9. 대리시험을 치른 자 및 치르게 한 자

10. 기타 부정 또는 불공정한 방법으로 시험을 치른 자

② 시험감독위원은 부정행위자를 적발한 때에는 즉시 수검행위를 중지시키고, 그 부정행위자로부터 그 사실을 확인하고 서명 또는 날인된 확인서를 받아야 하며, 그가 확인·날인 등을 거부할 경우에는 감독위원이 확인서를 작성하여 이에 날인 등의 거부사실을 부기하고 입증자료를 첨부하여 서명날인한 후 책임관리위원에게 제출하여야 한다.

제50조(부정행위자 처리) ① 책임관리위원은 시험감독위원으로부터 부정행위자 적발 보고를 받았을 때에는 시험 종료 즉시 관계 증빙 등을 검토하여 부정행위자로 처리하고 수검자에게 응시제재 내용 등을 통보하는 한편 그 결과를 검정 종료 후 사단법인 대한풍수지리학회 본부에게 보고하여야 한다.

② 책임관리위원은 부정행위 사실 인증을 판단하기가 극히 곤란한 사항은 관계 증빙서류를 첨부하여 사단법인 대한풍수지리학회 본부장에게 보고하여 그 결정에 따라 처리한다.

제51조(사후적발 처리) ① 수험자간에 성명, 수험번호 등을 바꾸어 답안을 표시 제출 한

때에는 양당사자를 모두 부정행위자로 처리한다.

② 타인의 시험을 방해할 목적으로 수험번호 또는 성명 표시란에 타인의 수험번호 또는 성명을 기입하였음이 입증되었을 때에는 행위자만을 부정행위자로 처리한다.

③ 책임관리위원은 부정행위 사실이 사후에 적발되었을 경우에는 적발된 자료를 증거로 하여 부정행위자로 처리하고, 해당 수험자에게 응시자격 제재내용을 통보하여야 한다.

제52조(시험상 질서유지 등) 감독위원은 시험장 질서유지를 위하여 다음 각호의 1에 해당하는 행위를 하는 수험자에 대하여는 시험을 중지시키고 퇴장시킬 수 있다.

1. 시험실을 소란하게 하거나, 타인의 수험행위를 방해하는 행위
2. 시험실(장)내의 각종 시설, 장비 등을 파괴, 손괴, 오손하는 행위
3. 검정시설·장비 또는 공구사용법 미숙으로 기물손괴 또는 사고우려가 예상되는 자
4. 기타 시험실의 질서유지를 위하여 퇴장시킬 필요가 있거나 또는 응시행위를 중지시킬 필요가 있다고 인증하는 행위

제14장 보 칙

제53조(업무편람 작성, 비치) 검정업무 수행에 따른 세부적인 업무처리기준, 처리과정, 구비서류, 서식 등을 구분 명시한 민간자격검정 업무편람을 작성·비치하여 활용한다.

부 칙

제1조(시행일) 이 규정은 제정한 날로부터 시행한다.

제2조(경과조치) 이 규정의 시행이전에 시행된 사항에 관하여는 이 규정에 의하여 시행된 것으로 본다.

[별표 1] 과목별 시험문항 수 및 시험시간표(제9조 관련)

- 필기 시험형태 및 과목

등급	시험과목	시험형태 및 문항 수		시험시간
		객관식(4지선다형)	합 계	
명인	풍수고전III	25문항	25문항	14:00 ~ 14:50 (50분)
1급	풍수고전 I	25문항	25문항	14:00 ~ 15:50 (110분)
	풍수고전 II	25문항	25문항	
2급	음양오행론	25문항	25문항	14:00 ~ 15:50 (110분)
	풍수학 개론	25문항	25문항	

- 실기 시험형태 및 과목 :

등급	시험과목	시험형태	시험시간
명인	음택풍수	음택의 현장 분석	15:00~16:00 (60분)
1급	양택 또는 음택	강의 시연	15:00~16:00 (20분 이내)

[별표 1] 과목별 시험문항 수 및 시험시간표(제9조 관련)

구분	시험위원	위촉인원	비고
필기시험	정감독	1명 이상	시험실당
	부감독	2명 이상	시험실당
실기시험	정감독	1명 이상	시험실당
	부감독	2명 이상	시험실당

시하는 공통점이 있다. 각도 1도만
틀려도 길흉이 바뀔 수 있다는 논
리지만, 납득하기 어려운 면이 있
다. 현공풍수는 대만과 홍콩 등에
서 유행한다고 하며, 20년마다 운
이 바뀐다는 논리를 펼치고 있다.
이를 달리 해석하면 흉지도 20년
이 지나면 길지가 된다는 논리가
되므로 풍수의 환경결정론에 어긋
나는 경향이 있다.

2) 맹호출림 : 용맹한 호랑이가 숲
을 헤치고 나오는 모습, 갈미음수 :
목마른 말이 물을 마시는 형국, 금
계포란 : 금 닭이 알을 품은 형상

3) 석상이나 돌탑은 진압과 물 빠
짐 등을 막는 역할로 마을 입구나
사찰 등에서 많이 활용한다.

4) 바람은 필연적으로 기압의 저
하를 초래한다.

001 시간과 공간에 따라 땅의 기운이 20년마다 변한다고 보고 시기에 따라 좌향을 정하는 방법은 다 음 중 어느 것인가?[1]　　　　답 ③
　① 88향법　　　　　　　② 정음정양법
　③ 현공풍수법　　　　　④ 통맥법

002 늙은 쥐가 밭으로 내려오는 형상을 물형론으로 표현한 것으로 맞는 것은?[2]　　　　답 ②
　① 맹호출림형　　　　　② 노서하전형
　③ 갈마음수형　　　　　④ 금계포란형

003 비보에 관한 설명 중 틀린 것은 무엇인가?[3]　답 ④
　① 비보란 부족한 것을 채우고 길함을 더하는 것이다.
　② 진압비보란 제압해서 억누르는 것을 말한다.
　③ 염승비보란 천적이나 상극으로 사기(邪氣)를 막는 것이다.
　④ 석상이나 돌탑은 비보의 역할을 할 수 없다.

004 지속적인 바람이 초래하는 영향이 아닌 것은 무엇인가?[4]　　　　답 ②
　① 온도저하　　　　　　② 기압상승
　③ 열손실 발생　　　　　④ 소음발생

005 바람은 반드시 기압의 저하를 초래한다. 이때 저기압 상태에서 일어나는 현상이 아닌 것은 무엇인가?[5]　답 ①
　① 풍속이 하락한다.
　② 우울증이 증가한다.
　③ 기온이 주위에 비해 떨어진다.

④ 관절염 통증이 증가한다.

006 주산의 모습으로 적합하지 않은 것은 무엇인가?[6]　답 ①
① 산의 끝이 뾰족한 문필봉의 형상을 하고 있다.
② 산이 둥글고 단아한 모습이다.
③ 산이 기울지 않아 반듯하다.
④ 주위 산에 비해 당당하다.

007 산천정기가 좋은 곳은 지표에 그 흔적을 남기게 된다.
다음 중 적합하지 않은 것은 무엇인가?[7]　　　　답 ②
① 토질이 단단해 진다.
② 암석이 더욱 강해진다.
③ 초목이 연두색을 띤다.
④ 암석은 자황색을 띤다.

008 땅의 기운이 거칠고 찬 곳의 현상이 아닌 것은 무엇인
가?[8]　　　　　　　　　　　　　　　　답 ④
① 초목은 어두운 색상을 띤다.
② 암석은 화강암 종류가 많다.
③ 잡목과 잡풀이 많다.
④ 암석이 강하지 않다.

009 능선의 상태가 좋지 못한 것이 아닌 것은 무엇인가?[9]
　　　　　　　　　　　　　　　　　　　답 ③
　① 尖(날카롭다)　　　② 直(곧다)
　③ 暈(둥글다)　　　　④ 硬(딱딱하다)

010 형세론은 體와 用 중 體를 근간으로 한다. 이때 體에 속

5] 인간은 1기압 환경에 알맞게 진화되었다. 그러나 기압이 낮아지면 신체의 이상을 초래하게 된다.

6] 문필봉은 바라보는 사격으로는 좋지만 주산으로는 삼각형을 이루면서 뒤편의 바람을 막는데 부족한 편이다. 주산으로 좋은 형태는 금형산, 토형산이 유리한 면이 있다. 음택의 주산은 금형산이 가장 길하고 양택의 주산은 토형산이 바람을 막아주므로 유리하다.

7] 지표에는 산천정기가 흐른다고 보는데, 지표 가까이 지날수록 흔적을 남기게 된다. 그러므로 노련한 풍수사는 지표의 상태를 보고 땅의 기운을 짐작할 수 있다.

8] 모는 산은 나름대로의 산천정기를 품고 있다. 차고 험한 기운이 있는 곳은 지표도 그런 형상으로 나타난다. 사람의 관상은 겉과 속이 다를 수 있지만, 자연은 표리부동이 있을 수 없다.

9] 첨예급직완경 개흉(尖銳急直頑硬 皆凶) : 능선의 상태가 날카롭고 예리하고 급하고 곧고 뻣뻣하고 경직된 것은 모두 흉하다.

10) 體는 하드웨어에 해당되고 用은 소프트웨어에 비유할 수 있다. 하도낙서는 글로서 길흉을 판단하는 주역의 한 방편으로 소프트웨어인 用에 해당된다. 풍수에서 터의 길흉을 판단할 때는 하드웨어가 우선되어야 한다.

11) 규봉은 도적봉이라 한다. 관재구설이 많고 각종 흉사가 따른다는 흉한 모습이다. 특히 주산 뒤에 있는 규봉을 가장 흉하게 여긴다.

12) 안산은 부부가 마주 앉은 것 같은 형태를 가장 길하게 여긴다. 혹은 책상과 같은 모습이라 했으니 높고 크면 위압적이므로 안산의 역할로 적합하지 않다.

13) 조선 왕릉은 거의 대부분 산끝에 유혈처럼 형성되었다. 임금의 위엄을 표현하기 위해 보토를 하여 인작을 가한 모습으로 여인의 젖가슴처럼 이루어졌다. 참된 혈은 크기가 작은 관계로 왕릉을 조성하기에 부족한 면이 있다.

14) 광해군 때 활동한 풍수사는 박상의와 이의신이 유명하다. 이들은 왕조실록에 자주 등장하는 왕실의 지관이었다. 이들은 왕실의 일 뿐 아니라 사대부가들의 묘 자리 선정 등에도 참여한 바 있다. 예를 들면 박상의는 영의정 이항복 묘를 정해주기도 했다. 이의신은 호남지방에서 많이 활동했다고 전해진다.

하지 않는 것은?10)   답 ④
① 주산론   ② 용세론
③ 수론(水論)   ④ 하도낙서론

011 풍수지리 이론은 크게 體와 用으로 구분하는데, 다음 중 성격이 다른 것은 무엇인가?   답 ④
① 택일법   ② 패철론   ③ 음양오행론   ④ 용론

012 규봉(窺峰)에 대한 설명 중 틀린 것은 무엇인가?11) 답 ②
① 탐두봉(探頭峯)이라 부른다.
② 안산의 앞에 있는 산을 말한다.
③ 보일 듯 말 듯 엿보듯 하는 산을 말한다.
④ 전후좌우 어느 방위에 있어도 규봉이라 부른다.

013 안산의 설명 중 틀린 것은 무엇인가?12)   답 ③
① 전면의 바람을 막아준다.
② 물의 直去를 차단한다.
③ 안산은 크고 높아야 길한 것이다.
④ 안산은 수구에 있으면 더욱 좋다.

014 세계문화유산으로 지정된 조선 왕릉은 어떠한 혈형이 가장 많은가?13)   답 ③
① 와혈   ② 겸혈   ③ 유혈   ④ 돌혈

015 조선 광해군 당시 한양을 파주 교하로 천도하려는 움직임이 있었다. 이때 천도론을 주장한 풍수인은 누구인가?14)   답 ①
① 이의신   ② 박상의   ③ 오세준   ④ 두사충

016 조선시대에는 풍수가 음양과의 시험을 거쳐 선발되었다. 이때 반드시 책의 전 문장을 암송해야 하는 책은 무엇인가? 답 ③
① 금낭경 　② 인자수지 　③ 청오경 　④ 설심부

017 패철의 방위 중 서쪽을 의미하는 것은 무엇인가? 답 ④
① 자(子) 　② 오(午) 　③ 묘(卯) 　④ 유(酉)

018 패철 24방위를 8괘로 구분했을 때 북쪽은 감(坎)에 해당되는데, 감괘(坎卦)에 해당되는 방위는?15) 답 ④
① 갑묘을(甲卯乙) 　　② 병오정(丙午丁)
③ 술건해(戌乾亥) 　　④ 임자계(壬子癸)

019 패철 24방위 중 미곤신(未坤申)에 해당되는 팔괘는 어느 방위를 말함인가? 답 ②
① 북서방 　② 남서방 　③ 동북방 　④ 동남방

020 팔괘 중 건괘(乾卦)에 어울리지 않는 의미는 무엇인가?16) 답 ④
① 남편 　② 가장 　③ 우두머리 　④ 장남

021 풍수지리 서적이 아닌 것은 무엇인가?17) 답 ④
① 인자수지 　　② 택리지
③ 청오경 　　④ 황제내경

022 우리나라 풍수의 비조로 불리는 인물은?18) 답 ③
① 지공선사 　　② 무학대사
③ 도선국사 　　④ 나옹선사

15) 24방위를 8괘로 구분하면 천간, 지지 세 글자로 이루어진다.

16) 장남은 동쪽 방위(震方)에 해당되고 장녀는 동남쪽(巽方)이 된다. 乾卦는 8괘 중 가장 우두머리 격이다.

17) 황제내경은 중국 최초의 의학서로 황제택경(黃帝宅經)과 다르다.

18) 도선국사는 신라 말 지공, 나옹, 무학은 고려 말 조선 초기에 3대를 함께한 스승과 제자이다.

19) 도선은 당나라에 가서 일행선사에게 풍수를 배웠다고 한다. 도선국사 비문에 보면 형세론에 관한 글이 주를 이루고 있다. 특히 부족한 터를 고쳐 쓰는 비보의 방법을 제시한 것으로 알려진다.

20) 물 빠지는 수구는 배가 다니지 못할 정도로 좁아야 힌디. 물은 재화를 뜻하므로 수구는 물 빠지는 것을 막아주어야 한다.

21) 일행선사는 당나라 때 인물로 국사를 지내면서 葬書에 주석을 달았다.

023 도선의 풍수와 가장 연관이 깊은 것은?[19]　　　답 ①
① 비보풍수　　　　　② 이기론 풍수
③ 정음정양법　　　　④ 현공풍수

024 비보에 대한 설명 중 잘못된 방법은 무엇인가?[20]　답 ④
① 허한 곳을 북돋아 준다.
② 바람이 센 곳은 방풍림(防風林)을 심는다.
③ 기가 센 곳은 기를 눌러주는 압승(壓勝)이 필요하다.
④ 물이 잘 흐르게 수구를 넓게 만든다.

025 풍수에 대한 설명 중 틀린 것은?　　　　　답 ②
① 지형지세는 암 질환 발생과 연관이 있다.
② 풍수에서는 산이 크고 높은 명승지가 살기 좋은 곳이다.
③ 풍수에서 물은 재물을 의미한다.
④ 산은 인정(人丁)을 의미한다.

026 우리나라 풍수의 고승 중 옥룡자(玉龍子)라 불리는 인물은?[21]　　　　　답 ②
① 일행선사　　　　　② 도선국사
③ 무학대사　　　　　④ 혜철선사

027 조선의 건국 때 이성계를 도와 한양을 도읍지로 선정하는데 풍수적으로 일조한 인물?　　　답 ①
① 무학대사　　　　　② 보우국사
③ 신돈　　　　　　　④ 정인지

028 풍수이론은 크게 3가지로 구분한다. 그 중 아닌 것은 무엇인가?　　　　　답 ③
① 이기론　② 형세론　③ 수맥론　④ 물형론

029 산의 모습을 사람과 짐승 등의 여러 모습에 비유하는 물형론에 대한 설명 중 틀린 것은?[22]   답 ②
① 갈형론 또는 형국론으로 부른다.
② 객관적이다.
③ 크게 인·물·금·수(人·物·禽·獸)에 비유한다.
④ 견강부회하는 면이 있다.

030 형세론에 대한 설명 중 맞는 것은?[23]   답 ③
① 다른 이론에 비해 단기간에 습득할 수 있는 장점이 있다.
② 패철에 크게 의존한다.
③ 산의 형상을 미시적으로 분석한다.
④ 향법을 중요시 한다.

031 고려시대 말에는 풍수도참설에 의해 왕이 순회를 하면서 왕궁을 옮겨 다녔다. 그 중 삼경이 아닌 곳은?[24] 답 ①
① 시경   ② 남경   ③ 서경   ④ 개경

032 고려시대 3경 중 하나인 남경의 현재 위치는 어디를 말함인가?   답 ④
① 평양   ② 개성   ③ 경주   ④ 서울

033 일제 시대 일본 총독부 촉탁 무라야마 지준이 지은 풍수 책은?[25]   답 ①
① 조선의 풍수   ② 감룡경
③ 택리지   ④ 인자수지

034 조선 초 조선 왕릉의 선정에 가장 깊이 관련된 인물은

22) 물형론은 개인의 주관적 판단에 좌우되므로 객관적이라 할 수 없다. 그런 관계로 똑같은 산을 보고도 다르게 표현하기 때문에 10인 10색이라 한다.

23) 형세론은 현장에서의 오랜 경험이 필요하게 된다. 그래서 형세론은 아는 만큼 보인다고 말한다.

24) 개경-개성, 서경-평양, 남경-한양

25) 택리지는 조선시대 이중환이 지은 책이고 감룡경은 당나라 때 국사 양균송이 저술한 풍수서적이다.

26) 하륜은 조선 초 수도를 개경에서 신도안으로 옮길 때 호순신의 풍수이론으로 절대 불가를 말한 인물이다. 그 후 중앙정계에 들어와 영의정까지 지내면서 왕실의 풍수에 적극 관여했다.

27) 하륜은 호순신의 지리신법 이론으로 건원릉과 헌릉의 선정에 주도적으로 참여했다.

28) 세종은 풍수에도 조예가 깊어 조선왕조실록에 풍수인들과 토론하는 대목이 많이 나온다. 경복궁 입지, 청계천 준설 등에 도 풍수이론을 적용하였다. 정조 또한 풍수에 대해 많은 노력을 기울여서 화성의 융·건릉 선정에도 깊은 관여를 했다. 그 러나 정조 때는 창덕궁을 사용하면서 북악산의 논쟁 등은 하지 않았다.

29) 세종, 세조, 영조, 헌종, 고종의 능은 타인의 묘에 왕릉을 조성했다.

30) 형태를 보면 나무로 만든 기둥과 살에 붉은색을 칠하고 문의 상단에도 붉은 화살(홍살)들이 붙었고 가운데에 한국식 태극 무늬를 새겨 붙인다. 태극무늬를 지나는 홍살들은 서로 꼬여 당파 모양을 하였다. 붉은색으로 칠함은 동짓날 팥과 같이 붉은색이 양기를 띄어 귀신과 액운을 물리친다는 뜻이고, 윗부분을 화살로 장식함은 잡귀를 화살로 쏘아 없애버린다는 뜻을 담는다.

누구인가?26)   답 ④

① 정인지   ② 황희   ③ 신숙주   ④ 하륜

035 하륜의 풍수와 관계가 없는 것은 무엇인가?27)   답 ③

① 건원릉   ② 호순신의 지리신법

③ 세종의 영릉   ④ 태종의 헌릉

036 조선의 임금 중에는 풍수에 가장 관심이 많았던 임금이 많은데, 북악산의 주산 논쟁에서 가장 많이 신하들과 토론을 한 임금은 누구인가?28)   답 ②

① 고종   ② 세종   ③ 태종   ④ 정조

037 조선의 임금들 중에는 타인의 묘가 있던 곳을 빼앗아 왕릉을 쓴 경우가 다수 있다. 그중 해당되지 않은 것은?29)   답 ②

① 세종   ② 선조   ③ 고종   ④ 세조

038 왕릉에는 어느 공간부터는 사악한 기운을 물리치는 금지의 영역이라는 표시가 있다. 그에 대한 적절한 표시는 무엇인가?30)   답 ①

① 홍살문   ② 장대석   ③ 문인석   ④ 정자각

039 조선 말 대원군 이하응은 자신의 아버지 묘를 이장하게 된다. 그에 대한 자세한 내용을 기록한 책으로 현재 전해지는 서책은 무엇인가?31)   답 ②

① 동림조담   ② 매천야록

③ 택리지   ④ 조선의 풍수

040 현재 국내에는 여러 형태의 비결록이 전해지고 있다. 그 비결록에 대한 설명으로 맞지 않는 것은?32) 답 ①
　① 객관적이고 서지학적 가치가 충분하다.
　② 서술적이며, 암시적인 내용이 주를 이루고 있다.
　③ 우회적인 표현이 많다.
　④ 비결록의 제작은 대체로 해방 이후 근대에 만들어진 것으로 추정한다.

041 물형론의 분류는 크게 인, 물, 금, 수로 구분한다. 그 중 틀린 설명은?33) 답 ④
　① 인(人)은 사람에 대한 비유로 대개 木形山에서 많이 비유한다.
　② 물(物)은 꽃이나 물건 등에 비유하며, 특별한 형체에 구애받지 않는다.
　③ 금(禽)은 날짐승으로 金形山에서 많이 비유한다.
　④ 수(獸)는 들짐승으로 水形山에서 많이 비유한다.

042 물형론에서 용사류(龍蛇類)의 비유도 많다. 예를 들면 비룡상천형, 사두혈, 갈룡음수형 등으로 표현하는데, 이에 대한 산의 형체로 적합한 것은? 답 ③
　① 금형산　② 목형산　③ 수형산　④ 화형산

043 조선에서는 지관의 발탁을 목적으로 공개 시험을 통해 선발하였다. 그 중 고시과목에 들지 않는 것은?34) 답 ①
　① 설심부　② 명산론　③ 지리신법　④ 청오경

044 조선에서 지관을 선발하는 4대 고시과목 중 반드시 모든 내용을 암송해야 하는 풍수 고전 이름은?35)　답 ①

31) 『동림조담(洞林照膽)』은 『청오경』『금낭경』『지리신법』『명산론』과 함께 조선시대 음양과 과시서(科試書)이자 취재 지리서(取才地理書)였다. 중국 오대(907~979) 강남(江南)의 범월봉(范越鳳)이 편찬한 책으로 알려져 있다.

32) 여러 종류의 비결록이 전해지고 있으나 대부분 해방 이후에 만들어진 것이며, 조악한 수준이 대부분이다. 그럼에도 몇몇 사람들은 그것을 신봉하는 경향이 있다.

33) 수(獸)는 土形山에 비유하며, 水形山은 龍··蛇類 등에 비유한다.

34) 『청오경』『금낭경』『지리신법』『명산론』『동림조담』은 조선시대 지관을 선발할 때 고시과목이었다.

35) 『청오경』은 『금낭경』과 함께 조선시대 背講으로 시험을 치렀다. 배강이란 책을 보지 않고 돌아서 책을 암송하는 것을 말 한다. 그만큼 청오경과 금낭경은 풍수지리 서책 중에서 가장 중요하게 여기는 책이었다.

① 청오경   ② 동림조담 ③ 명산론   ④ 착맥부

045 임진왜란이 끝나고 광해군은 한양에서 파주 교하로 천도를 계획한다. 당시에 이에 대한 구체적 상소를 올린 인물은?   답 ②

① 박상의   ② 이의신   ③ 윤두수   ④ 유성룡

046 경기도 금곡에 있는 고종황제와 명성황후의 합장릉 명칭은?[36]   답 ③

① 영릉   ② 유릉   ③ 홍릉   ④ 태릉

047 풍수이론의 유파 중 형세론에 관한 설명이 맞지 않는 것은?[37]   답 ③

① 형세론은 패철의 사용을 중요하게 사용하지 않는다.
② 형세론은 현장에서의 오랜 숙련이 필요하다.
③ 형세론은 지리신법에 기초한다.
④ 형세론은 體와 用 중 體를 중시한다.

048 우리나라에서는 청동기시대에 지석묘가 크게 확산되었다. 그 중 가장 많은 분포를 보이는 지역은 어디인가?[38]
                                    답 ④

① 파주   ② 충주   ③ 울산   ④ 화순

049 형세론과 이기론의 관계에 대한 설명으로 옳지 않은 것은?[39]   답 ②

① 이기론 풍수가 한반도에 공식적으로 소개되고 수용된 것은 계룡산 천도론부터이다.
② 조선 왕조 지관 선발 시험 과목 중 이기론 풍수서는

36) 일반적으로 홍·유릉으로 불리지만, 유릉은 순종황제의 합장릉을 말한다.

37) 형세론은 금낭경과 인자수지 등을 기초한다. 지리신법은 호순신이 지은 것으로 좌향 등의 이기론이 주를 이룬다.

38) 고창과 화순 지역은 고인돌이 많아 세계문화유산으로 지정되었다.

39) 조선 왕조 지관 선발 시험 과목 가운데 이기론 풍수서로는 『지리신법』이 유일하다.

『지리신법』외에도 많이 있었다.

③ 이기론은 방위파, 복건파라고도 불리며 송대 이후 나경의 출현 이후 급격한 발전을 보게 된다.

④ 호순신은 지리신법에서 '지리는 형세를 근본으로 한다.'고 하며 형세가 있고 나서야 이기법을 시행할 수 있다고 했다.

050 다음 중 혈장의 4요건(혹은 혈장오악)에 속하지 않는 것은?[40]　　　　　　　　　　　　　　　　답 ③

① 선익　　② 순전　　③ 과협　　④ 입수도두

40) 혈장 오악은 입수도두, 좌선익, 우선익, 전순, 혈토이다.

풍수지리 용어 배우기

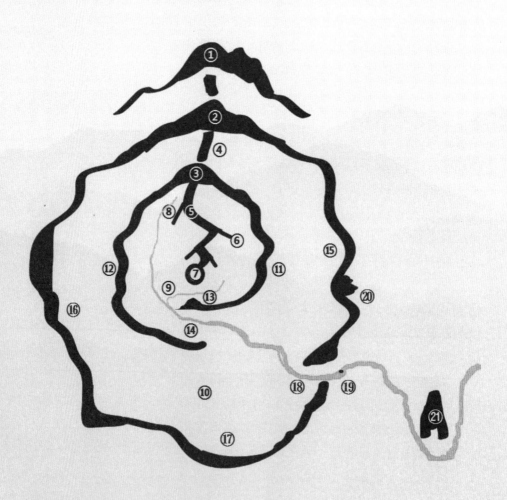

❶ 태조산

혈처를 기준했을 때 가장 크고 높아 근본이 되는 산을 말한다.

❷ 중조산

태조산과 주산을 연결해 주는 산이다.

❸ 주산, 소조산, 모체산

혈을 맺게 하는 직접적인 산으로 단정하면서도 균형 잡힌 모습으로 곁에 있는 봉우리보다 높거나 비슷해야 한다. 모든 혈은 주산의 역량에 전적으로 달려있기 때문에 가장 중요한 부분이다.

❹ 과협

산과 산 사이 고갯마루를 말한다. 모든 산은 솟았다 가라앉기를 반복하면서 큰 산이 점점 작아지고 험하고 거친 모습이 순하게 살을 벗는다. 따라서 과협은 맥의 독소를 제거하고 순화시켜주는 여과장치 역할과 힘을 더욱 왕성하게 만들어 주는 펌프의 작용을 동시에 한다.

❺ 용

산의 능선 모두를 용이라 표현한다. 그 중 큰 줄기를 간룡이라 하고 작은 줄기를 지룡이라 한다. 용은 반드시 상하좌우 역동적인 상태가 되어야 생룡이고 변화가 없다면 사룡이다. 단 변화가 있되 일정한 규칙과 질서가 있어야 하며, 질서 없이 마구 꿈틀대는 것은 광룡(狂龍)일 뿐이다.

❻ 지각, 가지

용이 상하좌우 변화를 하면 스스로 균형을 유지하기 위해서 능선 좌우 마디마디에 지게 받침대와 같은 곧고 가느다란 줄기를 뻗게 되는데, 이것을 지각 또는 가지라 한다. 지각은 용의 품성을 살피는 중요한 단서가 되지만, 보조적인 역할의 지각에는 좋은 땅이 생길 수 없다. 그러나 상당수의 묘가 지각에 위치하고 있는 실정이다.

❼ 혈처

주산으로부터 용맥을 타고 온 기맥은 어느 한 지점에 뭉치게 되니 이를 혈처라 한다. 하지만 모든 산에 혈이 맺는 것은 아니고 제반의 조건이 맞는 극히 일부분에서만 가능한 것이기 때문에 값으로 따질 수 없는 보배라 했으며, 모든 풍수의 최종적인 귀착점이다. 혈처를 세분하면 5가지 요소를 갖추어야 하는데, 이를 혈상의 오악이라 부른다.

❽ 득수처

내명당 물이 시작되는 지점이다.

❾ 내명당 ❿ 외명당

일반적으로 명당이라 함은 좋은 땅을 말한다. 하지만 풍수지리에서 고유명사로 쓰이는 명당의 개념은 혈처 앞에 넓게 펼쳐진 논밭·들판·마당을 말한다. 명당은 크게 내명당과 외명당으로 구분한다.

⓫ 청룡 ⓬ 백호 ⓭ 외청룡 ⓮ 외백호

청룡·백호는 바람을 막는 장풍의 기능과 함께 혈 좌우의 온갖 흉살을 막아주며 보호하는 산이다. 그러나 혈처가 장풍이 잘되어 있고 주변에 흉한 것 없다면 굳이 청룡, 백호가 없어도 된다. 따라서 청룡·백호는 혈의 생성에 필수적인 것은 아니다.

⓭ 안산

안산은 혈 앞에 마주하는 산으로 물이 곧게 흘러가는 것을 차단하고 전면의 바람을 막아주는 역할이다. 하지만 청룡·백호가 가까이서 잘 감싸주면 이러한 기능을 대신하므로 안산이 따로 없어도 된다.

⓮ 내수구 ⓲ 외수구

물이 명당에서 빠져나가는 지점을 말하며, 파구라고도 한다. 이때 수구는 좁게 막혀서 물의 누출을 최대한 방비해야 하니 풍수에서 물은 생기와 재물을 의미하기 때문이다. 만약 수구가 넓게 벌어졌다면 물이 하염없이 빠질 것이므로 생기와 재물 또한 속수무책 빠지는 형태가 되어 불길하다.

그림 ⓲에서처럼 수구에 두 개의 산이 마치 파수를 보듯 좁게 마주하고 있으면 이를 한문(捍門)이라 하여 좋은 모습이 된다.

⓲ 조산

주산과 청룡·백호, 안산을 제외한 전면의 모든 산을 통칭하는 말이다.

⓳ 나성

강의 한 가운데 있는 섬으로 물이 빠져나가는 것을 막아주는 역할로 수구사 일종이다. 단 섬의 머리 부분이 상류를 향해서 물 흐름을 단속해야 하며, 반대로 섬의 머리가 하류를 향하고 있다면 물과 함께 도망가는 모습이 되어 오히려 불길한 것이 된다.

⓴ 규봉

규봉이란 가까운 산 뒤로 또 다른 산이 고개만 약간 내밀어 넘겨다보는 것으로 도적봉이라 부른다. 몰래 엿보아 나의 기운을 빼앗아 간다 하여 이러한 산이 전후좌우 어디에든 있으면 불길하게 여긴다. 그러나 진혈인 경우에는 오히려 나를 위한 것이 되므로 구애치 않는다. ㉑ 화표 or 북진

둘이 비슷한 개념으로 수구에 우뚝 솟은 석산이 놀랍고 괴이하며 두려운 모습이 되어야 화표 또는 북진이라 할 수 있다. 이는 물이 나가는 것을 국경에서 단속하는 장수와 같은 것으로 극히 귀하게 여기는 수구사이다. 풍수고서 인자수지에서는 이러한 산이 있으면 상류에 왕후지지 이상의 땅이 있다고 한다. 단 혈처에서 보이지 않아야 한다. 북진은 별들의 으뜸인 북극성이라는 뜻이다.

사진은 계룡시 두계천변에 우뚝 솟은 위왕산으로 험한 석산으로 이루어진 북진의 형태다. 곧게 흐르던 두계천은 위왕산에 이르러 갑자기 놀란 듯 크게 꿈틀거리며 흐르고 있다. 험악한 장수가 물 빠지는 것을 단속하는 듯한 모습이니 이로 인해 상류에 좋은 터가 있다는 것을 암시한다.

다음 그림은 ❼혈처를 확대한 것으로 혈의 5가지 구성요소이며, 기능은 다음과 같다.

○ 입수

산천정기를 일단 한군데 모았다가 당판까지 보내주는 저장창고 역할이며, 열매의 꼭지와 같은 것이다.

○ 선익(蟬翼)

매미 날개라는 뜻으로 흔적이 희미하여 보기가 어렵다. 선익은 입수에서 좌우로 파생되어 당판을 보호하고 균형을 잡아 주는 것이다. 선익과 가지는 역할과 모습은 같지만, 형성지점이 다른 까닭에 용어가 다른 것이다.

○ 당판

산의 열매인 것이니 산천정기가 농축된 곳으로 산중에서 가장 건강한 땅이다. 음택에서 묘를 쓰는 핵심 지점으로 볼록하고 평탄해야 한다.

○ 전순

전(氈)은 당판 앞에 넓게 양탄자를 펼쳐 놓은 모습이며, 순(脣)은 입술 같은 형태를 말한다. 따라서 엄밀하게 말하면 전과 순은 크기가 다르지만, 혈 앞의 꼬리를 통칭하여 전순이라 부른다. 전순은 전방의 풍해로부터 당판을 지켜주는 것이다.

41) 귀(鬼)는 혈 자리의 뒤쪽에서 나온 것이다.

42) 금성수는 혈 앞쪽에 마치 요대를 허리에 찬 것처럼 둥글게 감싸 안으며 흐르는 물줄기

43) 혈은 산의 면(面)에 맺힌다.

44) 돌혈(突穴)은 혈의 기본형태인 사상(四象)에 속한다.

45) 백호는 순부하여야 하고 청룡은 완연해야 하며, 주작은 혈을 향해 날개를 펴서 춤추듯 해야 한다.

051 다음 중 관(官), 귀(鬼), 금(禽), 요(曜)에 대한 설명으로 옳지 않은 것은?[41]   답 ②

① 관(官)은 조산(朝山) 너머에 있는 산이다.

② 귀(鬼)는 혈 자리의 옆에서 나온 것이다.

③ 금(禽)은 명당 좌우 및 수구 사이의 돌로서 여러 가지의 형상이 있다.

④ 요(曜)는 혈 앞이나 좌우에 있는 사(砂), 명당이나 수구 등에 있는 날카롭고 예리한 큰 돌이다.

052 풍수에서 길(吉)한 물이 아닌 것은?[42]   답 ④

① 구곡수(九曲水)   ② 금성수(金星水)

③ 창판수(倉板水)   ④ 반궁수(反弓水)

053 다음 중 산의 면(面), 배(背)에 대한 설명으로 옳지 않은 것은?[43]   답 ①

① 혈은 산의 배(背)에 맺힌다.

② 산의 면(面) 생김새가 밝고 수려하고 유정하다.

③ 산의 배(背)는 사람의 등처럼 딱딱하고 가파르거나 험하고 어둡고 무정하다.

④ 혈장에서의 면(面)은 좌우로 기울지 않고 안정감이 있지만 배(背)는 기울고 깨지고 거칠어서 생기가 없다.

054 다음 중 괴혈(怪穴)이 아닌 것은?[44]   답 ①

① 돌혈(突穴)   ② 용루혈(龍漏穴).

③ 배토혈(培土穴)   ④ 괘등혈(掛燈穴)

055 다음 중 사신사(四神砂)에 대한 설명으로 가장 올바른 것은?[45]   답 ③

① 백호는 완연(蜿蜒)해야 한다.

② 청룡은 순부(馴頫)해야 한다.

③ 현무는 머리를 숙인 듯(垂頭)하여 유정하여야 한다.

④ 주작은 날개를 접어 혈을 향하여 다소곳한 모습을 해야 한다.

056 한양과 경복궁 터를 비보하기 위한 조치가 아닌 것은?[46]   답 ①

① 청계천 복개

② 숭례문 세로 현판

③ 남대문 앞 남지(南池)

④ 홍인지문(興仁之門) 현판과 옹성(甕城)

057 일본 풍수 특유의 사신사에 관한 설명으로 옳지 않은 것은?[47]   답 ①

① 현무는 큰 물로 대체할 수 있다.

② 좌청룡은 물(川)로 대체할 수 있다.

③ 우백호는 도로(道)로 대체할 수 있다.

④ 전주작은 연못(澤)으로 대체할 수 있다.

058 다음 중 선저수(渚水) 에 대한 설명으로 옳지 않은 것은?[48]   답 ④

① 일명 진응수라고도 한다.

② 선저수가 맑고 깨끗하다면 좋은 혈 자리의 증거가 될 수 있다.

③ 본래부터 혈장 앞에 넘치듯이 고여 있는 샘이나 연못을 가리킨다.

④ 선저수는 겨울에는 차갑고 여름에는 뜨거울 정도가

[46] 관악산 화기(火氣) 방비를 위해 남대문 현판에 '崇'자를 넣어 숭례문이라 하고 현판을 세로로 걸었으며 한양 우백호를 보완하기 위해 남대문 앞에 남지(南池)를 조성했으며『성종실록』16년 1월 9일), 한양 좌청룡인 낙산을 보완하기 위해 동대 문 현판을 흥인문에서 흥인지문(興仁之門)으로 고치고 옹성(甕城)을 축조하였다. 조선시대에 한양의 명당수인 청계천을 관리하기 위해 여러 노력을 하였으나 청계천 복개는 대한민국 건국 이후의 일이며 풍수적 비보가 아니다.

[47] '산천도택(山川道澤)'의 사신상응(四神相應)에서 현무는 산(山)이다.

[48] 선저수는 겨울에는 차갑지 않고 여름에는 시원해야 좋은 물이다.

059 다음 중 수구사(水口砂)에 대한 설명으로 가장 올바른 것은?[49]   답 ④

① 수구사는 물 빠짐이 원활하도록 작은 것이 좋다.

② 한문(捍門)은 수구처에 돌, 흙 등이 퇴적하여 생긴 작은 섬이다.

③ 나성(羅星)은 수구 사이에서 두 산이 서로 마주보고 마치 문을 지키고 있는 것처럼 수구를 막 아주면서 동시에 지켜주는 것이다.

④ 북신(北辰)과 화표(華表)는 물 가운데 있는 바위인데, 북신은 동물이나 어떤 모양의 형상을 하고 있는 것이고 화표는 단순한 바위이다.

060 다음 중 안산(案山)에 대한 설명으로 가장 올바른 것은?[50]   답 ④

① 안산의 적당한 높이는 눈썹 아래 배꼽 위이다.

② 외래안산(外來案山)은 혈 자리가 있는 주산에서 줄기가 뻗어 나가 안산을 이룬 것이다.

③ 본신안산(本身案山)은 주산의 산줄기가 아니라 다른 산줄기가 뻗어 나와 안산을 이룬 것이다.

④ 안산은 혈 앞에서 불어오는 바람을 막아 주고 주산의 생기가 밖으로 빠져나가지 못하게 막아주는 역할을 한다.

061 다음 중 혈의 4가지 기본 형태(四象)가 아닌 것은?[51]
                    답 ④

① 와혈   ② 겸혈   ③ 유혈   ④ 괴혈

49) 수구사는 물 빠짐이 원활하지 않고 관쇄되어야 길하다. 수구처에 돌, 흙 등이 퇴적하여 생긴 작은 섬은 나성(羅星)이고, 수구 사이에서 두 산이 서로 마주 보고 마치 문을 지키고 있는 것처럼 수구를 막아주면서 동시에 지켜주는 것은 한문(捍門)이다.

50) 안산의 높이는 눈썹 아래에서 가슴 위까지가 적당하다.

51) 혈의 4가지 기본 형태인 사상혈은 와, 겸, 유, 돌혈이다.

062 성수 오행(星宿五行)에 관한 설명으로 옳지 않은 것은?[52]

답 ④

① 건(乾), 곤(坤), 간(艮), 손(巽) 방향은 성수오행에서 목(木)에 속한다.

② 진(辰), 술(戌), 축(丑), 미(未) 방향은 성수오행에서 토(土)에 속한다.

③ 갑(甲), 경(庚), 병(丙), 임(壬), 자(子), 오(午), 묘(卯), 유(酉) 방향은 성수오행에서 화(火)에 속한   다.

④ 성수오행은 양택에서 보아 주위에 있는 산봉우리의 길흉을 판단할 때 사용하는 오행이다.

063 다음 중 섬룡입수(閃龍入首)에 대한 설명으로 가장 알맞은 것은?[53]

답 ④

① 입수도두 한가운데로 직선으로 들어오는 형태이다.

② 아래에서 위로 올라가 정상에 혈을 맺는 모양이다.

③ 행룡하는 주룡의 측면에서 입수룡이 나와 혈을 맺는 것이다.

④ 행룡하는 용맥의 중간에 잠시 머뭇거리다 언뜻 주저앉듯이 혈을 맺는다.

064 다음 중 요감정혈법(饒減正穴法)에 대한 설명으로 가장 알맞은 것은?[54]

답 ③

① 귀하게 생긴 산, 맑은 물을 보고 혈을 정하는 방법이다.

② 전후좌우의 산들이 배반하지 않고 혈을 향해 있는 곳에 결지한다.

③ 혈은 청룡 백호 중에서 길이가 길고 힘이 있는 쪽으로 약간 치우쳐 결지한다.

④ 혈을 중심으로 전후좌우 사방에 있는 산을 연결할 때

52) 성수오행은 음택에서 보아 주위에 있는 산봉우리의 길흉을 판단할 때 사용하는 오행이다.

53) 성수오행은 음택에서 보아 주위에 있는 산봉우리의 길흉을 판단할 때 사용하는 오행이다.

54) 귀하게 생긴 산, 맑은 물을 보고 혈을 정하는 것은 장산식수정혈법, 전후좌우의 산들이 배반하지 않고 혈을 향해 있는 곳 에 정하는 것은 향배정혈법, 혈을 중심으로 전후좌우 사방에 있는 산을 연결할 때 십자형(十字形)으로 서로 교차하는 곳 에 정하는 것은 천심십도정혈법이다.

55) 귀하게 생긴 산, 맑은 물을 보고 혈을 정하는 것은 장산식수정혈법, 전후좌우의 산들이 배반하지 않고 혈을 향해 있는 곳 에 정하는 것은 향배정혈법, 혈을 중심으로 전후좌우 사방에 있는 산을 연결할 때 십자형(十字形)으로 서로 교차하는 곳 에 정하는 것은 천심십도정혈법이다.

56) 물이 밭의 굴로 들어오는 것은 명가수(鳴珂水), 융저수는 깊은 연못에 물이 모여 물의 오고감을 알 수 없는 것이다.

57) 임두수(淋頭水)는 혈 뒤에 맥이 없어 물이 묘의 머리로 들어오는 것이고, 권렴수(捲簾水)는 혈 앞에서 물이 기울어지고 거꾸러진 것이며, 천비수(穿臂水)는 혈의 좌우에 물이 뚫고 들어와 씻어 가는 것이다.

십자형(十字形)으로 서로 교차하는 곳에 결지한다.

065 다음 물의 형세에 따른 분류 중 설명이 올바르게 된 것은?55)　　　　　　　　　　　　　　　　　답 ②
① 공배수(拱背水)는 급하게 직선으로 들어오는 물이다.
② 취면수(聚面水)는 모든 물들이 혈 앞에 모이는 것이다.
③ 조회수(朝懷水)는 용맥이 기이하고 홀연히 호수 중에 돌기하여 형혈이 맺힌 것이다.
④ 위신수(衛身水)는 조산(朝山)에 대하여 마주하고 있는 것으로 아침에 가난하지만 저녁에는 부자가 될 수 있다.

066 다음 물의 형세에 따른 분류 중 설명이 옳지 않은 것은?56)　　　　　　　　　　　　　　　　　답 ①
① 융저수(融瀦水)는 물이 밭의 굴로 들어오는 것이다.
② 창판수(倉板水)는 밭에서 나온 특조(特朝)인데 어가수와 동일하다.
③ 암공수(暗拱水)는 혈 앞에서는 보이지 않지만 사(砂) 밖에 있는 물이다.
④ 요대수(腰帶水)는 물이 둘러 안은 것이 기운을 묶어 두른 것과 같으며 금성수라고도 한다.

067 다음 물의 형세에 따른 분류 중 설명이 올바르게 된 것은?57)　　　　　　　　　　　　　　　　　답 ①
① 교검수(交劍水)는 혈 앞에서 2개의 물이 교차하는 것이다.
② 임두수(淋頭水)는 혈 앞에서 물이 기울어지고 거꾸러진 것이다.
③ 권렴수(捲簾水)는 혈의 좌우에 물이 뚫고 들어와 씻어

가는 것이다.

④ 천비수(穿臂水)는 혈 뒤에 맥이 없어 물이 묘의 머리로 들어오는 것이다.

068 다음 〈보기〉의 구성(九星) 중 오길성(五吉星)을 모두 고른 것은?[58] 답 ③

> **보기**
>
> 가. 녹존(祿存)　　나. 문곡(文曲)　　다. 탐랑(貪狼)
> 라. 무곡(武曲)　　마. 거문(巨門)　　바. 좌보(左輔)
> 사. 염정(廉貞)　　아. 우필(右弼)　　자. 파군(破軍)

① 가, 나, 다, 라, 마　　　　② 나, 다, 라, 마, 바
③ 다, 라, 마, 바, 아　　　　④ 라, 마, 바, 사, 자

069 다음 중 거문성(巨文星)에 대한 설명으로 옳지 않은 것은?[59] 답 ①

① 거문성의 오행은 화(火)에 속한다.
② 천의(天醫)라고도 하며 제왕의 거처이다.
③ 거문성의 모양이 네모반듯하기가 병풍 같다면 장군이나 재상이 나온다.
④ 주산의 정상이 일자(一字) 모양으로 평평하고, 지각이 없는 깨끗하고 반듯한 형태이다.

070 다음 중 탐랑성(貪狼星)에 대한 설명으로 옳지 않은 것은?[60] 답 ④

① 북두칠성 중 첫 번째이다.
② 오행 중 목(木)에 속한다.
③ 총명, 문필, 인구, 관직에 관한 일을 주관한다.

④『감룡경』에서는 모양이 바람에 나부끼는 깃발과 같은데 앞머리는 높고, 꼬리 분은 낮다고 하였다.

071 다음 중 문곡성(文曲星)에 대한 설명으로 가장 올바른 것은?[61]   답③

① 문곡성은 오행으로 목(木)에 속한다.

② 형체를 숨기고 있기에 은요(隱曜)라고도 한다.

③ 문곡성은 혼이 떠돌아다니는 것 같으니 주로 음란, 음탕하고 질병과 재앙을 주관한다.

④ 산의 모양이 반듯하고 깨끗하며 산 정상이 붓끝처럼 뾰족한 형상으로 문필봉이라 한다.

072 다음 중 무곡성(武曲星)에 대한 설명으로 옳지 않은 것은?[62]   답 ④

① 무곡성은 오행으로 금(金)에 속한다.

② 산봉우리가 커다란 종이나 솥을 뒤엎어 놓은 모양이다.

③ 용이 행룡하면서 중간 중간에 사(梭), 인(印), 월교(月皎) 같은 작은 봉우리를 만든다.

④ 산의 모양이 복두(幞頭)와 같은데 앞이 높고 뒤가 낮아 격구할 때 사용하는 크고 작은 공(毬) 모양이다.

073 다음 중 파군성(破軍星)에 대한 설명으로 가장 알맞은 것은?[63]   답 ②

① 오행으로 수(水)에 속한다.

② 형벌과 위협, 악질을 주관한다.

③ 민물고기인 드렁허리의 죽은 모양과 같다.

④ 주룡이 지중의 은맥(隱脈)으로 행룡하기 때문에 용과 혈을 찾기가 힘들다.

074 오행에 따라 산을 분류할 때 목성(木星)에 관한 설명으로 옳지 않은 것은?[64]　　　　　답①

① 모든 산의 조산이 되며 타오르는 불꽃의 형상을 한다.

② 목성이 탁(濁)한 것은 재성(材星)이니 공업, 재능, 기예와 관련이 깊다.

③ 목성이 청(淸)한 것은 문성(文星)이니 문장, 과거 급제, 명성과 명예 등과 관련이 깊다.

④ 목성이 흉한 것은 형성(刑星)으로 범죄로 몸을 상하거나 형벌을 당하고 일찍 사망하거나 병으로 죽는다.

075 다음 중 오행상 화성(火星)산에 대한 설명으로 올바른 것은?[65]　　　　　답 ③

① 제후나 왕이 나올 수 있는 산이다.

② 노적가리를 쌓아 놓은 형태와 유사해서 노적봉(露積峯)이라고도 한다.

③ 속성속패(速成速敗), 혁명, 개혁의 기운이나 명문장가를 배출하는 기운이 있다.

④ 산 정상부가 여러 개의 봉우리가 연속적으로 부드럽게 연결되어 마치 물결이 굽이치는 형태이　다.

076 다음 중 오성귀원격(五星歸垣格)에 대한 설명으로 옳지 않은 것은?[66]　　　　　답 ③

① 지극히 높고 귀한 자리로서 금혈(禁穴)이다.

② 수성은 북쪽, 화성은 남쪽, 목성은 농쪽, 금성은 서쪽에 늘어서 있고 토성은 가운데에 위치한 것이다.

③ 금목수화토 오성이 집단으로 둥글게 모여 앉아 있는 모양으로 오행의 상생, 상극 관계는 무시한다.

④ 군왕지지로서 성현이 나고 왕후장상이 나며 영웅호

64) 모든 산의 조산이 되며 타오르는 불꽃의 형상을 한 산은 화성(火星)산이다.

65) 제후나 왕이 나올 수 있는 산은 토성산이다. 금성산은 노적가리를 쌓아 놓은 형태와 유사해서 노적봉(露積峯)이라고도 하　고, 수성은 산 정상부가 여러 개의 봉우리가 연속적으로 부드럽게 연결되어 마치 물결이 굽이치는 형태이다.

66) 오성이 집단으로 둥글게 모여 앉아 있는 모양으로 오행의 상생, 상극 관계는 무시하는 것은 오성취강격(五星聚講格)이다.

70) 경복궁 건립과 관련하여 호
암산의 호랑이 기운을 제압하기
위하여 호압사를 창건하고, 그로
부터 10리쯤 떨어진 거리에 궁
교를 건설하고, 그로부터 10리쯤
떨어진 곳에 사자암을 창건하였
다.(신증동국여지승람 금천조). 광
화문 앞의 태평로 건 설은 일제가
한 것이다.

결과 신동이 나고, 백세에 남는 지극히 귀한 사람이
나온다.

077 다음 〈보기〉에서 횡룡입수에서 필수적인 것을 모두 고
른 것은?[67]   답 ①

> **보기**
>
> 가. 낙산(樂山)   나. 귀성(鬼星)   다. 현침사(懸針砂)
> 라. 현릉사(弦綾砂)

① 가, 나   ② 나, 다   ③ 나, 라   ④ 다, 라

078 다음 중 와혈(窩穴)과 가장 관계가 깊은 것은?[68]   답 ④
① 낙산(樂山)   ② 귀성(鬼星)
③ 현침사(懸針砂)   ④ 현릉사(弦綾砂)

079 다음 중 돌혈(突穴)과 가장 관계가 깊은 것은?[69]   답 ③
① 낙산(樂山)   ② 귀성(鬼星)
③ 현침사(懸針砂)   ④ 현릉사(弦綾砂)

080 다음 중 경복궁의 풍수적 약점을 보완하기 위한 비보(裨
補)라고 볼 수 없는 것은?[70]   답 ③
① 궁교(弓橋)
② 호암산 호압사(虎壓寺)
③ 광화문 앞 태평로 건설
④ 동작구 국사봉 사자암(獅子庵)

081 조선 왕조 도읍지가 계룡산 신도안에서 한양으로 변경
된 것에 결정적 영향을 준 풍수고전은?[71]   답 ④

① 명산론　　② 감룡경　　③ 청오경　　④ 지리신법

082 다음 중 고려와 조선의 풍수적 차이점에 대한 설명으로
옳지 않은 것은?[72]　　　　　　　　　　　　　　답 ④

① 고려는 국역풍수(國域風水)이자 불교 풍수였다.

② 고려와 조선의 지관 선발 시험 과목은 차이가 많았다.

③ 조선은 유교 풍수였고 후기에 들어 음택풍수가 성행
하였다.

④ 고려 풍수는 성리학의 영향을 많이 받았지만 조선 풍
수는 성리학의 영향을 거의 받지 않았다.

083 다음 중 조선 후기에 들어 음택풍수가 성행하게 된 요인
으로 볼 수 없는 것은?[73]　　　　　　　　　　답 ④

① 정자의『장설』　　　　　② 주자의『산릉의장』

③ 성리학의 효 사상　　　　④ 불교의 화장 문화

084 임진왜란 이후 중국 풍수가 조선 풍수에 미친 영향과 관
계없는 인물은?[74]　　　　　　　　　　　　　답 ④

① 나경　　　② 두사충　　③ 시문용　　④ 이의신

085 다음 중 한양과 경복궁에 대한 풍수적 설명으로 옳지 않
은 것은?[75]　　　　　　　　　　　　　　　　답 ④

① 개경인 장풍국(藏風局)인 반면 한양은 득수국(得水局)
이다.

② 조선 도읍지 한양은 태종 때 종묘에서 척전법으로 최
종 확정되었다.

③ 태종은 인왕산의 살기를 완화하기 위해 경회루에 연
못을 조성하였다.

76) 진(辰), 손(巽), 사(巳) 3방위는
손괘(巽卦)이다.

77) 병(丙), 오(午), 정(丁) 3방위는
이괘(離卦)이다.

78) 임(壬), 자(子), 계(癸) 3방위는
감괘(坎卦)가 된다. 곤괘(坤卦)는
미(未), 곤(坤), 신(申) 3방위이다.
곤괘에 포함되는 방위는 후이 아
니라 申방위향이다. 태괘(兌卦)가 되
는 3방위는 경(庚), 유(酉), 신(辛) 3방
위이다.

79) 간괘(艮卦)는 축(丑), 간(艮), 인
(寅) 3방위이고, 태괘(兌卦)는 경
(庚), 유(酉), 신(辛) 3방위이다. 이
괘(離卦)는 병(丙), 오(午), 정(丁) 3
방위이며, 진괘(震卦)는 갑(甲), 묘
(卯), 을(乙) 3방위이다.

④『승정원일기』에 의하면 교태전 뒤의 아미산은 경회루
연못 조성 과정에서 나온 흙으로 만든 인공산이다.

086 다음 중 나경 24방위와 팔괘(八卦)에 관한 설명 중 옳지
않은 것은?76)   답 ④
① 임(壬), 자(子), 계(癸) 3방위는 감괘(坎卦)가 된다.
② 축(丑), 간(艮), 인(寅) 3방위는 간괘(艮卦)가 된다.
③ 갑(甲), 묘(卯), 을(乙) 3방위는 진괘(震卦)가 된다.
④ 진(辰), 손(巽), 사(巳) 3방위는 태괘(兌卦)가 된다.

087 다음 중 나경 24방위와 팔괘(八卦)에 관한 설명 중 옳지
않은 것은?77)   답 ①
① 병(丙), 오(午), 정(丁) 3방위는 수괘(需卦)가 된다.
② 미(未), 곤(坤), 신(申) 3방위는 곤괘(坤卦)가 된다.
③ 경(庚), 유(酉), 신(辛) 3방위는 태괘(兌卦)가 된다.
④ 술(戌), 건(乾), 해(亥) 3방위는 건괘(乾卦)가 된다.

088 다음 중 나경 24방위와 팔괘(八卦)에 관한 설명 중 올바
른 것은?78)   답 ④
① 임(壬), 자(子), 계(癸) 3방위는 수괘(水卦)가 된다.
② 미(未), 곤(坤), 신(辛) 3방위는 곤괘(坤卦)가 된다.
③ 경(庚), 유(酉), 신(申) 3방위는 태괘(兌卦)가 된다.
④ 술(戌), 건(乾), 해(亥) 3방위는 건괘(乾卦)가 된다.

089 다음 중 나경 24방위와 팔괘(八卦)에 관한 설명 중 가장
올바른 것은?79)   답 ④
① 축(丑), 임(壬), 자(子) 3방위는 간괘(艮卦)가 된다.
② 진(辰), 간(艮), 신(辛) 3방위는 태괘(兌卦)가 된다.

③ 경(庚), 을(乙), 병(丙) 3방위는 이괘(離卦)가 된다.

④ 갑(甲), 묘(卯), 을(乙) 3방위는 진괘(震卦)가 된다.

090 다음 중 형국론(形局論)에 대한 설명으로 옳지 않은 것은?[80]   답②

① 산천의 겉모양과 그 안의 정기(精氣)는 서로 통한다는 전제에서 출발한다.

② 보는 사람이나 보는 각도에 따라 그 해석이 항상 동일하다는 장점이 있다.

③ 산천을 살아 있는 유기체에 비유함으로써 자연 존중의 사상을 반영하고 있다.

④ 중국의 지가서(地家書)에서는 찾아보기 어려운 우리 풍수의 독특한 형태라고도 할 수 있다.

091 다음 〈보기〉와 가장 관계가 깊은 것은?[81]   답②

> **보기**
>
> 혈에서 보이지 않는 물이 사(砂) 밖에서 문안 인사를 하는 형상을 취하거나(朝), 감싸 안은 듯(抱) 하거나, 혈을 향해 모여드는(聚) 듯한 모습으로 물길이 형성된 것

① 요대수(腰帶水)　　② 암공수(暗拱水)

③ 충심수(衝心水)　　④ 조진수(朝進水)

092 다음 〈보기〉의 내용과 가장 관계가 깊은 것은?[82]   답③

> **보기**
>
> 골막이　수구막이　조산(造山)　풍수탑

① 과협(過峽)　　② 수세(水勢)

③ 비보(裨補)　　④ 박환(剝換)

---

80) 형국론은 보는 사람이나 보는 각도에 따라 그 해석이 서로 달라진다는 단점이 있다.

81) 요대수는 허리띠처럼 혈을 감싸 안은 형세이며, 충심수는 직류로 혈 앞에 뛰어드는 형세이고, 조진수는 조향(朝向)에서　넘치도록(洋洋) 혈 앞을 향하다가 혈을 감싸고 나가는 물이다.

82) 골막이, 수구막이, 인공 조산(造山), 풍수탑 등은 비보를 위한 것이다.

84) 탕흉수(盪胸水)는 물의 기세가
혈 앞을 씻어가는 모양인데 생기
가 흩어진다. 사협수(射脅水)는 흐
르는 물이 혈의 좌우를 들이치는
형세이므로 아주 흉한 것으로 보
며, 천비수(穿臂水)는 혈의 좌우를
뚫고 흐르는 물인데 좌(左)는 천룡
비(天龍臂), 우(右)는 천호비(天虎
臂)라고 한다.

093 노룡(老龍)과 눈룡(嫩龍)에 대한 설명으로 옳지 않은 것
은?[83] 답 ③

① 눈룡은 어린용으로 예쁘고 자그마한 것이다.

② 노룡은 능선의 굽이침이 적고 그 성체가 혼탁하다.

③ 노룡에서는 혈이 맺히지만 눈룡에서는 혈을 맺을 수
없다.

④ 눈룡은 활발하고 단정하며 새로운 가지를 가지는 것
이 특색이다.

094 다음 〈보기〉에서 흉한 물을 모두 고른 것은?[84] 답 ④

> **보기**
>
> ㄱ. 조진수(朝進水)   ㄴ. 위신수(衛身水)
> ㄷ. 취면수(聚面水)   ㄹ. 탕흉수(盪胸水)
> ㅁ. 사협수(射脅水)   ㅂ. 천비수(穿臂水)

① ㄱ, ㄴ, ㄷ ② ㄴ, ㄹ, ㅁ

③ ㄷ, ㄹ, ㅁ ④ ㄹ, ㅁ, ㅂ

095 묘 속 환경이 피해를 입는 오렴(五廉)에 해당되지 않는
것은?[85] 답 ④

① 수렴(水廉) ② 목렴(木廉)

③ 충렴(蟲廉) ④ 인렴(人廉)

096 다음 〈보기〉에서 설명하고 있는 것으로 가장 알맞은 것
은?[86] 답 ①

> **보기**
>
> 혈성이 입을 벌린 모양으로 굽어 감싸 안은 것이 구슬을
> 움켜 진 듯한 모양이나 제비집 모양, 오므린 손바닥 모양
> 등이 있으며 공통적으로 현릉사(弦稜砂)가 있다.

① 와혈　　② 겸혈　　③ 유혈　　④ 돌혈

097 다음 〈보기〉에서 설명하고 있는 것으로 가장 알맞은 것은?[87]　　　　　　　　　　　　　　　　　답 ④

> **보기**
>
> 혈장 주위가 바늘과 같이 뾰족하면서 작은 산줄기(懸針砂), 즉 지각(枝脚)이 전후좌우로 균형 있게 뻗어야 한다. 높은 산에 있는 경우는 특히 장풍이 되어야 한다.

① 와혈　　② 겸혈　　③ 유혈　　④ 돌혈

098 다음 〈보기〉에서 설명하고 있는 것으로 가장 알맞은 것은?[88]　　　　　　　　　　　　　　　　　답 ②

> **보기**
>
> 삼태기 모양을 하고 있으며 다리나 손가락 사이에 물건을 끼운 것 같이 주둥이를 벌린 것으로 와(窩)의 입속은 둥근데 반해 이것은 둥글지 않다. 특히 혈장내로 물이 들어오는 과두수(裹頭水)를 경계해야 한다. 양다리의 길이가 같은가 다른가에 따라 정격과 변격으로 나눈다.

① 와혈　　② 겸혈　　③ 유혈　　④ 돌혈

099 다음 물을 보는 방법과 그에 따른 길흉 판단으로 옳지 않은 것은?[89]　　　　　　　　　　　　　　　답④

① 물은 길(吉)한 방향에서 와서 흉(凶)한 방향으로 빠져 나가는 것이 좋다.

② 직류하는 물이나 급류하는 곳의 좌우에는 혈이 맺히지 않아 명당이 없다.

③ 산이 흐르는 방향과 물이 흐르는 방향이 같은 곳에서는 혈이 맺히지 않는다.

87) 돌혈에는 현침사가 있어야 하며(突有懸針), 높은 산에서는 반드시 좌우 양팔이 되어 장풍이 되어야 하며, 홀로 드러나서 바람을 맞는 것은 피해야 한다.

88) 겸혈은 개각혈, 차겸(釵鉗), 합곡(合谷), 궁각(弓脚) 등으로 불리며 직겸(直鉗), 곡겸(曲鉗), 장겸(長鉗), 단겸(短鉗), 쌍겸(雙 鉗) 등이 있다.

89) 물이 흘러 나가는 쪽은 좁고 관쇄가 되어야 좋다. 수구가 넓어서 훤히 보이면 아주 흉(凶)한 것이다.

유혈은 가장 많이 발견되는 혈
이며, 매미 날개와 같이 보일 듯 말
듯 한 날개가 혈의 상단 좌우를 감
싸주어야 하고(乳有蟬翼), 혈은 약
간 오목한 곳에 있다(乳中微窩).

④ 물이 흘러 나가는 쪽이 넓어서 그 쪽 문이 훤히 보이
면 아주 길(吉)한 것이다.

100 다음 〈보기〉에서 설명하고 있는 것으로 가장 알맞은 것
은?90)   답 ③

> **보기**
>
> 평지나 높은 산 모두에 있으며 가장 많은 혈이다. 주로 탐
> 랑 목성체인 용맥에서 결지하며 여인의 유방처럼 혈장이
> 볼록한 형태다.

① 와혈   ② 겸혈
③ 유혈   ④ 돌혈

나의 묘는 절대 이장을 하지 말라

　지방에서 운수업을 하던 H씨, 풍수에 심취하여 50대 초반부터 전국으로 명당을 찾아 나선다. 이때는 1960년대로 온전한 도로가 없어 교통이 크게 불편했던 시절이었다. 당시 H씨는 작은 문중의 종손이었지만, 문중산이 포화상태였을 뿐 아니라 부인이 병상에 있었기 때문에 서두른 것이다.

　H씨, 가장 먼저 한 일은 횡계에 거주하는 지관을 찾아가 정중하게 예를 표하면서 자신의 생각을 말한다. 당시 H씨에 비해 지관은 열 살 적은 나이였지만, 윗사람을 대하듯 깍듯하게 예우하였다. 그러자 지관은 H씨 정성에 감복해 마음을 열고 도움을 주기로 한다. 당시 횡계의 지관에게는 은밀하게 전해져오던 비결록이 한 권 있었는데, 그곳에 나오는 장소를 일일이 찾아다니기로 하였다. H씨는 잘나가던 사업을 접고 명당 찾기에 매진한 것이다. 명당만이 쇠락한 가문을 다시 일으킬 수 있다는 확고한 믿음을 갖고서.

　H씨 아들 말에 의하면 횡계의 지관에게 매년 두루마리 옷감과 경제적 지원을 아끼지 않았다고 한다. 그러나 명당을 찾기도 전에 H씨 부인이 1966년 50세 이른 나이에 세상을 떠나자 종중산에 임시로 묘를 조성한다. 당시 선산에는 마땅한 장소가 없기 때문에 H씨는 전보다 더 열심히 산을 다니지만, 자신의 마음에 드는 명당은 쉽사리 찾을 수 없었다. 그 당시 H씨 생활은 온통 명당 찾기에만 몰두해 필사한 비결록과 지도를 대조해 보며 현장을 찾아다니는 것이 전부였다고 한다.

　어느 고장에서는 방 한 칸을 얻어 한 달을 묵기도 했는데, 아무 말 없이 잠만 자면서 아침 일찍 나가고 저녁 늦게 들어오는 행동을 수상하게 여긴 마을 사람이 간첩신고를

해서 경찰서에 잡혀가 곤욕을 치루기도 했다고 한다. 하지만 산도를 보여주며 명당을 찾으러 다닌다고 말해도 곧이 믿지를 않는다는 것이다.

그렇게 지관과 함께 강원지방 산을 다니기를 15년, 마침내 1975년 자신이 그토록 원하던 비결록에 나오는 땅을 찾기에 이른다. 당시 20대였던 H씨 아들 기억에 의하면 비결록에는 지형그림과 함께 00산 2리 동쪽에 해좌(亥坐)의 터가 있는데, 비룡승천혈이라고 기록되었다고 기억한다.

15년의 인고 끝에 명당을 찾은 H씨, 주저 없이 이곳에 부인 묘를 이장하기로 한다. 횡계 지관의 주도하에 선산에서 파묘를 하고 운구를 하는데, 하필이면 하관시가 밤 12시라고 한다. 그뿐 아니라 파묘가 끝나자 비가 억수같이 내리는 바람에 H씨 아들이 오늘밤 12시에 이장을 하기는 도저히 불가능할 것 같다고 하자 횡계 지관은 태평스럽게 아무 걱정 말고 초저녁에 일찍 잠을 청하는 것이 좋을 것이라 말한다. 가족들은 장마 같이 쏟아지는 비에 믿기지 않았지만 달리 방도가 없었다. 그런데 밤 9시경부터 점차 비가 그치더니 밤하늘에는 언제 그랬냐는 듯 별이 초롱초롱 빛나는 것이었다.

가족들은 지관의 선견지명에 귀신이 곡할 지경이라고 탄복을 하면서 그날 밤 12시에 횃불을 켜고 무사히 H씨 부인 묘를 안장할 수 있었다. 이때 자신의 신후지지를 부인 묘 위에 마련해 둔다. 깊은 산중에서의 작업은 인근에 민가가 없기 때문에 10km 떨어진 곳에서 숙식을 하며 몇날 며칠 작업을 했는데, 토질은 콩가루 같은 오색토였다고 한다.

그리고 10년 후 1986년 H씨(78세)가 죽음을 앞두고 자식들에게 유언하기를 "너희들은 나의 묘에 성묘를 오지 않아도 되고 벌초나 관리를 하지 않아도 된다. 나무가 자라고 풀이 우거져도 상관없다. 단 우리 묘는 절대 이장을 하지 말라." 신신당부하면서 숨을 거두었다.

H씨 장사 날도 어머니 묘를 이장할 때와 마찬가지로 장대 같은 비가 새벽부터 내렸다. 그러나 운구하여 산에 이르자 거짓말같이 비가 그치면서 무사히 장사를 치를 수 있었다고 한다. 이 말을 듣고 필자가 생각하기에 명당은 귀신이 지키고 감춘다는 말이 있는데, 땅이 임자를 만난 것인지 하늘도 허락한다는 생각이 들었다.

그 후 H씨 4남 2녀의 장성한 자식들은 각자 자신의 분야에서 순탄하게 생활하면서 세월이 흐른다. H씨 4남 중 막내는 이름만 대면 알만한 중견기업에서 십여 년 최고경영

인으로 지내다 은퇴하기에 이른다. 이분을 의뢰인이라고 부르겠다.

의뢰인에게는 누님이 한 분 계셨는데, 누님 딸이 사법고시를 치루지만 번번이 낙방하였다. 그러자 의뢰인이 조카에게 말하기를 "할아버지 할머니 산소가 보통 자리가 아니니 네가 산소에 가서 고시에 붙게 해달라고 한번 빌어보렴." 하였다.

젊은 조카는 외할아버지 외할머니 묘를 한 번도 가본 적 없지만, 바람 쐴 겸해서 어머니와 함께 성묘를 가서 봉분의 잡초를 뽑으며 머물다 온다. 그때 젊은 조카는 "묘지가 이렇게 아름다울 수도 있구나." 감탄을 한다. 묘 앞에 펼쳐진 전경은 자신이 생각했던 일반적인 묘지의 개념과 전혀 달랐을 뿐 아니라 무언가 벅차오르는 감동까지 느꼈기 때문이다. 그리고 거짓말같이 그해, 그토록 원하던 사법고시에 최종 합격한다. 그 후 결혼한 조카는 변호사를 개업하였고 남편은 현재 부장판사에 올랐으며, 오빠도 변호사라고 한다.

그러자 그 소문이 온 집안에 퍼져 성묘하는 날이면 젊은 조카들이 모여들기 시작한다. 예전에는 나이 많은 어른들만 오다가 손주들까지 오면서 묘역은 점점 활기를 띠는 것이다. 그래서 요즘은 성묘 갈 때는 음식을 바리바리 준비해야만 온 가족이 먹을 수 있다고 하니 가족 간의 우애가 점점 돈독해짐은 두말할 것 없다.

그리고 몇 해 전 의뢰인의 여동생 아들은 박사학위를 받고 대학에서 교수가 되었다. 이곳에 묘를 쓰고 난 후 가까운 친인척들과는 모든 면에서 점점 격차가 벌어지는 것이다.

사실 필자는 이러한 사례를 종종 경험하기 때문에 의뢰인이 부친 묘에 가보자는 말을 듣고도 크게 기대하지 않았다. 절대 이장을 하지 말라는 묘일수록 기대에 못 미치는 경우가 많았기 때문이다. 그러한 곳을 파묘해 보면 비바람에 백골은 흔적도 없이 사라진 상태가 대부분이었다.

그러나 이곳은 처음부터 필자 생각과 달랐다. 주산은 웅장하고 현무정은 옹골차게 솟았으며, 용맥은 상하좌우 흐름이 역동적이면서도 맵시가 있다. 산줄기 용맥이 아리땁다는 말이 어울리는 곳으로 용맥을 타고 걸으면 마치 발끝을 타고 짜릿한 기운이 온몸에 전해지는 듯한 느낌이다. 그리고 산 끝에 이르러 크게 솟구치면서 커다란 결정체를 이루었는데, 그 형상은 마치 지존이 용상에 걸터앉은 것처럼 당당한 포스를 보이고 있다. 좌청룡 우백호는 가지런하고 전면의 안산과 조산은 겹겹으로 도열해 있으며, 좌향은 빼어난 봉우리와 마주하고 있다.

　아! 뉘라서 음택의 명당이 없다 할 것인가.

　아! 뉘라서 음택의 동기감응을 부정할 것인가.

"이러한 묘 자리를 갖는다는 것은 귀댁의 크나큰 홍복입니다.

　땅은 절대 거짓이 없으니 두 분 묘소를 잘 관리하도록 하십시오."

101 다음 중 조정동(趙廷棟)의 『양택3요(陽宅三要)』에서 삼요 (三要)에 해당하지 않는 것은?　　　　답 ④
① 대문　　　② 안방　　　③ 부엌　　　④ 화장실

102 다음 물[水]에 대한 설명 중 옳지 않은 것은?[92]　　답 ①
① 반배수(反背水)는 혈의 좌우의 물이 흘러 들어와 합하는 물이다.
② 원진수(元辰水)는 본룡, 청룡 백호 안 혈의 생기를 씻어가는 물이다.
③ 할각수(割脚水)는 혈전에서 다리 살점을 두드리듯 지나가는 물이다.
④ 임두수(淋頭水)는 혈 뒤에 맥이 없이 골이 패인 곳을 따라 묘 쪽으로 물이 흘러내리는 것으로　일명 형혈수(刑穴水)라고 한다.

103 다음 물[水]에 대한 설명 중 옳지 않은 것은?[93]　　답 ④
① 과두수(裹頭水)는 물이 산의 머리를 둘러싸고 바짝 붙어서 흐르는 것으로 절손(絶孫)한다.
② 천지수(天池水)는 높은 산 정상에 자연적으로 있는 연못이나 호수로 지극히 귀한 물이며 사계절 마르지도 넘치지도 않는다.
③ 건원수(乾原水)는 물이 시작되는 머리의 가느다란 물줄기가 내려오자마자 땅속으로 사라져 버리는 것으로 혈을 찾는 것은 헛된 일이다.
④ 저여수(沮洳水)란 물이 밖으로는 보이지 않으나 항상 물이 있어 밟으면 신발이 젖고 비가 오면 샘이 흐르나 가뭄에는 마르는 것으로 크게 길(吉)한 것이다.

91) 청나라 조정동(趙廷棟)이 저술한 『양택3요(陽宅三要)』에서 중요한 3요소는 대문(門), 안방(主), 부엌(灶)이다.

92) 반배수(反背水)는 활을 거꾸로 든 모양과 같이 흐르는 물이다. 혈 좌우의 물이 흘러 들어와 합하는 물은 합금수(合襟水)이다.

93) 저여수는 흉한 것이다. 장자미는 "저여수는 산룡의 기가 약해지고 맥이 흩어져 병든 사람과 같이 생기가 없고, 혈행의 운행이 잘 안 되는 곳이니 부인은 붕루(崩漏:대하증의 일종)가 생기고 남자는 치질이 생겨 평생토록 낫지 않고 죽기만을 기다리는 것이니 생식(生殖)은 못하고 연명만 하여도 해(害)만 있을 뿐이다"라고 하였다.

94) 9층 패철에서 모든 방위의 기본 층은 4층 지반정침이다. 제6층은 인반중침(人盤中針)으로 4층 지반정침에 비해 반시계방향으로 7.5도 뒤에 놓여 있다

95) 혈장 뒤에 고대(高大)한 산이 있더라도 그 산의 갈라진 줄기가 많아 혈장과 상당한 거리가 떨어졌으면 주산이라 할 수 없 다.

104 다음 중 9층 패철에 관한 설명으로 옳지 않은 것은?94)

답 ②

① 제4층은 지반정침(地盤正針)으로 글자가 제일 크고 굵으며 24방위가 표시되어 있다.

② 제6층은 인반중침(人盤中針)으로 모든 방위의 기본층으로 4층 지반정침에 비해 시계방향으로 1.5도 앞에 놓여 있다.

③ 제8층은 천반봉침(天盤縫針)으로 4층 지반정침에 비해 시계방향으로 7.5도 앞서 있다.

④ 제9층 분금은 장사(葬事)에서의 마지막 작업에 사용되는 층으로 하관시 흉한 고허살요공망맥(孤虛煞曜空亡脈)을 피하고 길한 왕생분금(旺生分金)만을 취한다.

105 다음 중 주필산(駐蹕山)에 대한 설명으로 옳지 않은 것은?95)

답 ④

① 주필산은 주룡이 잠시 머무르는 산이다.

② 주필산은 중조산(中祖山)과 같은 큰 산도 있고 작은 봉우리로 된 산도 있다.

③ 주필산은 주로 억세고 험한 용의 정기를 정제하고 순화시키며, 용의 방향 전환과 분맥(分脈)하는 역할을 한다.

④ 혈장 뒤에 고대(高大)한 산이 있더라도 그 산의 갈라진 줄기가 많아 혈장과 상당한 거리가 떨어졌으면 주산이라 할 수 있다.

106 다음 〈보기〉에서 설명하고 있는 것은?96)   답 ③

> **보기**
>
> • 혈에 비해 지나치게 크지 않아야 한다.
> • 혈과 가까이 있으면서 혈을 잘 감싸주어야 좋다.
> • 용이나 혈장 혹은 명당 좌우 등에 있으며 특정된 위치는 없다.
> • 주룡의 기운이 왕성하여 혈을 맺고도 남은 것으로 생긴 것이다.

① 전순(氈脣)   ② 관성(官星)
③ 요성(曜星)   ④ 하수사(下水砂)

107 다음 〈보기〉에서 설명하는 구성(九星)과 가장 관계가 깊은 것은?97)   답 ①

> **보기**
>
> • 오행으로는 화(火)에 속한다.
> • 주로 형벌, 살인, 흉하고 독한 일을 주관한다.
> • 그 자체로 혈을 맺는 것은 어렵지만 탐랑, 거문, 무곡성은 이것을 바탕으로 형성된다.
> • 독화(獨火)라고도 하며 높은 산 정상에는 바위가 우뚝 솟아 높고 우산이 접힌듯, 쟁기머리가 찢어진 듯 날카롭고 실이 터져 흩날리는 모습과 같다.

① 염정성   ② 녹존성
③ 문곡성   ④ 파군성

96) 전순은 혈의 여기(餘氣)로 형성된 혈 앞에 있는 공간이고, 관성은 안산이나 조산(朝山) 뒷면에 붙어 있는 작은 능선으로 안산이나 조산의 기운을 혈 쪽으로 밀어주는 역할을 한다. 하수사는 혈 아래에 붙어 있는 작은 능선으로 혈장을 지탱해 주는 역할과 혈장의 원진수가 직류하지 않도록 해주는 역할도 한다.

97) 〈보기〉는 구성 중 염정성에 관한 설명이다. 파군성도 형벌을 주관하지만 파군성은 모양이 바람에 나부끼는 깃발과 같은데 앞머리는 높고 꼬리 부분은 낮으며 오행상 금(金)에 속한다.

98) 우필성은 주룡이 지중의 은맥으로 행룡하기 때문에 용과 혈을 찾기 힘들다. 미세한 용맥의 모습은 마치 뱀이 풀밭을 기어가는 듯한데 이를 초중사행(草中蛇行)한다고 표현한다. 땅속으로 흐르던 맥이 행룡을 멈추면 지기가 모아지기 때문에 약간 돌출하는데 우필성은 이곳에 혈을 맺는다.

99) 노적가리를 쌓아 놓은 형태와 유사하여 노적봉(露積峯)이라고 하는 것은 금성(金星)이다.

108 다음 〈보기〉에서 설명하는 구성(九星)과 가장 관계가 깊은 것은?[98]　　　　　　　　　　　　　　　　　답 ④

> **보기**
> • 오행으로는 금(金)에 속한다.
> • 형체를 숨기고 있기에 은요(隱曜)라고도 한다.
> • 땅속이나 수중에 숨어 있으며 육안으로 보이지 않는다.
> • 본래 일정한 모습이 있는 것이 아니라 다른 8성을 따라가면서 높고 낮은 형태가 생긴다.

① 탐랑성　　② 무곡성　　③ 거문성　　④ 우필성

109 다음 〈보기〉에서 토성(土星)에 관한 것을 모두 고른 것은?[99]　　　　　　　　　　　　　　　　　답 ③

> **보기**
> ㄱ. 왕기가 서려 있는 것으로 판단한다.
> ㄴ. 노적가리를 쌓아 놓은 형태와 유사하여 노적봉(露積峯)이라고도 한다.
> ㄷ. 청(淸)한 것은 존성(尊星)이라고 하며, 탁한 것은 부성(富星)이라고 한다.
> ㄹ. 산 정상부가 평탄하게 수평으로 펼쳐진 것으로 일자문성(一字文星)이라고도 한다.
> ㅁ. 흉한 것은 체성(滯星)이라고 하는데 어둡고 어리석으며 질병이 있고 서로 얽힌것이 부스럼 같고 죄인을 가두는 옥 같다.
> ㅂ. 산의 모양이 네모반듯하면서 똑바른 것이라면 옥병(玉屛)이나 옥안(玉案)이라 하고 산꼭대기 사방이 무너져 내려 모가 없는 것이면 천창(天倉)이라고 한다.

① ㄱ, ㄴ, ㄷ, ㄹ　　　　② ㄱ, ㄷ, ㄹ, ㅁ
③ ㄱ, ㄷ, ㄹ, ㅁ, ㅂ　　④ ㄱ, ㄴ, ㄷ, ㄹ, ㅁ, ㅂ

110 우리나라 풍수단맥설(風水斷脈說)에 대해 가장 올바른 것은?[100]　　　　　　　　　　　　　　　　답 ④

① 일제에 의한 풍수단맥설은 전혀 근거가 없는 것임이 입증되었다.

② 조선의 단맥은 주로 병자호란 때 중국의 풍수사에 의해 행해졌다.

③ 우리나라 풍수 단맥에 관해 전승 설화는 존재하지만 기록상으로 존재하지 않는다.

④ 중국은 단맥에 관한 역사적 기록이 있으며, 이에 의하면 진시황 때 이미 단맥이 있었다고 볼 수 있다.

111 다음 이기법(理氣法) 중에서 한반도 자생풍수라고 할 수 있는 것은?[101]　　　　　　　　　　　　답 ①

① 통맥법　　② 88향법

③ 지리신법　④ 정음정양법

112 다음 중 도선국사에 대한 설명으로 옳지 않은 것은?[102]　　　　　　　　　　　　　　　　답 ④

① 한국 자생풍수의 비조로 본다.

② 한국 비보 풍수의 연원은 도선국사이다.

③ 고려의 건국 및 고려 태조 왕건과 관계가 깊다.

④ 도선은 당나라에 들어가 일행선사에게 지리에 관한 법을 배우고 돌아왔다.

113 다음 중 용의 분벽(分擘)에 대한 설명으로 옳지 않은 것은?[103]　　　　　　　　　　　　　　답 ②

① 분벽이란 용이 가지를 나누고 맥을 나누는 것을 말한다.

② 지룡(枝龍)일 경우 지룡의 기가 희박하기 때문에 분

---

100) 임진왜란 때 중국의 풍수사와 무장에 의해 조선의 지맥이 끊어졌다고 하는 이른바 풍수단맥설은 『택리지』와 『임진록』 기재의 것이 있으며, 『오주연문장전산고』에도 같은 기술이 보여 조선 각지에 같은 전승이 존재했음을 알 수 있다. 또 『역옹패설』이나 『동국여지승람』 등의 지리지에는 중국 도사 오종난(胡宗旦) 등이 조선의 지맥을 끊거나 말뚝을 박아 압승(壓勝)을 하였다고 하는 기술이 있으며, 『조선왕조실록』에는 중국 환관에 의한 말뚝 사건이 기재되어 있다. 풍수 단맥 전승 설화 사례로는 회안대군 이방간(1364~1421)의 무덤이 있다. 이방간은 태조 이성계의 넷째 아들이자 태종 이방원의 형인데 그의 사후 태종 이방원이 단맥을 했다는 이야기가 전해진다. 풍수의 단맥 그 자체는 『사기』「몽염열전」을 비롯하여 중국에서도 옛날부터 기록이 있다. 진시황은 '금릉'의 왕기의 맥을 자르고자 산언덕을 끊어내고 이름도 '말릉秣陵'으로 고쳤다. '말(秣)'이란 마소를 먹이려고 잘게 썬 여물이다. 여물을 썰 듯 산언덕을 절단한 데서 말릉이라는 이름이 생겨난 것이다. 또 진회하(秦淮河)는 진시황 설화에 근거해서 당나라 때 생겨난 명칭이다. 진회하의 본래 이름은 용장포(龍藏浦:용이 감추어진 강)였다.

101) 우리 고유의 이기법이라고

할 수 있는 것은 통맥법이다. 88향
법은 청대(淸代) 조정동의 『지리오
결』에 나오는 법이고, 정음정양법
은 1821년 출판된 중국의 '입지안
전서(入地眼全書)'에 나오며, 지리
신법은 1866년 청나라의 호순신
이 여러 가지 풍수지리설을 종합,
분류하고 그 중 중요한 것만을 골
라 정리한 이기론에 관한 책이다.

102) 도선(827~898)과 일행 선사
(683~737)는 생몰 연대가 100여
년의 차이가 나므로 도선이 일행
선사로부터 풍수를 배웠다는 것은
역사적 사실이 아니다.

103) 지룡(枝龍)일 경우 지룡의 기
가 약하기 때문에 분벽을 꺼린다.

104) 과협은 용이 상하운동을 하
는 증거로 볼 수 있지만 과협처에
서 진혈이 결지되는 것은 아니다.
과협은 기운을 묶어 앞으로 내보
내는 역할을 하기 때문에 진혈이
이루어지기 전에 존재하기 때문이
다. 또 과협은 바람 맞는 것과 물이
위협하는 것을 크게 꺼리기 때문
에 반드시 협을 보호하는 산과 팔
자(八字)모양의 물이 있어야 좋다.

105) 홍범오행에서 수(水)는 子寅
辰甲辰巽 申辛戌이고, 목(木)은 艮
卯巳, 화(火)는 丙乙午壬이다.

106) 대명당은 안산(案山) 안 쪽에
있어야 혈을 세울 수 있으며 융취
되어야하며 텅 빈 것은 실혈(失穴)
이 된다....『人子須知』「證穴」

벽을 반긴다.

③ 나뉘어 나간 용이 너무 많으면 기가 흩어져 혈이 맺
히지 못하는 것으로 본다.

④ 용이 가지를 치고 맥을 쪼갬에서, 그 가지와 쪼개지
는 맥이 많은 것이 겁(劫)룡이 되고, 적은 것이 귀(鬼)
룡이 된다.

114 다음 중 과협(過峽)에 대한 설명으로 옳지 않은 것은?104)
답 ③

① 과협이란 혈을 이루기 위해서 통과하는 목과 같이 가
늘고 강한 용을 말한다.

② 질단(跌斷), 학슬(鶴膝), 봉요(蜂腰), 속기(束氣) 등으로
도 표현한다.

③ 과협은 용이 상하운동을 하는 증거이므로 진혈은 과
협처에서 결지한다.

④ 과협은 바람을 맞는 것과 물이 위협하는 것을 크게
꺼린다.

115 홍범오행에서 오행이 올바르게 연결된 것은?105)   답 ②

① 水 - 艮, 卯, 巳   ② 金 - 丁, 酉, 乾, 亥

③ 木 - 丙, 乙, 午, 壬   ④ 火 - 寅, 甲, 辰, 申, 戌

116 다음 중 명당으로 진혈여부를 판단하는 명당증혈법(明
堂證穴法)에 대한 설명으로 옳지 않은 것은?106)   답 ④

① 혈을 정함에 있어서 명당이 반듯해야 한다.

② 소명당은 원훈(圓暈) 아래에 있으며 평정(平正)하여
사람이 누울 수 있어야 진혈이 된다.

③ 중명당은 용호가 서로 감싸 안은 곳에서 혈이 세워진다.

④ 대명당은 조산(朝山) 안 쪽에 있어야 혈을 세울 수 있으며 융취되어야 하며 텅 빈 것은 실혈(失穴)이 된다.

117 다음 중 〈보기〉의 내용과 가장 관련이 깊은 것은?[107]

답 ④

> **보기**
>
> 나무와 풀이 울창 무성하고 길한 기운이 서로 따르는데 이러한 내외와 표리는 혹 자연적인 것일 수도 있고 인위적인 것일 수도 있다.

① 형세(形勢) ② 이기(理氣)

③ 물형(物形) ④ 비보(裨補)

118 다음 중 천혈(天穴)에 속하는 것을 모두 고른 것은?[108]

답 ①

> **보기**
>
> ㄱ. 기룡혈(騎龍穴) ㄴ. 앙고혈(仰高穴)
>
> ㄷ. 빙고혈(凭高穴) ㄹ. 현유혈(懸乳穴)
>
> ㅁ. 탈살혈(脫殺穴) ㅂ. 장살혈(藏殺穴)
>
> ㅅ. 장구혈(藏龜穴) ㅇ. 몰니혈(沒泥穴)

① ㄱ, ㄴ, ㄷ ② ㄴ, ㄷ, ㅁ, ㅂ

③ ㄷ, ㄹ, ㅂ, ㅅ, ㅇ ④ ㄹ, ㅁ, ㅂ, ㅅ, ㅇ

119 다음 중 수세(水勢)로 명당을 판별하는 수세증혈법(水勢證穴法)에 대한 설명으로 가장 올바른 것은?[109]

답 ④

① 물이 명당의 왼편에 모이면 혈은 명당의 오른쪽 편에 있다.

② 물의 근원이 멀고 조용히 와서 명당에서 모이면 혈은 낮은 곳에서 맺어진다.

---

107) 『청오경』, "草木鬱茂 吉氣相隨 內外表裏 惑然惑爲"의 혹연혹위(惑然惑爲)에서 비보 개념을 엿볼 수 있다.

108) 앙고혈(仰高穴)은 산 위에 있는 것이고, 빙고혈(凭高穴)은 성신 머리 아래에 있는 것이며, 기룡혈(騎龍穴)은 산의 등에 있는 것인데 모두 천혈(天穴)에 속한다. 탈살혈(脫殺穴)은 성신 아래에 있는 것으로 산맥처를 떠나 혈이 맺히는 것이며, 현유혈(懸乳穴)은 유방같이 생긴 머리 부분이 있기때문에 산기슭에 혈이 맺히고, 장구혈(藏龜穴)은 평지와 밭 가운데 있는 것으로 모두 지혈(地穴)에 속한다. 장살혈(藏殺穴)은 산과 물이 모두 가운데 모인 것이기 때문에 혈을 위나 아래에 잡게 되면 그 체가 흩어지므로 오직 1체(體)만이 허리에 맺는데 이를 인혈(人穴)이라 한다.——『인자수지』 「삼세정혈」

109) 물이 명당의 왼편에 모이면 혈은 명당의 왼편에 있다. 물의 근원이 멀고 조용히 와서 명당에서 모이면 혈은 높은 곳에서 맺어지고 물이 순조롭게 혈 앞에 모인 다음 흩어져 흘러가면 혈은 낮은 곳에서 맺히게 된다.

110) 청룡이 물을 거슬러 가면(逆水) 혈은 청룡쪽에 있다.

111) 형국론에 대한 설명으로 산천의 모양을 사람, 동물, 식물, 문자 등에 산천의 겉모양과 그 안의 정기(精氣)비유하는 것을 형국(形局)론을 설명한 것이다.

③ 물이 순조롭게 혈 앞에 모인 다음 흩어져 흘러가면 혈은 높은 곳에서 맺히게 된다.

④ 물이 명당의 한복판으로 들어와 멈추거나 둥글게 안게 되면 혈은 명당의 가운데에 있다.

120 다음 중 용호증혈(龍虎證穴)에 관한 설명으로 옳지 않은 것은?10)   답 ③

① 청룡이 힘이 있으면 혈은 청룡 쪽에 있다.

② 백호가 힘이 있으면 혈은 백호 쪽에 있다.

③ 청룡이 물을 거슬러 가면(逆水) 혈은 백호 쪽에 있다.

④ 청룡과 백호가 낮으면 바람을 피하여 명당을 취(就)하여 낮은 혈을 정한다.

121 풍수지리의 정의로 가장 올바르게 설명한 것은?   답 ③

① 인간생활에 유익한 물(水), 불(火), 바람(風)이 서로 어울리는 이치를 연구

② 인간생활에 유익한 물(水), 불(火), 바람(風)이 서로 대립하는 이치를 연구

③ 인간생활에 유익한 물(水), 땅(地), 바람(風)이 서로 어울리는 이치를 연구

④ 인간생활에 유익한 물(水), 땅(地), 바람(風)이 서로 대립하는 이치를 연구

122 풍수지리 분류에 대한 설명으로 올바르지 않은 것은?11)   답 ④

① 음택풍수는 죽은 사람의 묏자리를 선정하는 것이다.

② 양택풍수는 산 사람이 거주하는 집과 터를 잡는 것이다.

③ 형세풍수는 산이나 물, 또는 주변 산세 등 산세의 형

상을 눈으로 구별하여 길지를 찾는 방법론이다.

④ 이기풍수는 모든 사물에는 정령이 있다는 것으로 길흉화복(吉凶禍福)을 논하는 것이다.

123 음양오행과 천문 등을 살펴 주로 방위에 따른 길흉화복을 논하는 풍수 이론은 무엇인가?[112] 답 ④
① 형국론 ② 형세론 ③ 물형론 ④ 이기론

124 우리 민족은 삼국시대 이전부터 산은 하늘과 연결하는 길이라 하여 산과 인간이 어우러지는 개념을 정립하였는데 천(天) 지(地)인(人)로 일컬어지는 사상은? 답 ①
① 삼신사상(三神思想)   ② 음양사상(陰陽思想)
③ 오행사상(五行思想)   ④ 모태사상(母胎思想)

125 우리나라 풍수 역사에 대한 설명으로 올바르지 않은 것은? 답 ③
① 삼국유사 탈해왕 이야기는 이미 삼국시대에 풍수사상이 존재한 것을 보여 준다.
② 백제가 반월형의 부여를, 고구려가 행주형의 평양을 도읍으로 삼은 것은 풍수사상을 포함한것으로 볼 수 있다.
③ 고려시대 도선국사의 영향으로 음택풍수가 성행하였다.
④ 조선시대 잡과(雜科)를 두어 지관을 등용했다.

126 산천의 모양을 사람, 동물, 식물, 문자 등을 비유하여 모든 사물에는 각각의 모양이 있고 형을 이루는 곳에는 그에 상응하는 기가 존재한다고 보는 풍수지리 연구 방향

112) 기본적으로 풍수의 구성원리를 산, 수, 방위로 볼 때 좌향은 방위와 관련된 것으로 이기론이라고도 한다. 이기론은 주나라 성왕 때부터 통용된 『주역』의 후천팔괘를 응용하여 사용해오는 과정에서 처음에는 12방위만 측정하였으나 점차 복잡하게 전개되어 5층, 7층, 9층, 13층까지 표시 오늘날에는 9층으로 요약하고, 오행에 필요한 분야는 암기하여 사용하고 있다.

113) 형국론은 대체로 우주만물 만상은 이(理)와 기(氣)가 있으며 상(像)이 있기 때문에 외형 물체의 그 형상에 상응한 기상(氣象)과 기운(氣運)이 내재해 있다고 보아 산천의 모양을 사람, 짐승, 동식물 및 인간이 사용하는 용기 또는 문자 등에 빗대어 설명하려는 것이다.

114) 주산의 개념은 음·양택 모두 혈을 생성하고 품어주는 직접적이고 결정적인 봉우리를 말한다. 멀리 있는 높고 큰 산은 주산이 만들어지기까지의 뿌리가 되는 조종산일 뿐 그 자체가 혈을 맺는 것은 아니다.

에 따른 분류에서 어느 이론을 말하는가?113) 답 ①
① 형국론 ② 형세론 ③ 명당론 ④ 이기론

127 풍수지리 분류에서 국립현충원처럼 묘지에 적용되는 풍수는 무엇인가? 답 ②
① 양택풍수 ② 음택풍수 ③ 양기풍수 ④ 명당풍수

128 다음 풍수지리 분류와 관련한 설명 중 옳지 않은 것은?
답 ③
① 형세론은 산이나 물, 또는 사신사 등 자연의 현상이나 산세의 형상을 눈으로 구별하여 길지를 찾는 것을 말한다.
② 이기론은 시간과 방위 등 음양오행과 천문 등의 작용을 살펴 길흉화복을 논하는 것을 말한다.
③ 음택풍수는 죽은 자의 묏자리를 선정하는 것으로 길지를 선정할 때 양택 풍수와는 다른 방법에 의해야 한다.
④ 죽은 자의 묘 자리를 선정하는 음택풍수와 산 사람이 기거하는 집과 터를 선정하는 양택풍수로 나누어진다.

129 두 팔을 벌려 자식을 아늑하게 품고, 다정하게 터를 향해 유정하게 쳐다보고 있어야 하는 산으로 모든 땅의 역량은 이 산에 달려 있다. 이 산의 높이는 이웃하는 산보다 높거나 최소한 비슷해야 하는데 이 산만 좋아도 절반의 성공이라 할 만큼 이 산의 비중은 절대적이다. 이러한 산을 풍수지리 용어로 무엇이라 하는가?114) 답 ④
① 태조산 ② 증조산 ③ 안산 ④ 주산

130 풍수에서 산을 용이라 하는데, 용이 상하좌우 변화를 하면 스스로 균형을 유지하기 위해서 능선 좌우 마디마디에 지게 받침대와 같은 곧고 가느다란 줄기를 뻗는데 이것을 무엇이라 하는가?[115] 답 ②
① 과협　　② 지각　　③ 전순　　④ 주산

131 이곳은 산의 꽃이니 나무의 열매와 같은 것이다. 산천정기가 총 융결한 곳으로 풍수지리 최종적인 귀착점을 말하는 곳으로 풍수에서 가장 작은 단위로 산 중의 가장 따뜻하고 건강한 지점을 무엇이라 하는가?[116] 답 ②
① 선익　　② 혈　　③ 전순　　④ 주산

132 생기(生氣)란 바람을 타면 흩어지고 물을 만나면 멈추게 된다. 다음 중 바람을 갈무리한다는 의미의 용어를 고르시오. 답 ②
① 방풍(防風)　　　② 장풍(藏風)
③ 음풍(陰風)　　　④ 살풍(殺風)

133 풍수에서 물이 처음 시작되어 흐르는 곳을 무엇이라 하는가? 답 ②
① 명당수　　② 득수처　　③ 파구처　　④ 진응수

134 다음 중 사신사(四神砂)와 가장 거리가 먼 것은? 답 ①
① 봉황(鳳凰)　　　② 현무(玄武)
③ 청룡(靑龍)　　　④ 백호(白虎)

135 풍수에서 장풍의 기능과 함께 대상지 좌우의 온갖 흉살을 막아주고 보호하는 기능의 산으로 대상지 주변으로

115) 용은 산봉우리를 뒤로하고 낮은 지역을 향해 내려가는 성질을 가지고 있다. 용이 변화를 하게 되면 스스로 균형을 유지하기 위해서 능선의 좌우 마디마디에 나무의 가지와 같이 가지를 뻗게 되는데, 이와 같은 가지를 지각(枝脚)이라 한다.

116) 혈(穴)이란 풍수에서 요체가 되는 장소이며 풍수의 목적이 혈을 찾는 것이라고 해도 과언이 아니다. 음택의 경우 시신이 직접 땅에 접하여 그 생기를 얻을 수 있는 곳이며, 양택의 경우 거주자가 실제 삶의 대부분을 얹혀살게 되는 곳이다.

117) 중국의 고대 천문학에서는 "하늘의 별들은 오직 중원(中垣)에 극(極)이 있고 북극성, 그 주위를 28수(宿)가 빙 둘러싸고 있는데, 그중 왼쪽의 7수(宿)를 청룡, 오른쪽 7수(宿)를 백호라 한다. 『금낭경』에는 무릇 기를 불어내면 생기가 흩어지므로 청용과 백호로서 혈장을 호위해야 한다. 『인자수지』에서는 용호는 혈을 호위하는 것이 목적이며, 없어서는 안 되는 것이지만 반드시 구애받을 필요도 없다. 왜냐하면 땅에는 용호가 없음에도 길(吉)할 수 있으며, 용호가 완전히 갖추어도 흉(凶)할 수 있기 때문이다. 따라서 용이 참되고 혈에 적합하면 상관없는 것이다.

118) 주산과 청룡 백호를 제외한 혈 앞에 보이는 모든 산들 중에서 혈 가까이 있는 것을 안산(案山)이라 하고 그 외에는 모두 조산(朝山)이라 한다. 청룡, 백호가 혈 앞을 깊숙하게 감아주면 그 자체로 용호에 붙은 안산이 되기 때문에 굳이 안산이 필요하지 않게 된다.

장풍이 잘되어 있고 대상지 주변에 흉한 것이 없다면 굳이 이것이 없어도 된다. 앞으로 나란히 하듯이 감아줌이 없으면 바람과 물 빠짐으로 극히 불리한 것으로 간주하기도 한다. 이것을 무엇이라 하는가?117)　　　답 ①

① 청룡 백호　　　　　　② 지각 요도
③ 혈장 전순　　　　　　④ 주산 조산

136 혈 앞에 마주하는 산으로 물이 곧게 흘러가는 것을 차단하고 전면의 바람을 막아주는 역할을 하는 산을 무엇이라 말하는가?118)　　　답 ③

① 주산　　② 청룡　　③ 안산　　④ 태조산

137 용에 대한 설명으로 바람직하지 않은 것은?　　　답 ④

① 간룡(幹龍)과 지룡(枝龍)은 나무에 줄기와 가지가 있듯이 용의 크고 작음을 말한다.
② 우리나라의 백두대간과 같이 큰 줄기의 산맥을 간룡이라 한다.
③ 산의 근원이 되는 산을 태조산(太祖山)이라 하며, 우리나라는 백두산을 태조산으로 삼기도 한다.
④ 간룡과 지룡은 용의 행룡과 멈춤을 말한다.

138 용의 맥이 짧으면 잘록하게 묶여 벌의 허리와 같고, 장협으로 길면 학의 무릎과 같이 마디를 일으켜 뭉친 형상을 이루는 모습을 무엇이라 하는가?　　　답①

① 봉요학슬(蜂腰鶴膝)　　　② 지각(枝脚)
③ 요도(橈櫂)　　　　　　　④ 박환(剝換)

139 풍수에서 산을 용(龍)이라고 한다. 산을 용이라 하는 이

유로 바람직하지 않는 것은?　　　　　답 ③

① 산의 변화와 형태는 천태만상(千態萬象)으로 크고 작음이 있기 때문이다.

② 일어나고 엎드리며 산의 모습이 변화무쌍하기 때문이다.

③ 용처럼 산이 날아다니기 때문이다.

④ 많은 변화와 모양이 용처럼 신비스럽고 웅장하기 때문이다.

140　용(龍)의 입수(入首) 중 반드시 혈 뒤에서 낙산(樂山)이나 귀성(鬼星)을 갖추어야 혈을 맺을 수 있는 입수는?[119]

답 ④

① 직룡(直龍)입수　　　② 비룡(飛龍)입수

③ 잠룡(潛龍)입수　　　④ 횡룡(橫龍)입수

141　진룡(眞龍)의 결혈은 반드시 혈의 증거하는 증좌(證佐)가 명백해야 한다. 다음 중 결혈의 증좌에 해당되지 않는 것은?　　　　　답 ④

① 조산증혈(朝山證穴)　　② 명당증혈(明堂證穴)

③ 전호증혈(纏護證穴)　　④ 혈상증혈(穴場證穴)

142　수중에 돌이나 흙이 점차 퇴적하여 쌓인 작은 섬을 말하고 물이 빠르게 빠져나가는 것을 막아주는 역할을 하고, 섬의 머리 부분이 상류를 향해서 물의 흐름을 단속해야 하며, 반대로 섬의 머리가 하류를 향하고 있다면 물과 함께 도망가는 모습이 되므로 오히려 불길하다. 무엇을 설명한 것인가?　　　　　답 ①

① 나성　　② 관성　　③ 북신　　④ 화표

[119] 귀성(鬼星)이란 혈성이 기울어지거나 옆으로 떨어지는 것을 버텨 주는 산을 말한다. 낙산(樂山)이란 혈 뒤에서 응하는 산이다. 낙산증혈의 법은 낙산이 왼쪽에 있으면 혈도 왼쪽에 있고, 낙산이 오른쪽에 있으면 혈도 오른쪽에 있고, 낙산이 가운데 있으면 혈도 가운데 잇게 된다.

수구(水口)란 물이 명당과 청룡·백호, 안산을 지나 내외수 등 모든 물이 서로 합쳐 모여 흘러 나가는 지점을 말한다. 수로로 나가는 것은 물뿐만이 아니라 바람도 빠져나가기 때문에 수구를 통해 물은 서서히 빠져나갈지라도 바람은 빠져나가서는 안 된다. 수구의 가장 중요한 조건은 관쇄(關鎖)이다.

121) 수구의 양쪽 기슭에 있는 산을 수구사라고 한다. 수구사의 구분은 한문(捍門), 화표(華表), 나성(羅星)북신(北辰), 유어(遊漁)등의 사가 있으면 더욱 귀하게 된다.

122) 규봉(窺峰)이란 혈에서 볼 때 앉으면 안 보이고 서면 보이는 정도의 산 너머 조그마한 봉우리를 말한다.

123) 『인자수지』에서 수구 사이에 산이나 바위가 기이한 형상으로 솟구쳐 올라 조입(朝入)하는 것을 말하는데 매우 존귀한 것으로 천에서 하나를 만나기가 어려우며 왕후대지(王侯大地)가 된다. 『홍제전서』에 북신은 물 한가운데 있으면서 설기를 막아주는 역할을 하고 있음을 말하고 있다.

143 수구(水口)에 대한 설명으로 가장 적절한 것은?[120] 답 ④
① 수구처의 물은 곧게 빠져나가야 한다.
② 수구처의 산은 마치 팔을 벌리듯 넓고 광활해야 길하다.
③ 수구처는 음택에만 해당된다.
④ 수구는 답답할 정도로 꽉 막혀있어야 길하다.

144 수구(水口)사의 종류와 거리가 먼 것은?[121] 답 ③
① 화표(華表) ② 북신(北辰)
③ 귀성(鬼星) ④ 나성(羅星)

145 대상지 주변에 이것이 보이면 특히 흉하고 중요지점에서 뒤로 가면 안 보이고, 앞으로 나오면 크게 보이고, 앉으면 안 보이고 서면 보이는 산으로 고개를 살짝 내밀고 엿보는 산을 무엇이라 칭하는가?[122] 답 ③
① 주산 ② 안산 ③ 규봉 ④ 필봉

146 물이 나가는 것을 국경에서 철저하게 단속하는 장수와 같은 것으로 극히 귀하게 여기는 수구사로 우뚝 솟은 석산이 놀랍고 괴이하며 두려운 모습이 되어야 길하게 여기는 산을 무엇이라 하는가?[123] 답 ①
① 북신 ② 나성 ③ 파구 ④ 화표

147 물에 대한 설명으로 올바르지 않은 것은? 답 ①
① 물은 금시발복을 위해 전방으로 빠르게 들어오고 나가야 한다.
② 물이 고요하고 깊은 곳은 재물을 모으는데 유리하게 여긴다.

③ 물이 모이고 흩어지지 않아야 길하게 여긴다.

④ 물이 유정하게 둥글게 감싸 안은 안쪽이 유리하다.

148 음양, 팔괘, 간지, 천성 등의 개념에 근거 나침판을 분석
도구로 방위에 중심을 두고 산줄기 물줄기의 파악이 뚜
렷하지 않은 곳에서도 풍수 이론을 잘 적용시킬 수 있는
장점을 지닌 풍수지리 이론은 무엇인가?   답 ④

① 물형론   ② 형국론   ③ 형세론   ④ 이기론

149 산천을 살아있는 유기체로 인식함으로써 자연 존중의
사상까지도 반영하고, 보거나 잡을 수 없는 정기를 구체
적인 형상에 비유하여 표현함으로써 일반인도 쉽게 이
해하기 쉬운 풍수지리 분류는 무엇인가?   답 ②

① 형세론   ② 형국론   ③ 명당론   ④ 이기론

150 풍수지리에서 바람은 사람의 건강을 관장한다고 한다.
풍수지리에서 가장 선호하는 바람은 무엇인가?   답 ④

① 방풍   ② 요풍   ③ 살풍   ④ 장풍

난지도의 상전벽해

난지도는 여의도와 비슷한 크기였으며, 난초 등의 꽃이 많이 핀다고 해서 꽃섬으로 불리기도 했다. 난지도에는 포플러나무가 많았는데, 포플러 나무 길은 외지인들도 놀러 오는 아름다운 곳이었다. 또 서해바다와 연결되어 물고기도 풍부해 수많은 철새가 날아 오는 철새도래지였다.

상암동 어귀 쪽 강은 샛강이라 불렸으며, 나룻배를 타고 난지도를 들어가면 섬 안은 온통 땅콩 밭이었다. 그 시절 난지도에서 쥐구멍을 찾아 땅을 파면 쥐구멍 속에는 땅콩 이 가득 들어 있었는데, 겨울 양식으로 물어다 놓은 것이다.

그리고 난지도를 가로질러 가면 고운 백사장이 넓게 펼쳐진 한강 본류가 나타나는데, 은빛 모래가 눈부시게 펼쳐진 곳이었다. 이곳 강변은 물놀이를 하고 재첩을 주었던 필 자의 어린 시절 놀이터였다.

그러나 고운 모래가 많은 탓에 모래 채취선도 많았는데, 강물 곳곳에 모래를 파간 곳 에는 깊은 웅덩이가 생겨 그곳에 빠져 익사 사고도 가끔 일어나곤 했다. 여름철 홍수 때 는 섬 전체가 물에 잠기곤 했는데, 상류에서 떠내려 온 짐승들의 피난처였기도 했다.

그렇게 필자가 어린 시절을 보내던 난지도가 1978년부터 서울시 쓰레기 매립장으로 바뀌면서 파리와 모기가 들끓고 악취가 풍기는 최악의 환경이 되었다. 파리를 잡기 위 해 집집마다 끈끈이를 달아 놓았는데, 순식간에 새까맣게 둘러붙을 정도였다.

오죽하면 파리, 먼지, 악취가 많다고 해서 삼다도로 불리기도 했다.

그렇게 난지도가 쓰레기 섬으로 바뀔 무렵 쓰레기 더미 옆에도 사람이 거주하게 된다. 쓰레기를 뒤져 재활용 물건을 수집하는 사람들이었다. 그들은 넝마라 불리는 망태를 등에 지고 다니면서 쓰레기차가 버린 곳을 헤치며 돈이 되는 빈병이나 플라스틱 등의 물건을 모아 파는 것이다.

당시 쓰레기 매립은 서울시 각 구별로 지정이 되었는데, 서울의 중심 부자 동네에서 오는 쓰레기차가 인기가 많았다.

돈이 되는 물건이 많았기 때문이다. 그리고 가끔은 쓰레기 더미에서 값비싼 패물이나 돈 뭉치를 주었다는 소문이 돌기도 했다.

그 무렵 필자는 한강을 순찰하는 초병으로 근무하면서 난지도 곳곳을 다녔기 때문에 난지도의 실상을 고스란히 목격할 수 있었다.

그러나 땅콩을 캐고 조개를 줍던 난지도가 쓰레기 매립장으로 변하면서 인근에서 터를 내리고 살던 사람들의 인심도 바뀌기 시작하는데, 순박한 사람들이 거칠고 난폭하게 변하는 것이다.

환경은 그곳에 사는 사람들의 부귀빈천 뿐 아니라 의식의 형성까지도 영향을 미친다고 보는 환경결정론을 직접 보고 느끼면서 후일 풍수에 대한 공부를 시작하게 된 것이다. 특히 자아 형성에 중요한 청소년기의 학생들에게 큰 영향을 끼쳤는데, 난지도가 쓰레기로 점점 높아질수록 덩달아 성격도 흉포해지는 것이었다.

그렇게 15년간 쓰레기를 쌓은 난지도는 100m 높이의 산으로 바뀌었고 1993년 포화상태가 되어 쓰레기 매립이 종식된다. 그리고 쓰레기 더미 깊숙이 파이프를 박아 쓰레기에서 발생하는 메탄가스를 배출하면서 안정화 작업을 거치게 된다. 당시에는 난지도 메탄가스를 이용해 음식을 조리하는데 사용하기도 했다.

그러자 난지도를 휘감아 돌던 샛강은 사라지고 더 이상 섬이 아닌 육지가 되었다.

이곳의 물줄기를 보면 홍제천과 불광천이 합수되고 한강 건너편에서는 안양천까지 모이는 곳이다. 난지도 일대가 한강을 포함한 4줄기 물이 모이는 지점으로 바뀐 것이다. 그리고 한강 하류에는 신곡 수중보까지 만들어져 난지도 앞에는 잔잔한 호수와 같은 물이 가득 모여 있는 형태가 되었다.

그 무렵부터 난지도는 대규모 변신을 하게 되는데, 파리가 들끓던 곳에 고층아파트와 월드컵경기장이 들어섰고 여러 방송국들이 자리하게 된다. 재첩을 줍던 모래강변은 난지한강공원이 되어 주말이면 각종 콘서트가 열리는 젊음의 광장이 되었다.

　　쓰레기 산이었던 섬은 억새풀이 넘실되는 하늘공원으로 바뀌면서 외국인들도 구경 오는 핫플레이스가 되었다. 그야말로 상전벽해란 말이 실감나는 곳인데, 물이 모이는 곳에 사람이 모이고 도시가 형성된다는 말에 그대로 들어맞는 곳이다.

　　이것을 보면 땅의 팔자도 변한다는 것을 볼 수 있는데, 터를 고르기 위해서는 미래지형의 변화까지도 생각할 필요가 있다.

151 이기론의 설명으로 가장 합당한 것을 고르시오.　답 ②
① 이기론은 물이 들어오는 방향을 기준으로 한다.
② 음택의 경우 망자의 머리 부분이 좌(坐)이고 다리 쪽
이 향(向)이다.
③ 이기론은 주로 산악지형에서 요긴하게 쓰인다.
④ 이기론은 조선시대 잡과의 시험과목에 포함되지 않
았다.

152 물길에 대해 잘못 설명된 것을 고르시오.[124]　답 ③
① 임두수란 혈 뒤에 맥이 없이 골이 패인 것을 말한다.
② 요대수란 허리띠처럼 혈을 감싸 안은 모습으로 길한
물로 본다.
③ 취예수란 물길이 굴곡하면서 구불구불하여 일명 어
가수라고 하며, 큰 부자나 귀한 인물이 나온다.
④ 저여수란 물이 젖어있는 땅으로 물이 밖으로 보이지
않으나 밟으면 신발이 젖는 것을 말한다.

153 산의 앞면(面)과 뒷면(背)의 구분에서 올바르지 않은 것
은?　답 ④
① 산의 앞면은 사람의 앞을 보는 것과 같이 유정하며,
물이 모여드는 안쪽을 말한다.
② 산줄기를 보고 산의 앞면과 뒷면을 찾을 때는 굽어 있
는 산줄기의 안쪽이 앞이고, 바깥쪽이산의 뒤가 된다.
③ 사람의 등과 같이 뻣뻣하고 암석이 불규칙적으로 박
혀 있고 골이 많은 쪽이 산의 뒤가 된다.
④ 산봉우리 하나만을 따져볼 때 산의 뒤는 그 정상 부
분이 경사가 다소 급해 마치 오목거울처럼 보인다.

124) 취예수(臭穢水) 소나 돼지의
배설물처럼 냄새나고 더러운 물로
탁한 냄새가 진동하는 물이다. 음·
양택 모두 불길하게 취　급한다.

와 봉우리 사이 목과 같이 가늘고
약한 부분으로 두 봉우리 사이에
끼어 있는 고개를 의미한다. 기운
을 묶어 앞으로 내보내는 역할과
고갯마루로 가늘고 약해 바람 맞
는 것과 물이 위협하는 것을 가장
꺼리게 된다. 장협(長峽)에 대한
설명이다.

154 강하고 험한 용이 부드러운 형태로 변화를 일으키는 과
정으로 누에나 매미가 껍질을 벗고 새로운 생명으로 탄
생하는 과정에 비유하기도 한다. 험한 암석이 부드러운
흙산으로 변화하는 과정을 풍수지리 용어로 무엇이라
하는가?　　　　　　　　　　　　　　　　　답 ①

① 박환(剝換) ② 지각(枝脚)
③ 요도(橈櫂) ④ 입수(入首)

155 과협에 대한 설명 중 올바르지 않은 것을 고르시오. 125)

답 ③

① 곡협이란 각도가 미미해서 굳이 지각이 형성되지 않
지만, 결혈하려면 반드시 새롭게 기봉해서 힘을 추
슬러야 한다.
② 직협의 과협은 20m 이상 곧고 길다면 아무 변화가
없음을 뜻한다.
③ 단협은 30m 이상 봉우리 사이의 거리가 멀어 반드시
학슬 또는 포가 형성되어야 그 자체로 생동감 있는
변화이니 생룡의 과협이 된다.
④ 과협이 평퍼짐하게 퍼져 있을 때에는 넓은 협의 중심
으로 생동감 있는 기맥이 흘렀음을 보여주는 근거가
있어야 하는 것은 활협의 설명이다.

156 산이 좌우 굴곡 변화를 하게 되면 관성에 의해 이것은
반드시 한쪽에 형성된다. 이때 변화되는 지점에 이것이
없다면 용이 한쪽으로 기울며, 당판도 기울어 혈을 결지
할 수 없는 용은 무엇인가?　　　　　　　　　　답 ③

① 강룡　　　② 순룡　　　③ 편룡　　　④ 살룡

157 용의 진행에서 용의 방향 전환에 가장 큰 영향을 미치는 것은 무엇인가?[126] 답 ②

① 지각   ② 요도   ③ 선익   ④ 전순

158 일명 소쿠리 혈 혹은 제비집 같다 하여 연소혈 등으로 불리며, 능선이 활같이 감아주어서 혈을 감싸 안은 모습으로 대체로 아늑한 느낌이 드는 혈을 사상혈 중에 어느 혈을 말하는가? 답 ①

① 와혈   ② 겸혈   ③ 유혈   ④ 돌혈

159 죄인의 목에 씌우는 큰 칼 같다 하여 붙여진 이름이다. 두 가지 사이는 전순이 있어 통통해야 한다. 두 가지는 서로 오므려 주어야 한다. 두 가지는 반드시 당판에 붙어서 나와야 하는 혈은 무엇인가?[127] 답 ②

① 와혈   ② 겸혈   ③ 유혈   ④ 돌혈

160 효를 강조하는 유교적 이념에 조상의 묘가 가문의 명운을 좌우한다는 신앙적 수준의 믿음이 강해 좋은 땅을 차지하기 위한 치열한 다툼과 묘지와 관련된 송사가 가장 많았던 시기는?[128] 답 ②

① 고려시대   ② 조선시대
③ 일제강점기   ④ 해방이후

161 풍수지리 음양의 구분에서 건물이 양이고 마당은 음으로 보고 양은 명예에 해당하고 음은 재물로 간주한다. 음양 이론에 올바르게 적용된 것을 고르시오. [129] 답 ④

① 남자는 음 여자는 양
② 밝은 것은 음 어두운 양

---

126) 『감룡경』에 의하면 요도는 산의 진행방향을 바꾸는 것으로, 지각은 용이 진행하도록 도와주는 역할을 한다. 용이 뻗어 나가면 요도가 방향을 돌려 용을 감싸면 참관(斬關)을 만들 수 있다. 산의 행룡을 뒷받침해주는 보조격의 사를 말한다.

127) 겸혈(鉗穴)은 혈성이 마치 양다리를 벌린 것이나 다리나 손가락 사이에 물건을 끼운 곳같이 주둥이를 벌린 모양의 혈성을 말한다.

128) 산송(山訟)은 일명 묘지 소송으로 노비·전답 소송과 함께 조선시대의 3대 사송(詞訟)의 하나이다. 16세기 이후 분묘에 대한 사회적 관심이 높아지면서 조선 후기 사회 전반으로 확산되었다. 특히 그중에 청송 심씨와 파평 윤씨의 수백 년 산송 문제가 유명하다.

129) 건물 형태 가운데 벽은 낮은 곳에 있어 음(陰)에 해당하고, 지붕은 높은 곳에 있어 양(陽)에 해당한다.

---

③ 높은 것은 음 낮은 것은 양

④ 건물의 벽체는 음 지붕은 양

162 팔괘의 성정으로 물의 성질이 강하고 건강과 지혜의 기운이 강하다. 색깔은 검은색으로 계절은 겨울에 해당되고 가족은 중남에 해당되는 방위는?　　　　답 ④

① 동　　　　② 서　　　　③ 남　　　　④ 북

163 풍수에서 물은 재물을 관장하고 산은 인물의 귀천을 좌우한다. 바람은 사람의 무엇과 밀접한 영향이 있는가?

답 ③

① 명예　　　② 재물　　　③ 건강　　　④ 인물

164 사람이 활동하는 공간으로 주택, 아파트, 상가, 학교, 관공서 등을 말하며, 묘지보다 지세가 넓지만 비교적 빨리 직접적으로 거주할 때만 영향을 미치는 풍수를 무엇이라 하는가?　　　　답 ②

① 음택풍수　　　　　　② 양택풍수

③ 양기풍수　　　　　　④ 도시풍수

165 집이나 묘 터를 기준으로 좌측에 있는 산을 청룡, 우측은 백호 뒤쪽은 후 현무 혈의 앞쪽에 있는 산을 안산이라 한다. 이와 같이 혈 주변을 보호하는 산을 풍수에서 한마디로 무엇이라 통칭하여 부르는가?130)　　답 ③

① 호종사　　② 현릉사　　③ 사신사　　④ 수구사

166 산봉우리와 봉우리를 잇는 산줄기 부분에 벌의 허리처럼 잘록한 부분을 가리키며 보통 고갯마루라고 부르는

131) 팔괘 --구멍이 뚫린 음효, —구멍이 막힌 양효, ✔팔괘는 맨 아래층에서 위로 쌓아가면서 괘를 완성하였다. ☰건 아버지, ☷곤 어머니, ☳진 장남, ☵감 중남, ☶간 소남, ☴손 장녀, ☲리 중녀, ☱태 소녀.

곳을 풍수지리 용어로 무엇을 말하는가? 답 ③
① 박환　　② 학슬　　③ 과협　　④ 입수

167 용의 전진을 도와주며 균형을 유지하고 지게 받침대와 같은 역할과 곧고 가느다란 줄기를 뻗는데 생기가 없고 경사가 급한 곳으로 혈을 결지할 수 없는 곳이다 이것은 무엇이라 말하는가? 답 ③
① 박환　　② 요도　　③ 지각　　④ 입수

168 다음 중 풍수에서 흉한 물길을 고르시오. 답 ③
① 논과 밭으로 층층이 혈 앞으로 물이 들어오는 물길
② 허리띠처럼 혈처를 둥글게 감싸는 안쪽의 지형
③ 혈 앞으로 물이 곧게 빠져 나가는 지형
④ 혈 앞으로 여러 물줄기가 모이는 지형

169 팔괘의 괘상에서 둘째 아들, 중남에 해당하는 괘상을 고르시오. 131) 답 ④
① ☶　　② ☳　　③ ☴　　④ ☵

170 팔괘의 괘상에서 막내딸, 삼녀에 해당하는 괘상을 고르시오. 답 ②
① ☶　　② ☱　　③ ☴　　④ ☳

171 팔괘의 괘상에서 장남에 해당하는 괘상을 고르시오. 답 ③
① ☰　　② ☷　　③ ☳　　④ ☵

172 물길의 종류와 길흉에서 물길이 흉한 형태를 고르시

풍수에서 길하게 취급하는 물의 흐름은 혈장에서 볼 때 활모양과 같다고 하여 궁수(弓水)라고 하며 요대수(腰帶水), 금성수(金成水)로 표현하기도 한다. 궁수라는 표현은 원래 풍수용어는 아니며 반궁수에 대응하는 개념으로 사용된다. 반궁수란 조선후기 실학자인 이익이 금강을 반궁수라고 표현함으로써 시작되었다.

133) 한글학회『한국지명총람』등에 의하면 우리나라 형국은 모두 266개로 분류했는데 이 중 동물형이 163개(61.27%)로 가장 많고, 물질형이 38개(14.29%), 인물형 36개(13.53%), 식물형 23개(8.64%), 문자형이 6개(2.25%)로 조사되었다.

134) 산의 봉우리 끝 부분이 붓끝처럼 뾰족한 주산을 문필봉이라 하여 귀하게 여기는 주산이다.

오. 132)   답 ②

① 궁수   ② 반궁수   ③ 요대수   ④ 금성수

173 풍수에서 물길의 좋은 형태가 아닌 것을 고르시오.

답 ②

① 바다와 접한 도시는 적당한 크기의 만을 형성하였다.
② 강물이 도시 밖에서 여러 물줄기로 분산되었다.
③ 여러 물이 모인 후 수차례 환포하였다.
④ 강물 중간에 모래톱과 섬이 많아 물의 흐름을 더디게 하였다.

174 풍수지리 연구 방향의 분류에서 우리나라 형국은 대략 266개로 분류했는데 이중 절반 이상의 많은 부분을 차지하는 형국의 비유대상은 무엇인가?133)   답 ④

① 인물형   ② 식물형   ③ 문자형   ④ 동물형

175 풍수지리 주산으로서 바람직한 주산을 고르시오. 134)

답 ③

① 갈라지고 멀리 떨어진 주산
② 단정하고 멀리 떨어진 주산
③ 봉우리 끝 부분이 뾰족한 주산
④ 주변 봉우리보다 낮지만 단정한 주산

176 풍수지리 물과 관련된 용어에서 잘못 설명한 것을 고르시오.   답 ④

① 수구란 물이 명당과 청룡 백호 안산을 지나 내·외수 등 모든 물이 서로 합쳐 모여 흘러 나가는 지점을 말한다.
② 한문이란 수구 사이의 양쪽 산이 대치하여 문을 지켜

막고 있는 산을 말한다.

③ 화표란 수중에 돌이나 흙이 점차 퇴적하여 쌓인 작은 섬을 말한다.

④ 나성은 앞과 뒤를 식별해야 하는데, 물고기 모양의 나성의 꼬리는 물길을 거슬러 올라가는 위쪽이며, 머리는 물길을 따라가는 아래쪽이 길하다.

177 주택의 입지로 가장 바람직한 지형을 고르시오. 135) 답 ④

① 요도의 하단에 위치한 남향의 배산임수 지형

② 앞에 물이 있고 집 뒤에 큰 바위가 받쳐주는 배산임수 지형

③ 언덕 위에 입지하여 사방이 환히 트여 조망이 좋은 지형

④ 전면이 좁고 뒤쪽이 넓은 모양의 마당에 배산임수 지형

178 다음 중 풍수에서 가장 피하고자 하는 택지의 모양을 고르시오. 136) 답 ①

① 삼각형 ② 정사각형 ③ 육각형 ④ 팔각형

179 선조 33년 파평 부원군 윤근수와 선조가 나눈 실록의 대화 내용이다. 나경이 들어오기 이전에 선조들이 사용하던 ( ) 안의 방위 측정 도구는 무엇인가? 137) 답 ④

> **보기**
>
> 선조 임금이 "나경이란 것은 책인가 물건인가?" 윤근수가 대답하였다.
>
> "나경은 대략 (   )처럼 생겼는데 조금 커서 작은 소반만 하였으며, 또 해그림자를 재는 것도 있었습니다."

① 해시계 ② 물시계 ③ 패철 ④ 윤도

135) 전착후관(前窄後寬)에 대한 설명으로 전면이 좁고 후면으로 들어갈수록 점점 넓어지는 형태로 안정된 생기를 모아주는 명당형 택지를 말한다.

136) 재료가 같아도 내부 생기가 다른 것은 공간 형태에 따라 울림이나 순환하는 형태가 서로 다르게 나타나는데, 생명력이 밀집돼 있는 둥근 공 모양, 정사각형 등 공기의 회전에 유리한 평면을 명당형으로 본다. 삼각형은 생기의 회전에 가장 불리한 모양이다.

137) 『정조신록』 18년(1742), 11월 20일(癸亥)정조 14년에는 흥양현에 7명의 유구국(琉球國)의 사람들이 표류해오자 이들을 돌려보내기 위해 어느 길로 가려고 하느냐고 물으니 바닷길로 가겠다고 하여 윤도(輪圖)를 주자 그들 7명의 얼굴에 기뻐하는 기색을 보이면서 손으로 동남쪽을 가리키며 배를 타고 묘·진·사방으로 가겠다는 글자를 썼다는 기사에서 윤도가 결국 나침판의 역할을 하였으며, 방위측정과 항해를 위한 도구였음을 알 수 있다.

180 풍수지리 사신사가 아닌 것을 고르시오. 답 ④

① 주작 ② 청룡 ③ 백호 ④ 혈장

181 과협(過峽)의 설명으로 바람직하지 않은 것을 고르시오. 답 ②

① 용의 기복(起伏)에서 복(伏)에 해당하는 부분이 과협이다.

② 과협의 목적은 용의 힘을 한곳으로 모으지는 않는다.

③ 과협 없는 용은 아무리 외견상 그 기세가 왕성하게 보여도 힘을 쓸 수가 없다.

④ 과협은 노출이 심한 관계로, 바람이나 물의 피해가 크게 우려된다.

182 형국론(形局論)의 설명으로 잘못 설명한 것을 고르시오. 138) 답 ④

① 정기 가득한 좋은 땅을 사람, 동물, 식물, 물질, 문자 등 생긴 모양과 흡사하다면, 그 모양을 보면서 땅의 기운이 어디에 많이 숨어 있는지를 찾아내는 것이다.

② 형국론은 산천의 겉모양과 그 안의 정기는 서로 통한다는 전제에서 출발한다.

③ 형국론은 풍수를 잘 모르는 사람도 쉽게 이해할 수 있다.

④ 같은 산천이라 할지라도 한 번 정해지면 보는 사람과 보는 각도와 방향에 따라 산을 보는 기준과 원칙이 일관되며 그 해석이 일정한 것이 특징이다.

183 양택풍수에서 주택의 배치에 따라 건물의 길흉이 달라지는데 길상인 건물의 배치와 가장 거리가 먼 것은?

답 ①

① 배수임산 　　　　② 배산임수

③ 전저후고 　　　　④ 전착후관

184 양택의 3요소가 아닌 것을 고르시오. [139] 　　답 ③

① 안방 　　② 주방 　　③ 담장 　　④ 대문

185 자연환경의 구성 요소가 풍수적으로 부족함이 있을 때 인위적 환경을 구축하여 자연환경과 조화를 이루는 것으로서 자연을 변형할 수 있으며, 구체적으로 지형을 보수하고 풍수를 개량하는 형태를 무엇이라 하는가? [140]

답 ①

① 풍수비보 　② 명당풍수

③ 동기감응 　④ 봉요학슬

186 지정한 곳 이외에 절을 창건하면 지덕을 손상시켜 왕업이 장구하지 못할 것이라 하였고, 고려왕조의 정신적 지주였을 뿐만 아니라 훈요 10조와 관련되어 비보풍수의 비조로 고려 풍수의 대표적인 인물은 누구인가? [141] 답 ②

① 대각국사 　② 도선국사

③ 보각국사 　④ 진각국사

187 풍수 비보(裨補)의 설명으로 잘못 연결된 것을 고르시오. [142]

답 ②

① 지맥을 보전하기 위하여 조선시대 창의문과 숙정문을 통행을 금지함으로써 고갯길의 지형 파괴를 우려한 것은 용맥 비보 방법이다.

② 주로 형국에 의한 비보로 돌탑, 석상, 솟대, 장승 등

139) 양택풍수에서 주택의 대문, 안방, 부엌, 화장실을 가택의 4요소라 하고 이 중 대문, 안방, 부엌을 양택삼요라 하여 매우 중시한다.

140) 풍수비보는 자연환경의 구성에 부족함이 있을 때 인위적 환경을 구축하여 자연환경과 조화를 이루는 것으로서 자연을 변형 할 수 있으며 구체적으로 지형을 보수하고 풍수를 개량하는 형태를 말한다.

141) 도선국사(829~898): 전남 영암, 고려 태조의 훈요 10조 중 제2조 모든 사원은 모두 도선이 산수의 순역의 형세를 추점하여 개창한 것이다. 도선이 말하기를 내가 추점하여 정한 외에 함부로 더 창건하면 지덕을 손상시켜 왕업이 장구하지 못할 것이다. 도선 풍수의 가장 큰 특징은 비보(裨補)와 압승(壓勝)이다.

142) 상징물을 통한 비보로서 돌로 만든 짐승상, 배의 돛대모양, 등 마을에 재앙이 생길 것을 염려하여 상극인 상징물을 세워 방비하고자 하였다.

상생과 상극 관계를 이용한 비보를 지명비보라 한다.

③ 화기 진압, 지기 정류, 흉상 진압, 등 수구 보완이나 화기 진압에 주로 다양하게 활용된 비보는 연못 비보이다.

④ 바람을 차단하고 생기가 빠져나가는 것을 방지하고자 방풍림이나 흉상 차폐, 풍수해 예방 장풍 기능, 보허 기능, 수구막이 기능, 주거 주민의 휴양 기능, 수해 방지 등에 활용된 비보는 숲비보이다.

188 마을의 비보책으로 안산이 뱀산인 경우 상극 관계인 돼지 석상을 세워 마을의 안녕을 바라는 비보 유형은 무엇인가?   답 ④
① 숲 비보   ② 용맥 비보
③ 연못 비보   ④ 상징물 비보

189 양택풍수 담장의 설명으로 올바르지 않은 것을 고르시오.143)   답 ④
① 풍수로 봤을 때 담장의 용도는 외부에서 들어온 기가 내부의 생기로 가두어지는 공간이다.
② 담장의 높이는 사방으로 일정한 것이 좋으며 집의 뒤로 갈수록 약간씩 높아지는 것이 생기를 가두어놓기 유리하다.
③ 담장 일부가 파손되면 그 집에 살고 있는 사람이 건강을 잃거나 도둑이 들어 재물 손실을 본다.
④ 외부로부터 들어오는 먼지나 바람, 도둑 등 외부 침입으로부터 집을 안전하게 보호하기 위해 담장을 높게 설치하는 것이 도둑의 침입에 안전하다.

190 풍수에서 마당의 내용으로 설명이 잘못된 것을 고르시오. 답 ③

① 마당과 건물의 음양론적 구분으로 건물은 양인 남성을 말하고, 마당은 음인 여성의 기운을 말한다.

② 마당은 평탄하고 원만해야 하지만 건물은 마당보다 약간 높게 짓는 것이 길하다

③ 마당에 잔디나 다양한 유실수를 심는 것은 집안의 기운을 맑게 하고 공기의 흐름을 원활하게 한다.

④ 마당이 삼각형이면 기운이 회전하는데 좋지 않지만, 전면이 좁고 안으로 들어 갈수록 점점 넓어지는 마름모꼴 마당은 안정감을 주는 마당이다.

191 주택의 배치에 따라 건물의 길흉이 달라지는데, 길상인 좋은 배치와 거리가 먼 것을 고르시오.[144] 답 ①

① 형지기축 ② 배산임수

③ 전착후관 ④ 전저후고

192 집으로 들어가는 입구는 좁지만 안으로 들어가면 점점 넓어지는 구조로 주머니 입구는 좁고 안쪽으로 넓은 것과 같은 주택의 배치를 무엇이라 하는가? 답 ②

① 배산임수 ② 전착후관

③ 전저후고 ④ 배수임산

193 피해야 할 아파트에 대한 내용으로 실명이 잘못된 것을 고르시오.[145] 답 ③

① 아파트 단지가 배산임수를 이루지 못해도 아파트 앞쪽이 높지 않은 평지이고, 뒤편이 낭떠러지가 아니면 크게 개의치 않는다.

144) 기맥이 한곳에 쌓이게 되면 땅은 스스로 살이 찌게 되는 것이니, 이 현상을 『금낭경』에서 형지기축(形止氣蓄)이라 하였다. 주로 음택풍수에 적용되는 이론이다.

145) 풍수로 볼 때 이상적인 아파트 층수는 5층 이하 저층 부분이며, 고층으로 올라갈수록 지표면과 멀어지게 되고, 땅에서 받는 생기가 적어진다. 나무 높이는 생명체가 머물 수 있는 가장 높은 위치로 나무 보다 높은 곳은 생명체의 거주지로 적당하지 않다.

② 도로가 휘어져 나가는 바깥쪽에 위치하고 도로가 아파트를 정면으로 치고 들어오거나 직교하는 형태는 좋지 못한 아파트 단지이다.

③ 풍수이론으로 분석하면 소음과 먼지가 많은 저층 아파트보다는 조망권이 좋은 고층 아파트를 명당으로 간주한다.

④ 풍수이론으로 분석하면 저층이 고기압으로 명당이며, 고층은 저기압으로 건강에 불리한 것으로 간주한다.

194 다음 중 풍수적으로 유리한 지형의 아파트를 고르시오.

답 ④

① 높은 언덕 위에 앞으로 물이 흘러나가는 강변의 조망이 좋은 지형

② 숲이 울창하고 기암괴석의 공기가 맑은 골짜기 지형

③ 산줄기를 절개한 하단 부 아래 저층의 배산임수 지형

④ 아파트 앞쪽이 높지 않은 평지이고 뒤편이 낭떠러지가 아닌 남향의 지형

195 실내 풍수 안방에 대한 내용으로 설명이 잘못된 것을 고르시오. 146)

답 ②

① 안방에는 가정의 중심인물이 사용하고, 손님맞이 등 만사가 안방에서 이루어지면 위엄이나 권위가 손상된다고 본다.

② 안방은 조명과 채광 창문을 크게 만들어 밝고 항상 깨끗해야 재물을 모으는데 유리하고 가정이 화목하다.

③ 안방의 가구는 중요한 장롱이나 금고, 귀중품이 들어있는 보석함 등을 두어야 재물을 모으는데 유리하다.

④ 안방은 조용하고 차갑고 지저분하고 어두워야 재물을 모으는데 유리하다.

196 주택의 대문(출입문)에 대한 설명으로 가장 바람직한 것을 고르시오. [147]　답 ③

① 많은 사람들이 출입하는 공간인 만큼 건물 한쪽 또는 처마 밑에 설치하는 것이 안전하다.

② 용의 맥이 통과하는 장소를 피하여 대문을 설치하는 것이 가장 이상적이다.

③ 대문이 안으로 열리는 집에서는 기운이 모여 건강과 재물을 얻게 된다.

④ 대문을 여러 개 만들어 바람의 출입을 원활하게 만드는 것이 생기 회전에 유리하다.

197 현관에 관한 설명으로 바람직하지 않은 것을 고르시오. [148]　답 ④

① 현관이 움푹 들어간 현관은 도둑의 표적이 될 수 있다. 이를 보완하기 위해 전등은 밝게 하고 꽃과 식물을 놓아두면 도움이 된다.

② 현관은 항상 밝게, 정리 정돈 청소를 철저히 하고 풍경 그림과 화초를 둔다.

③ 현관 바닥은 가능한 고급스러운 것으로 집의 품격을 높이고 신발장은 큰 것이 유리하다.

④ 현관이 좁으면 출세를 못한다고 하여 넓게 보이기 위해 정면에 큰 거울을 달아 좁은 현관을 넓게 보이도록 한다.

198 거실에 대한 설명으로 올바르지 않은 것을 고르시오. [149]

147) 대문이 안으로 열리는 집에서는 생기가 모여 건강과 재물을 얻게 되는 반면, 대문이 밖으로 열리는 집은 내부의 생기가 빠져 나가듯 건강과 재물이 빠져 나간다.

148) 거울은 반사와 투과의 특성이 있으므로 현관 정면의 거울은 집 안 내부로 들어오는 생기를 밖으로 내쫓는 역할을 한다.

149) 거실의 소파는 그곳에 앉는 사람에게 직접적으로 기운을 전달함으로 지나치게 크고 화려한 소파는 사람에게 위압감을 준다.

150) 식탁에 약이나 영양제를 두지 않는다. 약 먹을 일이 끊임없이 생기고, 손님이 방문했을 때 집안에 환자가 있는 것으로 오해할 수 있다.

151) 검은색은 고립적인 은폐색이다. 회색은 기운을 빼앗아 가는 색으로 바람직하지 않다. 너무 활동적인 자녀 방은 녹색 계통이나 파란색 계통으로 마음을 진정 시키고 가라앉히며, 차분하게 하는데 매우 효과적이다.

답 ②

① 거실의 천장이 높고, 집안의 중심에 거실이 있으면 기운이 집중되어 사회적 활동을 촉진시켜 행운을 준다.

② 거실의 소파는 크고 화려한 것을 선택해야 주객이 전도되지 않고 행운을 불러들인다.

③ 소파의 방향은 자연의 기운이 들어오는 현관을 바라보게 배치한다.

④ 거울은 거실에 피해야 할 소품으로 가족의 단란한 분위기를 해치는 역할을 한다.

199 주방에 대한 설명으로 바람직하지 않은 것을 고르시오. 150)　　　　　　　　　　　　　답 ④

① 주방의 밝기가 가족의 건강 운과 재운을 좌우하기에 밝게 한다.

② 식탁 위나 주방에 꽃이나 식물 풍경화 등은 강한 재운을 불러들인다.

③ 식탁에 유리 테이블은 가족의 불화가 자주 발생함으로 화려한 식탁보를 활용하고 고급스러운 조명 기구를 설치한다.

④ 식탁에 약이나 영양제 등은 누구나 볼 수 있게 비치하여 약 먹는 것을 잊지 않아야 노인들의 건강에 도움이 된다.

200 자녀 방의 그림이 주는 기운으로 설명이 바람직하지 않은 것을 고르시오. 151)　　　　　　　　　답 ③

① 책상에 오래 앉아 있지 못해 인내심이 부족한 학생은 돌이나 바위그림이 도움이 된다. 바위는날카롭지 않아야 길하다.

② 발표나 리더십이 부족한 학생은 울창한 숲이나 큰 나무 그림으로 기상을 높이는 데 도움을 준다.

③ 너무 활동적인 학생은 검은색이나 회색 계통의 어두운 그림이 도움이 된다.

④ 성격이 조급한 학생은 물과 관련된 그림으로 호수나, 물이 들어오는 그림을 활용하면 차분한 기운을 상승시키는데 도움을 준다.

돌아가신 어머니가 약속한 부귀의 땅

모처에는 예로부터 연꽃이 물에 떨어진 형상의 연화부수혈이 있다고 알려진 곳이 있다. 모씨의 어머니가 깊은 병중에 계시자 효자인 아들이 어머니의 묘를 미리 마련해야 한다고 하여 많은 사람을 불러 땅을 찾게 했으나 별다른 소득이 없고 어머니의 병환만 점점 깊어갈 따름이다.

이때 우연히 필자에게까지 연락이 되어 산을 방문했으나 7월 복더위에 숲은 우거지고 푹푹 찌는 더위 때문에 필자 역시 아무런 소득 없이 내려올 수밖에 없었다.

그러나 모씨의 깊은 시름에 겨운 모습을 보고는 오기가 발동하여 이튿날 다시 그 지역을 둘러보게 되었는데, 그야말로 우연하게 어느 한 곳을 발견하게 되었다.

아침에 소나기가 잠시 내려 땅이 젖은 상태에서 여름철 태양이 내려쬐자 수분이 증발하면서 유독 한 곳에서 집중적으로 아지랑이처럼 모락모락 피어오르는 곳이 보였다.

이러한 현상은 혈처는 따뜻한 온기가 밀집되어 있는 곳이기 때문에 생기는 자연현상이다. 순간적으로 심상치 않음을 느끼고 그곳으로 달려가 자세히 살펴보니 제법 묘 한 자리 쓸 수 있을 정도의 공간에 통통하게 살이 찐 모습을 하고 있었다. 하지만 온통 나무로 둘러싸여 주변의 형상이 전혀 보이지 않는 지경이었다. 그럼에도 불구하고 이틀간 본 지역 중에서 가장 깨끗하고 안정적인 형세를 이룬 곳이었기에 모씨에게 일러주고 주변을 정비할 것을 일러주었다.

며칠 후 잡목을 정리했다는 말에 다시 그곳을 방문한 순간 숨이 막힐 정도의 감동을 느꼈는데, 전면에는 산이 아름답게 펼쳐져 있고, 앞산에서 시작된 물이 묘를 향해 들어온 후 크게 감싸주며 흐르는 형상을 하고 있었다.

그야말로 하늘이 감추고 땅이 비밀스럽게 한다는 천장지비의 터였던 것이다. 이것이 연화부수형인지는 모르겠지만, 모씨는 이곳에 어머니의 묘를 쓰기로 결정하였다.

그리고 몇 달 후 모씨의 어머니가 돌아가시었다는 연락을 받고 현장을 지휘하는데, 겉흙은 잡석으로 좋지 못했으나 약 2m 깊이를 파자 마치 계란 노른자위 같은 고운 흙이 출토되었다. 상주는 이제껏 남의 산소 일을 많이 다녀 보았지만, 그러한 흙은 처음 보았다 하고, 현장에 있던 사람들은 흙을 보관한다며 가방에 담는다.

아무튼 모씨는 슬픔 속에서도 정성껏 어머니 장사를 치루었다.

그리고 며칠 후 연락이 오기를 돌아가신 어머니가 당신 부인 꿈에 나타나셨는데, 돌아가실 때의 모습과는 딴판으로 환한 옷을 입고 밝은 얼굴로 여러 명의 하인을 거느리고 큰 집으로 들어가더라는 것이다.

부엌에는 수많은 사람이 음식을 만들고 있었으며, 으리으리하게 큰 집이었다고 기억한다. 그리고는 어머니가 안방에 앉으셔서 미소를 지으며 자기 부인에게 하는 말이 "부와 귀를 모두 줄 것이다."라고 하면서 금은보화를 잔뜩 던져주시더라는 것이다. 깜짝 놀라 잠을 깨니 어머니가 돌아가신지 7일째 되던 날이었다.

새벽에 잠을 깬 부부는 "아마도 돌아가신 어머님이 묘 자리가 편안하신 모양이야"하고는 슬픔 속에도 서로를 위로하며 잊고 있었다.

당시 모씨는 꽤 이름난 회사에서 전무로 있었는데, 그것으로 만족하고 있었다.

오너일가 위주로 운영되던 회사였기에 전무면 자신이 생각하기에 가장 높은 위치까지 왔다고 생각하기 때문이다. 그런데 어머니 장사를 마친 1년 후 전혀 기대하지 않은 부사장으로 승진하게 되었다. 매우 이례적인 일로 여기면서도 어머님이 꿈에서 하시던 말이 생각나는 것이다.

그리고 다시 2년이 지난 2007년 1월 1일 아침 7시 지인으로부터 감격적인 전화를 받는다.

"신생님 방금 회사에서 연락이 왔습니다. 제가 대표이사가 되었습니다.

어머니가 꿈속에서 말씀하신 그대로 모든 게 이루어졌습니다.

선생님 은혜는 평생 잊지 않겠습니다." 그 후 10년 동안 아직도 모씨는 그 회사의 대표이사를 맡고 있는데, 한 사람이 그토록 오랜 기간 대표이사를 한 적은 없었다고 한다. 그리고 필자에게는 명절마다 선물을 보내며 보은의 약속을 지키고 있다.

152) 용이 좌우 변화를 하게 되면 변화 지점에서 지각을 형성하고, 용이 상하 변화를 하게 되면 봉우리 양쪽에 지각을 형성한다.

153) 제1층: 팔요황천살(八曜黃泉殺) 입수룡에 대한 황천살의 방위 표시 제2층: 팔로사로황천살(八路四路黃泉殺)은 향(向)에 대한 황천살을 표시 제3층: 오행(五行) 모두 24칸으로 목화토금수 오행은 4층의 12지지자 위에만 표시되었다. 제4층: 천지의 기본 방위를 나타내는 기본 층으로 글자가 제일 크고 굵으며 24방위가 표시되어 지반정침이라 한다. 『나경투해』 4층이 방위를 정하고 향을 결정하는 데 사용된다. 나경의 핵심이며, 주역의 후천팔괘를 그대로 응용하여 만든 것으로 1괘가 3방위를 담당하고 있다.

201 용(龍)에 대한 설명으로 올바르지 않은 것을 고르시오. [152] 답 ③

① 강룡(强龍)은 봉우리가 빛나고 지각이 질서 있고 튼튼하다.

② 순룡(順龍)이란 봉우리가 순하게 나오고 지각도 순하게 펼쳐지며 진행한다.

③ 용이 기복변화(起伏變化)를 하게 되면 관성에 의해 지각은 반드시 한쪽에만 형성된다.

④ 쇠룡(衰龍)이란 봉우리를 일으켰는데도 지각이 없거나 미약한 것을 말한다.

202 혈상론에서 선익(蟬翼)의 설명으로 올바르지 않은 것을 고르시오. 답 ④

① 선익은 마치 매미의 날개와 같이 생겼다 하여 붙여진 이름으로 혈장을 좌우에서 지탱해 주는 역할을 한다.

② 입수 정점까지 도달한 마지막 용세의 관성에 의해 혈장이 기우는 것을 방지하며 안정 시켜준다.

③ 선익의 또 다른 기능은 당판의 좌우에서 양팔을 벌려 감싸 안아 줌으로써 바람으로부터 혈을 보호하는 것이다.

④ 기복 입수의 진혈은 좌우 한 쪽의 선익을 형성하게 된다.

203 방위론의 패철에서 지반정침은 천지의 기본 방위를 나타내는 기본 층으로 글자가 제일 크고 굵으며 24방위가 표시된다. 방위를 정하고 향을 결정하는 데 사용되는 층은 몇 층인가? [153] 답 ④

① 1층　　　② 2층　　　③ 3층　　　④ 4층

204 다음 중 이기론의 내용과 거리가 먼 것을 고르시오.[154]

답 ③

① 지리신법　　　　　　② 88향법
③ 금계포란　　　　　　④ 정음정양법

205 팔괘 방위의 성정으로 자유분방하고 개방적인 에너지가 강하고, 격렬함과 화려함, 미적 센스, 문학, 예술 등의 에너지가 강한 방위를 말하는데 방위와 가족 구성원과 연결이 올바른 것을 고르시오.

답 ②

① 북쪽, 어머니　　　　② 남쪽, 중녀
③ 동쪽, 장녀　　　　　④ 서쪽, 장남

206 혈 중에서 가장 많이 볼 수 있는 형태로 여자의 젖가슴과 같은 모양으로 상분 하합(上分下合)의 형상이 분명하고 뚜렷해야 하는 혈상은?[155]

답 ③

① 와혈　　② 겸혈　　③ 유혈　　④ 돌혈

207 혈은 평탄하게 멈추어야 기(氣)가 멈추었다고 할 수 있다. 사상혈 중에 혈장이 평탄하게 멈추지 않아도 혈을 결지할 수 있는 혈은?[156]

답 ④

① 와혈　　② 겸혈　　③ 유혈　　④ 돌혈

208 혈은 5가지의 구성요소가 필요하게 된다. 혈상의 구성요소가 아닌 것은?[157]

답 ④

① 좌선익　　② 우선익　　③ 전순　　④ 주산

209 모든 과일에는 꼭지가 있고 비로소 열매가 맺히듯이 산에도 꼭지가 있어야 혈을 맺을 수 있는 것을 입수라 한

---

154) 형국론에서 말하는 것으로 닭이 알을 품은 형상을 금계포란형이라 한다.

155) 유혈(乳穴)은 『산룡어류』에 성숙한 여인의 유방과 같은 모양에서 붙여진 것으로 혈장이 약간 볼록한 형태로 평지나 높은 산 모두에 있어 가장 많은 혈이다.

156) 돌혈(突穴)에 해당하는 혈장의 모양은 마치 솥을 엎어 놓은 듯한 형상이거나 거북이가 물 위에 두둥실 떠 있는 형상으로 혈장이 둥글넓적하여 주변 사방이 점차 낮아지는 모양을 가진다.

157) 혈이 맺히게 되면 5가지의 필수 구성요소가 필요하게 된다. 입수, 좌선익, 우선익, 당판, 전순으로 혈상의 5악(嶽)이라 한다.

다. 입수의 종류가 아닌 것은? 답 ④

① 속기입수 ② 굴곡입수

③ 기복입수 ④ 편룡입수

158) 배산임수(背山臨水)란 문자 그대로 산을 등지고 물이 있는 쪽을 향해 건물을 배치하는 방법을 말한다. 생기 있는 바람은 물에서 일어나 산의 능선을 따라 위로 올라가는 바람으로 건물이 자연의 좋은 기운을 많이 받아들이는 배치를 말한다.

210 사상혈에서 두 가지 사이는 전순이 있어 통통해야 한다. 가지는 서로 오므려 주어야 한다. 가지는 같은 높이에서 파생되어야 한다. 가지는 반드시 당판에 붙어서 나와야 한다. 위와 같은 조건을 갖추어야 혈을 결지할 수 있는 혈을 고르시오. 답 ②

① 와혈 ② 겸혈 ③ 유혈 ④ 돌혈

211 풍수지리로 볼 때에 높은 산을 바라보는 남향 배치보다 더 좋은 배치로 집안의 기압을 높이는 방법으로 산을 등지고 물이 있는 쪽을 향해 건물을 배치하는 방법을 무엇이라 하는가?158) 답 ③

① 전저후고 ② 전착후관

③ 배산임수 ④ 경랑도협

159) 임두수는 혈 뒤에 맥이 없이 골이 패인 곳으로 묘 쪽으로 물이 흘러내리는 것으로 광중에 흙덩이를 깨어지게 하고 유해를 차갑게 하여 가장 좋지 않은 물이다.

212 임두수(淋頭水)의 설명으로 올바른 것을 고르시오.159)

답 ②

① 혈을 향하여 멀리서 온 물이 혈 앞으로 모이는 것이다.

② 혈 위쪽으로 골이 패여 물이 묘의 머리로 흘러오는 것이다.

③ 혈 앞에서 두 물줄기가 만나는 것이다.

④ 혈에서 보이지 않는 물을 말한다.

213 생기(生氣)란 바람을 타면 흩어지고 물을 만나면 멈추게 된다. 다음 중 바람을 갈무리한다는 의미의 용어를 고르

시오. 답 ②

① 방풍(防風) ② 장풍(藏風)

③ 음풍(陰風) ④ 살풍(殺風)

214 양택에서 피해야 할 택지와 거리가 먼 것은? 답 ④

① 큰 빌딩 아래에 위치한 작은 건물은 바람의 영향으로 좋지 못하다.

② 고압선이 건물 가까이 흐르는 건물은 좋지 못하다.

③ 주변 건물의 각진 곳이 찌르고 있는 곳은 좋지 못하다.

④ 큰 도로에서 떨어진 곳은 교통이 불편하여 좋지 못하다.

215 내부 공간에 대한 설명으로 이 중 가장 적절한 것을 고르시오. [160] 답 ④

① 나무나 화초를 심어 담장을 대신하기도 하는데 풍수에서는 이것도 담장으로 간주한다.

② 마당에 인공적인 연못을 만들어 물이 고이면 건강과 재물을 모으는데 유리하다.

③ 마당에 석등이나 큰 수석 등과 같은 괴석을 세우면 재물의 기운을 더욱 강하게 할 수 있다.

④ 마당이 앞뒤로 있는 두 개의 마당은 두 집 살림을 할 수 있음을 의미하기도 한다.

216 거실에 대한 설명으로 가장 올바른 것은? [161] 답 ①

① 거실은 반듯한 정사각형에 천장이 높은 것이 유리하다.

② 거실과 베란다를 트는 것은 공간의 크기를 크게 하여야 생기를 모을 수 있다.

③ 소파는 가능한 화려하고 무거운 물건 등을 가득 채워

[160] 풍수에서 음양의 구분은 건물이 양(陽)인 남성에 해당된다면, 마당은 음(陰)의 여성에 해당된다. 따라서 마당에서 발생되는 기운은 여성과 관련이 깊다. 건물 뒤에도 마당이 있는 경우가 있는데, 앞마당과 뒷마당이 둘 다 있는 경우에는 이 집 남성에게 두 여성이 생기는 경향이 있다고 본다.

[161] 거실은 집의 중심 공간에 있는 것이 일반적이다. 안방보다 중심에 있어 집의 기운이 가장 많이 있는 공간으로 생명력이 밀집된 형태는 둥근 공 모양이며, 생명체를 탄생시키는 것은 모두 둥글다. 원형, 타원형, 팔각형, 육각형, 정사각형이면 명당형으로 보는데 생기의 회전이 용이하고, 공간에서 발생하는 진동이 안정적이기 때문이다.

162) 거실은 집의 중심 공간에 있는 것이 일반적이다. 안방보다 중심에 있어 집의 기운이 가장 많이 있는 공간으로 생명력이 밀집된 형태는 둥근 공 모양이며, 생명체를 탄생시키는 것은 모두 둥글다. 원형, 타원형, 팔각형, 육각형, 정사각형이면 명당형으로 보는데 생기의 회전이 용이하고, 공간에서 발생하는 진동이 안정적이기 때문이다.

163) 풍화(weathering)는 풍수의 '박환'과 유사한 개념으로 볼 수 있다.

164) 애추(talus)는 우리나라 산지에서 흔히 볼 수 있는 지형이다. 풍수에서는 통상 터 앞에 이런 지형이 있으면 흉으로 해석한다.

야 중후한 거실이 된다.

④ 거실에 운동기구나 골프채 등 항상 눈에 보이게 비치하는 것이 건강에 유리하다.

217 건물의 가상으로 가장 불리한 가상을 고르시오.   답 ①
① 주택 바로 밑에 주차장이 있는 필로티 구조의 건물
② 큰 빌딩의 모양이 서로 마주보고 있는 건물
③ 건물의 무게 중심이 중앙에 있는 건물
④ 건물의 하단부가 상단보다 넓은 건물

218 대표적인 사례로 안동하회마을이 있으며, 곡류하천이 구부러지는 안쪽에 모래나 자갈이 퇴적된 지형을 무엇이라 하는가?162)   답 ③
① 하천쟁탈   ② 우각호
③ 포인트바(point bar)   ④ 하중도

219 단단한 기반암을 부수어서 암석 덩어리인 암괴, 암석 조각인 암설이나 암편으로 변화시키는 과정을 무엇이라 하는가?163)   답 ①
① 풍화   ② 절리   ③ 층리   ④ 습곡

220 절벽지대의 암석들이 떨어져 나와 사면 아래쪽으로 쌓인 부채꼴 모양의 지형으로, 우리말로 너덜겅, 너덜지대로 부르는 것은?164)   답 ②
① 암괴류   ② 애추   ③ 우각호   ④ 습곡

221 다양한 기원의 풍화생성 물질이 주로 바다나 호수 등의 물속에서 쌓여 만들어진 암석을 무엇이라 하는가? 답 ④

① 화성암　　② 변성암　　③ 현무암　　④ 퇴적암

222 마그마가 땅속 깊은 곳에서 천천히 올라오면서 식은 암석으로, 이 암석이 주를 이루는 산지는 수려한 암석 지형을 다양하게 이루는 공통점이 있는 암석은 무엇인가?[165]　　　　　　　　　　　　　　　　　답 ①

① 화강암　　② 편마암　　③ 현무암　　④ 이질암

223 땅속의 단단한 암석이 풍화작용을 받아 연약해진 풍화층으로, 주로 화강암이 풍화되어 잘게 쪼개진 상태를 뜻하는 용어는 무엇인가?[166]　　　　　　　　　답 ③

① 핵석(core stone)　　　　② 토르(tor)

③ 새프롤라이트(saprolite)　　④ 나마(gnamma)

224 우리나라 국토에서 화산활동에 의한 지형은 전체의 약 몇%를 구성하는가?[167]　　　　　　　　　　답 ③

① 10%　　② 20%　　③ 30%　　④ 40%

225 우리나라 민족혼의 으뜸 산인 백두산이 '백두산'이란 이름으로 문헌에 처음 등장한 것은 고려 시대(991년,『고려사』)이다. 그렇다면 그 이전인『삼국유사』에는 무엇으로 기록되어 있는가?　　　　　　　　　　　　답 ②

① 장백산　　② 태백산　　③ 금강산　　④ 개마산

226 백두산 천지(天池)가 지금의 '천지'라는 이름을 갖게 된 것은 예상외로 길지 않으며, 불과 100여 전의 일이다. 그전까지는 용왕담(龍王潭), 용담(龍潭), 대지(大池), 대담(大潭) 등으로 불렸다. 그렇다면 천지의 지리학적인 명

165) 화산활동에 의해 만들어진 암석을 화성암이라 한다. 그중 마그마가 지표 위로 분출해 식은 암석을 화산암, 지하 깊은 곳에서 굳어 암석이 된 것을 심성암이라 한다. 이때 심성암의 대표적인 암석이 바로 화강암이다.

166) 화강암 풍화토인 새프롤라이트는 일반적으로 마사토라고도 부른다.

167) 암석은 크게 퇴적암, 화성암, 변성암으로 나뉘는데, 한반도 땅은 퇴적암, 화성암, 변성암이 각각 1/3씩 차지하며 고루 분포한다.

화산분출에 의해 만들어진 지하의 마그마방으로 분화구의 지반이 무너져 형성된 분지지형을 '칼데라(caldera)'라고 한다. 그리고 여기에 물이 고이면 '칼데라호'가 된다.

169) 금강산은 봄에는 금강산(金剛山), 여름에는 봉래산(蓬萊山), 가을에는 풍악산(楓嶽山), 겨울에는 개골산(皆骨山)으로 불린다.

170) 화성암이나 퇴적암이 고온고압 하에서 변성을 받아 만들어진 암석으로, 한반도에서는 화강암과 함께 가장 흔한 암석이 편마암류이다.

칭은 무엇인가?168)   답 ④

① 우곡   ② 하식와   ③ 나마   ④ 칼데라호

227 전북 진안 마이산은 봉우리 남쪽 사면을 올려다보면 바위 표면에 포탄 세례를 맞은 듯 군데군데 커다란 구멍들이 군집을 이루고 있다. 오랜 세월 바위 표면에 풍화작용과 서릿발 작용으로 형성된 이러한 구멍들의 이름은 무엇인가?   답 ③

① 핵석(core stone)   ② 토르(tor)

③ 타포니(tafoni)   ④ 애추(talus)

228 강원도 금강, 회양, 통천, 고성 등 4개 군에 걸쳐 있는 금강산은 계절의 변화에 따라 그 정취가 판이하게 다르기 때문에 이름 또한 달리 불린다. 그중 '금강산(金剛山)'이라는 이름은 어느 계절에 불리는가?169)   답 ①

① 봄   ② 여름   ③ 가을   ④ 겨울

229 암석의 종류는 산의 형태를 좌우하기도 한다. 서울의 북한산이나 설악산은 화강암 산지로서 수려한 암석 경관을 형성하며 풍수에서 화산(火山)으로 불린다. 그러나 지리산이나 덕유산은 노출된 바위가 별로 없으며 산봉우리가 육중하고 부드러운 토산(土山)이다. 그렇다면 지리산이나 덕유산을 형성하는 암석의 종류는 무엇인가?170)   답 ②

① 화강암   ② 편마암   ③ 역암   ④ 현무암

230 우리나라의 모든 산줄기는 백두산에서 시작되어 남쪽으로 내려오며 천 갈래 만 갈래로 나뉜다. 그중 중간에 끊

어지지 않고 바다에 다다르는 으뜸 된 산줄기에 대간(大幹), 정맥(正脈)이라는 이름표를 붙였다. 그렇다면 우리나라 산줄기의 정확한 체계는 무엇인가? 답 ①
① 1대간 1정간 13정맥 　　② 1대간 2정간 13정맥
③ 2대간 1정간 13정맥 　　④ 2대간 2정간 13정맥

231 지명은 지리적 특성을 반영한 경우가 많다. 그중 우리나라 전국 각지에는 '항(項)'이나 '-목'이 들어가는 지명이 많다. 이런 지형은 산의 능선이 주변에 비해 상대적으로 낮은 고개지형이나 하도가 급히 좁아진 부분을 가리킨다. 그렇다면 목 지형은 풍수에서의 어떤 지형과 유사한가? 답 ③
① 주산　　② 안산　　③ 과협　　④ 조산

232 지명은 지리적 특성을 반영한 경우가 많다. 그중 바다와 강이 인접한 곳에서 주로 나타나며 육지가 해안으로, 또는 산기슭이 평야로 불쑥 나온 지형(凸형)에 붙여진 지명으로 올바르지 않은 것은? 답 ④
① 곶(串)　　② 갑(岬)　　③ 고지　　④ 곡구(谷口)

233 지명은 지리적 특성을 반영한 경우가 많다. 그중 경북 지방에는 가뭄 관련 지명이 유독 집중되어 있다. 다음 중 가뭄과 관계있는 지명이 아닌 것은? 답 ③
① 건　　② 가물　　③ 물방　　④ 한발

234 우리나라 곳곳에는 양달과 응달리 대응되어 나타나는 지명이 많다. 한자 지명에서 '양(陽)'은 산의 남쪽, 또는 강의 북쪽을 뜻한다. 그렇다면 다음 중 양지를 뜻하는

마을 지명이나 특징이 아닌 것은? 답 ②
① 산남수북(山南水北) ② 산북수남(山北水南)
③ 양촌(陽村) ④ 양지뜸

235 우리 조상들은 주택이나 묘소, 마을에 이르기까지 사람이나 동식물, 혹은 사물에 비유해 풍수 형국으로 파악하는 경우가 많았으며, 이는 다시 지명으로 굳어진 사례가 많다. 그렇다면 다음 중 서로 연결성이 부족한 지명은 무엇인가? 답 ④
① 개구리봉-뱀산 ② 호티-복구개골
③ 장군봉-말골 ④ 옥녀봉-목탁골

236 다음 중 일반적으로 양택 및 음택의 자리로 피해야 할 곳에 해당하지 않는 곳은? 답 ③
① 고갯마루 터
② 물이 곧장 치고 들어오는 터
③ 뒤가 높고 앞이 낮은 터
④ 저수지나 늪, 골짜기를 매립한 터

237 다음 중 풍수의 관점에서 건물의 모양으로 일반적으로 좋지 못한 것은? 답 ④
① 주변 산세와 어울리는 형태
② 바닥이 지면과 접하는 건물
③ 건물의 주종 관계가 명확한 것
④ 건물이 서로 등을 돌리고 있는 형태

238 터와 도로와의 관계에서, 다음 중 길한 도로 형태는 어떤 것인가? 답 ①

① 도로가 집터를 감싸듯 완만하게 굽어 있는 곳

② 도로가 등을 돌리고 있는 터

③ 도로가 삼각점을 이루는 터

④ 도로가 택지보다 높은 터

239 풍수에서 산을 볼 때는 산의 시각적 높이 또한 중요한 요소가 된다. 그렇다면 터에서 보이는 산의 적절한 시각적 높이는 어떠한가? 답 ②

① 배꼽에서 이마 높이　② 가슴에서 이마 높이

③ 가슴에서 정수리 높이　④ 턱에서 정수리 높이

240 풍수에서 물은 바람과 함께 터의 길흉을 판단하는 중요한 요소이다. 그렇다면 터의 길흉을 판단할 때 일반적으로 따지는 물의 조건이 아닌 것은? 답 ③

① 하천의 형태　　　　② 하천의 유속

③ 하천의 지명　　　　④ 수구의 닫힘 여부

241 풍수에서는 물의 크기와 역량 또한 터의 길흉 판단의 주요 조건의 하나로 여긴다. 그중 풍수의 '고일촌위산 저일촌위수(高一寸爲山 低一寸爲水)'의 개념으로 주변 지형보다 살짝 낮아 물로 보는 지형 또는 비가 올 때만 물이 조금 흐르는 작은 골짜기를 무엇이라 하는가? 답 ④

① 강하수(江河水)　　② 계간수(溪澗水)

③ 구혁수(溝洫水)　　④ 건류수(乾流水)

242 풍수의 여러 물길 중 주택이나 묘소의 뒤에서 터를 치고 들어오는 형태로, 극히 흉한 것으로 판단하는 물길은 무엇인가? 답 ①

① 임두수(淋頭水)　　　② 반궁수(反弓水)

③ 구혁수(溝洫水)　　　④ 건류수(乾流水)

243 다음 중 풍수에서 '산줄기를 타고 이어져 온 땅의 기운(生氣)이 물을 만나면 멈춘다.'라는 의미를 나타내는 구절은 무엇인가?　　　　　　　　　　　　　답 ②

① 氣昇風則散(기승풍즉산)　② 기계수즉지(氣界水則止)

③ 득수위상(得水爲上)　　　④ 장풍차지(藏風次之)

244 산줄기의 관점에서 사방을 둘러싸고 있는 영역의 입구이며, 물줄기의 관점에서 영역 내의 여러 지천들이 모인 본류가 영역 밖으로 흘러 나가는 출구 지점을 뜻하는 지형은 무엇인가?　　　　　　　　　　　답 ④

① 하천　　　② 능선　　　③ 고갯마루　　④ 수구

245 풍수에서 비보(裨補)는 땅의 부족한 기운을 북돋우고 과도한 기운을 눌러준다는 의미로서 숲, 연못, 돌탑, 사찰, 지명 등의 방법들이 활용되었다. 그 사례로 안동 하회마을의 만송림이 있다. 다음 중 만송림의 역할 중 풍수 비보와 직접 연관된 것은?　　　　　　　　　　답 ②

① 차폐(遮蔽)　　　　　② 방풍(防風)

③ 땔감 공급처　　　　④ 동식물 서식처

246 풍수의 비보(裨補)에는 지명 비보도 포함된다. 그 사례로 경북 경주시는 세 개의 하천으로 둘러싸인 행주형(行舟形)으로 불린다. 이에 따라 경주라는 배가 잘 나아가라는 의미로 경주시 남쪽의 산에 특정한 이름을 붙인 지명 비보를 취했다. 그 산의 이름은 무엇인가?　　답 ①

① 도당산(돛대산)　　　② 남산

③ 토함산　　　④ 옥녀봉

247 수구사(水口砂)는 강물의 한쪽이나 중간에 있는 산이나
바위, 모래섬 등을 일컫는다. 다음 중 풍수의 수구사에
해당하지 않는 것은?[171]　　　답 ④
① 한문(捍門)　　　② 화표(華表)

③ 북신(北辰)　　　④ 나성(羅城)

248 풍수라는 용어가 바람과 물을 뜻하듯이, 바람은 동아시
아에서 생존과 직결되는 요소였다. 이에 따라 우리나라
에서는 바람이 불어오는 방향에 따라 이름이 달라진다.
그렇다면 다음 중 북풍을 뜻하는 이름은 무엇인가?[172]

답 ①

① 높바람　　② 샛바람　　③ 하늬바람　　④ 마파람

249 하천의 침식작용으로 발달한 계곡사면의 절벽으로 우리
나라 하천 명승지가 주로 위치하고 있는 지형은 무엇인
가?　　　답 ④
① 하안단구　② 포인트바　③ 하천쟁탈　④ 하식애

250 풍수에서는 '생기는 바람을 타면 흩어져 버린다.'고 본
다. 땅의 생기가 산줄기를 타고 터까지 잘 이어져 왔다
해도, 그 터가 바람에 노출되면 생기가 흩어지고 사라져
버린다는 것이다. 이처럼 땅의 생기가 바람에 흩어지지
않도록 갈무리해 주는 것을 무엇이라 하는가?　　　답 ②
① 간룡　　② 장풍　　③ 득수　　④ 정혈

171) 수구사 중 나성의 한자는 羅
星임.

172) 겨울에 북쪽에서 불어오는
찬바람은 높바람, 남쪽에서 부는
바람은 마파람, 동쪽에서 부는 바
람은 샛바람, 서쪽에서 부는 바람
은 하늬바람이라고 한다.

부인과 내기를 한 풍수인

충청도 모처에서 직장생활을 하며 틈틈이 풍수를 공부하던 J씨가 있다. 그는 20년 넘게 풍수를 배우고 있었는데, 어느 날 문득 보니 자신이 사는 아파트 입지조건이 별로 좋지 못한 것을 알게 되었다. 그리하여 새로운 곳으로 이사를 가려고 했으나 부인의 반대에 부딪히게 된다. 부인은 말하기를 남편 직장도 가깝고 아이들 학교 다니기도 쉬우며 모든 것이 편리한데, 쓸데없는 것에 빠져 성화라고 이사를 극구 반대하는 것이다. 풍수에 대해 미신쯤으로 치부하던 부인의 입장에서는 남편 말을 신뢰할 수 없었던 것이다. 그러나 한 번 마음이 떠난 J씨는 점점 더 그 집에서 살기가 싫은 것이다. 그리하여 거의 1년을 혼자서 고민하다가 부인과 내기를 하기로 하였다.

부인의 처갓집 동네에서 각각의 집에 대해 좋고 나쁨을 맞춰보기로 한 것이다. 그래서 맞추면 자신의 뜻대로 이사를 하지만, 만약 맞추지 못하면 이사 얘기는 없던 것으로 하기로 하였다. 한편, 장모님은 30여 가구 되는 작은 시골마을에 40년 넘게 살면서 각각의 집 사정에 대해 훤하게 알고 계시므로 장모님, 부인, 그리고 자신까지 3명이 동행하면서 풍수의 길흉에 대한 시험을 시작한다.

시험1 쌀가게

"쌀가게 왼쪽 산(청룡)이 등지고 있는 형상이어서 아는 지인으로부터 배신을 당하는 일이 있을 수 있습니다. 그러나 오른쪽 산 백호는 집을 향해 잘 감싸고 있어 부인 힘으로 가정을 꾸려 가면 재산을 형성하는데 별 어려움이 없는 집입니다.

따라서 이 집은 남자보다는 여자가 주도권을 쥐고 살림을 해야 좋은 터입니다. 청룡은 남자를 뜻하고 백호는 여자와 재물을 의미하기 때문이지요."

실제로 남편은 인정이 많아서 친구들에게 돈을 꿔주고도 돌려받지 못한 게 많고 쌀을 외상으로 주었으나 쌀값을 받지 못하는 일이 많았다고 한다. 그렇게 차츰 빚이 쌓이더니 나중에는 땅을 팔아야 할 정도로 젊어서는 손해가 막심했다고 한다. 그 후부터는 부인이 직접 가게를 운영하게 되었는데, 남편과는 달리 철저하게 관리하여 적지 않은 돈을 모을 수 있었다고 한다. 그래서 첫 번째 시험은 통과다.

시험2 감나무 집

"집터에서 보면 왼쪽 산(청룡)이 도망가고 안산은 등 돌리고 있으며, 물이 집 앞으로 곧게 빠져나갑니다. 이렇듯 청룡이 도망가는 형태는 남자들이 풀리는 일이 없을 뿐 아니라 물이 빠져나가니 집에 돈이 남아나지를 않습니다.

그리고 마당 한 가운데 큰 감나무가 지붕을 덮을 정도로 무성하게 자라고 있습니다. 동쪽은 해가 떠오르는 방위로 집 안에 희망과 발전 등 긍정적인 기운을 주는데, 커다란 감나무가 동쪽을 막고 있어 집안이 늘 침체될 수밖에 없습니다. 그리고 햇빛을 받는데도 불리해서 가족들 건강에 좋지 못할 겁니다."

이 댁은 부부와 두 아들이 사는 집이었다. 그러나 남편이 병으로 일찍 죽었고 큰아들도 군대에 가서 사고로 죽고 말았다. 작은아들은 나이가 40이 넘었으나 아직 장가도 들지 못하고 고생스럽게 어머니와 함께 살고 있었다.

시험3 파전 집

"이 집은 우측 산 백호가 가까이서 둘러주었으며, 집 앞에서 두 줄기 개천물이 합수된 후 감싸주고 있습니다. 따라서 부인으로 인해 큰돈을 벌 수 있는 집입니다."

이 댁의 부인은 시내 대학교 앞에서 파전집을 30년 가까이 하고 있는데, 장사가 잘되어서 건물도 몇 채 소유할 정도로 돈을 모았다고 한다. 파전집은 30년 전 상태를 그대로 유지하고 있어 낡고 허름하지만, 대학 다닐 때 추억을 잊지 못하는 중년 손님들이 줄을 이으면서 단골이 많다고 한다.

"산과 산 사이 골짜기에 있어 골바람이 셀 뿐 아니라 집 마당이 질척할 정도로 습기가 많습니다. 이러한 집은 환자가 많고 풍파와 우환이 심하게 됩니다."

이 댁의 셋째 아들은 결혼하고 분가 후 로또판매점을 했는데, 1등이 다섯 번 당첨된 곳이라는 소문이 나서 적지 않은 돈을 벌었다고 한다. 그러나 정작 그 집에 사는 아버지는 오랫동안 암으로 고생하다 죽었으며, 시골로 내려와 아버지를 병 수발하던 큰아들도 오토바이 사고로 죽고 말았다. 로또판매점을 운영하던 셋째 아들은 아버지 병원비를 감당할 수 없어 잘 되던 가게를 처분할 수밖에 없었다고 한다.

결국 소탐대실의 집터였던 것이다.

동네 외곽에 한우를 키우는 목장이 있는데, 야트막한 산 능선에 위치한 곳이다.

멀리서 보면 언덕 위의 집처럼 전망 좋은 곳이다. 그러나 능선 마루터기에 위치해 바람에 속수무책 무방비로 노출된 곳이다.

"저러한 곳에서 소를 키우면 소가 잘 크지 못할 뿐 아니라 새끼도 잘 낳지 못합니다. 바람이 세기 때문입니다. 가축 뿐 아니라 아마 목장 주인도 몸이 좋지 못할 것입니다."

그러자 장모님 말씀하시기를 목장을 한지 7년 만에 빚만 잔뜩 지고 말았으며, 그 많던 한우도 겨우 2마리만 남았다고 한다. 부인은 어디 갔는지 보이지 않고 남자는 무슨 병이 들었는지 바람만 불어도 쓰러질 것처럼 바짝 야위었다고 한다.

이번에는 장모님이 사위에게 말하기를 우리 마을에서 가장 건강하게 잘 사는 집을 골라보라고 하신다. 마을 전체를 둘러본 J씨는 한 곳을 가리키며,

"저 두 집은 집 뒤의 주산이 좋고 청룡·백호가 잘 감싸고 있으므로 저 댁에 사는 사람들은 건강하게 오래 살 것입니다. 그리고 자식들도 모두 편안할 것으로 보입니다." 그러자 장모님 하시는 말씀이 저 윗집의 주인 남자는 오래전 폐암 진단을 받았는데, 자식들이 수술을 권유했으나 자신의 몸에 칼 대기를 끝까지 거부하고 평소처럼 농사를 지으며 시골집에서 지냈다고 한다. 그러나 폐암으로 몇 년을 못살 거라고 하던 의사 말과는 달

리 20년 넘게 사시다가 얼마 전 86세 나이로 돌아가셨다고 한다.

그리고 바로 아래 집은 할머니 나이가 96세인데도 불구하고 아들이 농사짓는 밭에서 인부들과 함께 일을 할 정도로 정정하다고 말씀하신다. 그 할머니는 아들에게 자신에게도 인부들과 똑같이 일당을 달라고 할 정도로 정신도 맑고 건강하다는 것이다. 그곳에 살다 분가한 자식들도 모두 잘 되어서 명절이면 수십 명의 대가족이 모이는 화목한 집이라고 말씀해 주신다.

장모님 말씀하기를 "그것 참 희한하구먼. 우리 사위가 언제 이렇게 용해졌는가."하고는 흡족해하신다.

이처럼 J씨는 장모님이 지적한 집의 형편을 거의 대부분 맞출 수 있었다. 그리하여 부인도 남편 뜻을 따를 수밖에 없어 남편이 원하던 곳으로 이사를 할 수 있었다. 이사를 하고 보니 120세대 작은 아파트지만, 대부분의 사람들이 입주 당시에 살던 사람들로서 거의 변동이 없는 곳이라고 한다. 아마도 터가 편안한 곳이기 때문에 입주민 모두가 만족스러운 모양이다.

J씨 선배도 이곳으로 이사를 왔는데, 전에 살던 집에서는 계단을 못 오를 정도로 허리가 심하게 아팠으나 이사 오고 나서는 6개월 만에 허리가 좋아지더니 이제는 거의 통증이 없을 정도로 완쾌되었다고 한다. J씨 선배는 좋은 곳으로 이사를 와서 건강도 회복되었을 뿐 아니라 아들·딸이 좋은 사람을 만나서 결혼할 수 있었다고 고마워하고 있다. 그 후 세월이 흘러 J씨는 박사학위를 받은 후 모 대학의 부동산학과에서 풍수지리를 강의할 정도로 탁월한 풍수가가 되었다.

251 풍수에서는 터를 둘러싼 산줄기에 사신사(四神砂)라는 이름을 붙이고, 각 방위에 상상의 동물을 배정하고 있다. 그렇다면 터의 후방에서 터까지 산줄기를 이어 주며, 뒤에서 불어오는 바람을 막아 주는 역할을 하는 산은 무엇인가? 답①

①   ② 주작   ③ 청룡   ④ 백호

252 다음은 조선 후기 실학자 이중환의『택리지』「복거총론」의 일부 내용이다. 다음 내용이 설명하는 풍수 용어는 무엇인가? 답③

보기

> 산속에서는 수구가 닫힌 곳을 쉽게 구할 수 있지만, 들판에서는 굳게 닫힌 곳을 찾기 어렵다. 그러므로 물을 거슬러 주는 산줄기를 찾아야 한다.

① 입수   ② 선익
③ 역수사(逆水砂)   ④ 전순

253 『택리지』는 조선 후기 실학자 이중환이 저술한 대표적인 지리서이다. 그중「복거총론」에서 사람이 살 만한 터를 고르는 기준을 제시하고 있는데, 그 순서가 올바른 것은? 답②

① 지리-인심-생리- 산수   ② 지리-생리-인심-산수
③ 생리-지리- 인심-산수   ④ 생리-지리-산수-인심

254 조선 후기 실학자 이중환이 저술한『택리지』는 사람이 살 만한 터를 고르는 기준으로 네 가지를 제시하고 있다. 그중 경치 좋은 놀만한 곳으로, 오늘날의 문화생활과 관련된 항목은 무엇인가? 답④

① 지리　　② 생리　　③ 인심　　④ 산수

255 풍수의 논리에는 치유의 터와 휴양의 터가 나뉘어 있다. 치유의 터는 오래 머물며 거주할 만한 터로서, 우리나라 전통마을의 종택이나 주택들이 이러한 유형의 터에 자리해 있다. 그렇다면 치유의 터로서 적절하지 못한 터의 특징은 어느 것인가?　　　　　　　　　　　답 ④
① 사방이 아담한 산으로 둘러싸인 지형
② 사방의 산줄기에 의해 외부 바람으로부터 보호되는 지형
③ 살아가는 사람에게 아늑한 장소감을 제공하는 지형
④ 주변보다 우뚝 솟아 있는 지형

256 풍수의 논리에는 치유의 터와 휴양의 터가 나뉘어 있다. 그중 휴양의 터는 수일간 머물며 즐길 만한 터로서, 전통마을의 인근에서 볼 수 있는 정자들이 위치한 터가 해당된다. 그렇다면 휴양의 터로서 적절한 터의 특징은 어느 것인가?　　　　　　　　　　　답 ②
① 주변보다 우뚝 솟아 있는 지형
② 사방이 아늑한 산으로 둘러싸인 지형
③ 물길이 돌아가는 바깥쪽(공격사면)
④ 풍광이 호쾌하고 바람이 많이 불어오는 지형

257 다음 내용의 ( ) 안에 들어갈 용어로 올바르게 짝지어진 것은? 답 ②

> _{보기}
>
> 우리가 어떤 대상을 바라볼 경우, 아래를 내려다볼 때도 있고, 그 반대로 고개를 들어 위를 쳐다봐야 할 때도 있다. 이때 위에서 아래로 내려다보는 것을 부감(俯瞰)이라 하며, 고개를 들어 위를 쳐다보는 것을 앙관(仰觀)이라 한다. 부감경과 앙관경은 인간에게 상반된 심리를 제공한다. 아래를 내려다보는 부감경은 시각적인 편안함과 ( )의 즐거움을 제공하며, 위를 쳐다봐야 하는 앙관경은 ( )을 자연스럽게 유도한다.

① 원망(遠望)-권위감　　② 권위감-원망(遠望)
③ 경치-불안감　　④ 원망(遠望)-불안감

258 집은 누구에게나 육체적인 안전과 정신적인 편안함을 제공하는 외부로부터의 피난처이다. 집이 이러한 기능을 하기 위해서는 외부공간과 내부공간을 구별하는 '막'이 있어야 한다. 이런 관점에서 양택풍수에서 반드시 필요한 요소이며, 특히 근래 유행하는 전원주택에서 많이 생략되고 있는 건축의 한 요소인 것은 무엇인가?　답 ③
① 지붕　　② 대문　　③ 담장　　④ 창고

259 다음은 동서양 의학의 시원이라 할 수 있는 히포크라테스 의학과 『황제내경』의 일부 구절이다. 다음 구절들의 ( )에 들어갈 공통 핵심 단어는 무엇인가?　답 ④

- 의학을 연구하는 사람이면 나라 전체와 각 지방의 (　)의
  특수성을 연구해야 한다.
- (　)은 인간의 불행과 관련 있다. (　)은 두통, 마비나 무
  감각, (　)은 기침, 편도선, 변비 등을 수반한다.
- (　)은 갖가지 질병을 일으키는 중요한 원인이다.

① 땅(地)　　② 물(水)　　③ 불(火)　　④ 바람(風)

260 택지의 모양은 터와 그 터에 살고 있는 사람의 길흉에
　　영향을 미칠 수 있다. 그렇다면 다음 중 택지의 모양이
　　풍수의 관점에서 일반적으로 길한 것으로 판단되지 않
　　는 것은?　　　　　　　　　　　　　　　　답 ④
　　① 평탄하고 원만한 형태　　② 사각형
　　③ 원형　　　　　　　　　　④ 삼각형

261 간룡(幹龍)과 지룡(枝龍)은 용(龍)의 대소(大小)를 말하는
　　것으로, 대간룡(大幹龍), 소간룡(小幹龍), 대지룡(大枝龍),
　　소지룡(小枝龍)으로 구분할 수 있다. 그중 간중(幹中)의
　　간(幹)으로서 그 근원이 모두 명산(名山)에서 나와 몇 천
　　백리를 뻗어 나가기도 하며, 항상 운무(雲霧)가 나타나
　　는 것이 보통인 용의 종류는 무엇인가?　　　답 ①
　　① 대간룡(大幹龍)　　　　② 소간룡(小幹龍)
　　③ 대지룡(大枝龍)　　　　④ 소지룡(小枝龍)

262 풍수 이론에서 겉으로는 끊어졌으나 중심(中心)은 실처
　　럼 이어져 있는 용(龍)의 상태를 뜻하는 용어는 무엇인
　　가?　　　　　　　　　　　　　　　　　　답 ②
　　① 붕홍과맥(崩洪過脈)　　② 우단사련(藕斷絲連)

③ 장구몰니(藏龜沒泥)　　　④ 천진지비(天珍地祕)

263 풍수 이론에서 산맥이 물을 건너기 위하여 징검다리와 같은 석양(石梁)을 놓아 산맥을 보호하며 건너가는 용(龍)을 뜻하는 용어는 무엇인가?　　　답 ③
① 우단사련(藕斷絲連)　　　② 장구몰니(藏龜沒泥)
③ 붕홍과맥(崩洪過脈)　　　④ 천진지비(天珍地祕)

264 풍수 이론에서 거북이 수렁에 몸을 숨기고 등만 조금 보이는 것처럼, 평지에서 용이 땅속으로 자취를 감추고 나아가는 형상을 뜻하는 용어는 무엇인가?　　　답 ④
① 우단사련(藕斷絲連)　　　② 붕홍과맥(崩洪過脈)
③ 천진지비(天珍地祕)　　　④ 장구몰니(藏龜沒泥)

265 풍수 이론에서 '허물을 벗다'라는 의미로 거칠고 조악(粗惡)한 산에서 부드럽고 아름다운 땅으로 바뀌는 것을 뜻하는 용어는 무엇인가?　　　답 ③
① 개장천심(開帳穿心)　　　② 분아포과(分牙布瓜)
③ 탈사(脫卸)　　　④ 화개(華蓋)

266 용(龍)이 나아가다가 양쪽으로 지각(枝脚)을 뻗은 모습이 마치 어미가 양팔을 벌려 자식을 안아줄 듯한 자세를 하고, 그 가운데로 다시 출맥하여 나가는 것을 뜻하는 용어는 무엇인가?　　　답 ①
① 개장천심(開帳穿心)　　　② 분아포과(分牙布瓜)
③ 탈사(脫卸)　　　④ 화개(華蓋)

267 용(龍)이 나아가며 양쪽으로 뻗은 지각(枝脚)이 유무(有

無), 장단(長短), 대소(大小)가 서로 같으며, 정맥(正脈)이
그 안으로 중출(中出)하는 것을 무엇이라고 하는가?

답 ①

① 오동지(梧桐枝)　　　② 작약지(芍藥枝)

③ 겸가엽(兼葭葉)　　　④ 양유지(楊柳枝)

268 정룡(正龍)이 행룡하다가 고대(高大)한 산을 일으키고 잠
　　깐 그치고 쉬어가는 것을 뜻하며, 이곳에서 나누어진 여
　　러 분룡(分龍)들의 태조산이 되는 산을 뜻하는 용어는
　　무엇인가?　　　　　　　　　　　　　　　　답 ④

① 태조산(太祖山)　　　② 중조산(中祖山)

③ 주산(主山)　　　　　④ 주필산(駐蹕山)

269 풍수에서는 일반적으로 용(龍)의 크기와 높이에 따라 세
　　가지, 즉 삼세(三勢)로 구분한다. 다음 중 용의 삼세에 해
　　당하지 않는 것은 무엇인가?　　　　　　　　답 ④

① 산룡지세(山壟之勢)　② 평강지세(平崗之勢)

③ 평지지세(平地之勢)　④ 산곡지세(山谷之勢)

270 용(龍)이 나아가며 지각(枝脚)이 정상적으로 앞쪽으로
　　뻗지 못하고 뒤쪽으로 뻗은 형태로서, 그 발응이 흉폭
　　(凶暴), 오역(忤逆) 등의 흉으로 나타나는 용의 종류는 무
　　엇인가?　　　　　　　　　　　　　　　　　답 ②

① 순룡(順龍)　　　　　② 역룡(逆龍)

③ 진룡(進龍)　　　　　④ 퇴룡(退龍)

271 용(龍)의 종류 중 적서(嫡庶)와 방정(旁正)을 구분하지 못
　　할 정도로 용신(龍身)의 분벽(分擘)이 많은 것은 무엇인

가?   답 ④

① 순룡(順龍)   ② 역룡(逆龍)

③ 병룡(病龍)   ④ 겁룡(劫龍)

272 용(龍)의 종류 중 용신(龍身)이 경직(硬直)되어 있거나 첨리(尖利)한 바위가 있는 등 용신이 살(殺)을 띠고 탈사(脫卸)를 거치지 아니한 것은 무엇인가?   답 ①

① 살룡(殺龍)   ② 역룡(逆龍)

③ 병룡(病龍)   ④ 겁룡(劫龍)

273 풍수에서는 내룡(來龍)이 혈장(穴場)으로 들어가는 형태를 다섯 가지(入首五格)로 구분한다. 그중 횡맥(橫脈)이 입수(入首)하여 결혈된 형태로서, 혈후(穴後)에 귀(鬼)와 낙(樂)이 있어야 하는 것은 무엇인가?   답 ②

① 직룡입수(直龍)   ② 횡룡입수(橫龍)

③ 비룡입수(飛龍)   ④ 잠룡입수(潛龍)

274 풍수에서는 내룡(來龍)이 혈장(穴場)으로 들어가는 형태를 다섯 가지(入首五格)로 구분한다. 그중 몸을 뒤집어 조산(祖山)을 돌아보고 결혈(結穴)한 형태는 무엇인가?

                                                       답 ④

① 직룡입수(直龍)   ② 횡룡입수(橫龍)

③ 비룡입수(飛龍)   ④ 회룡입수(回龍)

275 풍수에서는 혈장(穴場)의 형태를 네 가지(四象)로 구분한다. 그중 제비집(燕巢)과 같이 주변보다 살짝 오목한 형태로서, 다시 심(深)·천(淺)·활(濶)·협(狹) 네 가지로 다시 구분하는 혈의 형태는 무엇인가?   답 ①

① 와형(窩形)　　　　　② 겸형(鉗形)

③ 유형(乳形)　　　　　④ 돌형(突形)

276 풍수에서는 혈장(穴場)의 형태를 네 가지(四象)로 구분한
다. 그중 솥을 뒤집어 놓은 것 같이 주변보다 솟아 있는
형태로서, 평지(平地)나 고산(高山)에 다 있는데 평지에
더 많은 혈의 형태는 무엇인가?　　　　　답 ④

① 와형(窩形)　　　　　② 겸형(鉗形)

③ 유형(乳形)　　　　　④ 돌형(突形)

277 혈의 전후좌우 사방에서 반듯한 봉우리가 있어 사산(四
山)의 응(應)을 받음으로써, 결혈 여부를 증거로 삼을 수
있는 증혈(證穴)의 형태는 무엇인가?　　　　　답 ③

① 분합증혈(分合證穴)

② 전호증혈(纏護證穴)

③ 천심십도 증혈(天心十道 證穴)

④ 순전증혈(脣氈證穴)

278 사람이 서고 걷기가 어려울 정도로 급(急)하며, 이러한
곳에 억지로 착혈(鑿穴)하면 자칫 상인(傷人), 관송(官
訟), 병화(兵禍) 등의 불행이 일어날 수 있는 혈장의 형태
는 무엇인가?　　　　　답 ①

① 준급(峻急)　　　　　② 조악(粗惡)

③ 단한(單寒)　　　　　④ 허모(虛耗)

279 이웃이 없이 외롭게 홀로 뻗어 나가는 고산독룡(孤山獨
龍)으로서, 이러한 터에 음·양택이 들어서면 자칫 빈궁
고과(貧窮孤寡)를 면치 못하는 용(龍)의 형태는 무엇인

가?　　　　　　　　　　　　　　　　　　　　　답 ③

① 준급(峻急)　　　　　　　② 조악(粗惡)

③ 단한(單寒)　　　　　　　④ 허모(虛耗)

280 굴착(掘鑿)이나 토석 채취 등으로 혈장이 파쇄된 것으로, 용맥의 진가(眞假)나 귀천(貴賤)을 불문하고 아무리 다른 조건이 좋다 하더라도 일체 쓸 수 없는 것을 무엇이라 하는가?　　　　　　　　　　　　답 ②

① 돌로(突露)　　　　　　　② 파면(破面)

③ 준급(峻急)　　　　　　　④ 조악(粗惡)

281 풍수 용어 중 혈의 전후좌우의 산을 뜻하는 것은 무엇인가?　　　　　　　　　　　　　　　　　답 ③

① 용(龍)　　② 혈(穴)　　③ 사(砂)　　④ 수(水)

282 용호(龍虎)가 양쪽 모두 본신(本身)에서 나오지 못하고, 한쪽은 본신(本身)에서 나오고 한쪽은 외산(外山)에 나온 용호의 형태는 무엇인가?　　　　　　　　답 ③

① 본신용호(本身龍虎)　　② 외산용호(外山龍虎)

③ 주합용호(湊合龍虎)　　④ 무용호(無龍虎)

283 다음 청룡과 백호(龍虎)의 형태 중 흉격(凶格)에 해당하지 않는 것은?[173]　　　　　　　　　　　　답 ④

① 용호상투(龍虎相鬪)　　② 용호상쟁(龍虎相爭)

③ 용호상사(龍虎相射)　　④ 용호교회(龍虎交會)

284 다음 청룡과 백호(龍虎)의 형태 중 용호의 사이에 돈부(墩埠)가 있는 것으로, 형제가 재물로 다투거나 목질(目

疾)로 해석되는 형태는 무엇인가?　　　　　　답 ②

① 용호상투(龍虎相鬪)　　② 용호상쟁(龍虎相爭)

③ 용호상사(龍虎相射)　　④ 용호반배(龍虎反背)

285 혈전(穴前)의 산 중 안산(案山) 밖으로 멀리 높은 산을 조
산(朝山)이라고 한다. 이러한 조산은 크게 세 가지 형태
로 구분한다. 그중 멀리멀리 양수(兩水)를 협송(夾送)하
고 와서 배복(拜伏)하는 형태는 무엇인가?　　　답 ①

① 특조산(特朝山)　　② 횡조산(橫朝山)

③ 위조산(僞朝山)　　④ 조안산(朝案山)

286 혈전(穴前)의 산 중 안산(案山) 밖으로 멀리 높은 산을 조
산(朝山)이라고 한다. 이러한 조산은 크게 세 가지 형태
로 구분한다. 그중 봉우리가 수려(秀麗)하지만 머리를
반배(反背)하였거나 대세(大勢)가 무정(無情)한 형태는
무엇인가?　　　　　　　　　　　　　　　　답 ③

① 특조산(特朝山)　　② 횡조산(橫朝山)

③ 위조산(僞朝山)　　④ 조안산(朝案山)

287 횡룡(橫龍)으로 혈을 맺은 곳은 낙산(樂山)이 필요하며,
삼격(三格)이 있다. 그중 원산(遠山)이 특래(特來)하여 정
연히 혈에 붙어 응낙(應樂)한 형태로, 인정(人丁)이 태왕
(太旺)하며 강녕장수(康寧長壽)를 기대할 수 있는 낙산의
형태는 무엇인가?　　　　　　　　　　　　답 ①

① 특낙(特樂)　　　② 차낙(借樂)

③ 허낙(虛樂)　　　④ 요낙(凹樂)

288 횡룡(橫龍)으로 혈을 맺은 곳은 낙산(樂山)이 필요하며,

삼격(三格)이 있다. 그중 혈후(穴後)가 공허(空虛)하고 정낙(正樂)이 없으며, 몇 개의 작은 산이 있으나 베개로 삼을 수 없는 낙산의 형태는 무엇인가?　답 ③

① 특낙(特樂)　　　　　② 차낙(借樂)

③ 허낙(虛樂)　　　　　④ 요낙(凹樂)

289 횡룡(橫龍)으로 혈을 맺은 곳은 낙산(樂山)이 필요하며, 삼격(三格)이 있다. 그중 횡장(橫障)이 혈에 바짝 붙어 공결(空缺)을 막았고 정낙(正樂)으로 응(應)하는 낙산의 형태는 무엇인가?　답 ②

① 특낙(特樂)　　　　　② 차낙(借樂)

③ 허낙(虛樂)　　　　　④ 요낙(凹樂)

290 풍수 용어 중 동서남북을 불문하고 물이 나가는 곳 한 변을 뜻하는 용어가 아닌 것은?　답 ④

① 하수(下手)　　　　　② 하비(下臂)

③ 하관(下關)　　　　　④ 하수(下水)

291 물이 흘러 나가는 곳의 양안(兩岸)의 산을 수구사(水口砂)라고 한다. 그중 수구간(水口間) 양쪽에 대치하여 문호의 호한(護捍) 역할을 하는 것은 무엇인가?　답 ①

① 한문(捍門)　　　　　② 화표(華表)

③ 북신(北辰)　　　　　④ 나성(羅星)

292 물이 흘러 나가는 곳의 양안(兩岸)의 산을 수구사(水口砂)라고 한다. 그중 수구간에 기봉(奇峯)이 있어 정연히 탁립(卓立)한 것을 무엇이라고 하는가?　답 ②

① 한문(捍門)　　　　　② 화표(華表)

③ 북신(北辰)　　　　　　④ 나성(羅星)

293 물이 흘러 나가는 곳의 양안(兩岸)의 산을 수구사(水口砂)라고 한다. 그중 수구간에 괴이한 형상의 석산(石山)이 높이 솟아 있는 것을 무엇이라고 하는가?　　답 ③
① 한문(捍門)　　　　　　② 화표(華表)
③ 북신(北辰)　　　　　　④ 나성(羅星)

294 물이 흘러 나가는 곳의 양안(兩岸)의 산을 수구사(水口砂)라고 한다. 그중 수구관란지중(水口關攔之中)에 돈부(墩埠)가 있어서 특기한 것으로, 사면이 물로 둘러싸인 석이나 흙무더기를 무엇이라고 하는가?　　답 ④
① 한문(捍門)　　　　　　② 화표(華表)
③ 북신(北辰)　　　　　　④ 나성(羅星)

295 미녀(美女)가 그 귀천(貴賤)이 부(夫)에 따르는 것처럼, 풍수에서의 사(砂)는 용혈(龍穴)의 귀천에 따라 분별하는 것이 일반적이다. 그러나 용혈과 관계없이 그 길흉이 정해져 있는 사(砂)가 있다. 그중 항상 흉사(凶砂)로만 인식되며 길사(吉砂)로 바뀔 수 없는 것들이 있다. 다음 중 이에 해당하지 않는 것은?　　답 ④
① 탐두(探頭)　　　　　　② 자면(刺面)
③ 흔군(掀裙)　　　　　　④ 옥대(玉帶)

296 다음 풍수 용어 중 장풍득수의 한자어가 바르게 표기된 것은?　　답 ②
① 長風得水　　　　　　② 藏風得水
③ 場風得水　　　　　　④ 葬風得水

297 풍수의 사(砂)에는 특히 살(殺)이 되는 것으로 8가지를 규정하고 있다. 다음 중 그 내용이 올바르지 않은 것은? 174)　　　　　　　　　　　　　　　　　답 ④

① 사(射): 뾰족(尖)한 산이 혈을 향해 쏘는 것
② 충(沖): 산이 횡으로 곧게 와서 혈에 꽂히는 것
③ 압(壓): 혈 앞의 사(砂)가 너무 높이 우뚝 솟아 있는 것
④ 파(破): 혈장이 파손된 것.

298 풍수의 사(砂) 중에서 문필(文筆)이 도지(倒地)하여 수중(水中)으로 잠입(潛入)하는 것으로, 순수(順水)하면 이향(離鄕)하여 귀(貴)하고, 역수(逆水)하면 거부(巨富)가 기대되는 사(砂)는 무엇인가?　　　　　　답 ③

① 화상필(和尙筆)　　　　　② 투송필(鬪訟筆)
③ 잠지필(蘸池筆)　　　　　④ 매천필(罵天筆)

299 풍수의 사(砂) 중에서 혈 앞 양쪽에 뾰족한 산들이 서로 싸우고 쏘는(鬪射) 듯한 형상으로, 쟁투(爭鬪)와 송사(訟事)의 응(應)이 나타난다고 예상되는 것은?　　　답 ①

① 투송필(鬪訟筆)　　　　　② 화상필(和尙筆)
③ 잠지필(蘸池筆)　　　　　④ 매천필(罵天筆)

300 풍수의 사(砂) 중에서 용호(龍虎)의 산이 저소(低小)한 사(砂)를 생출(生出)하여 위쪽으로 역수(逆水)하는 것으로, 부(富)의 응(應)이 기대되고 용혈(龍穴)이 참되면 귀(貴)도 함께 재촉하는 사(砂)는 무엇인가?　　　답 ②

① 퇴전필(退田筆)　　　　　② 진전필(進田筆)
③ 잠지필(蘸池筆)　　　　　④ 매천필(罵天筆)

사람은 집을 닮고 집은 사람을 닮는다

풍수에는 지령인걸이란 말이 있다. 이는 땅이 인물을 키운다는 뜻으로 좋은 땅은 사람을 훌륭하게 만들지만 좋지 못한 땅은 사람도 어리석게 한다는 환경결정론적 사고이다. 이때의 환경은 자연환경만을 말하는 것이 아니고 자신이 사는 집과 생활하는 건물 등 인간이 늘 접하는 모든 것이 포함된다. 먹을 가까이하면 먹물이 묻어 자신도 검게 된다는 말이 있듯이 인간은 자신과 늘 함께하는 주변에 차츰 물들게 된다.

필자는 군대 생활을 예비군훈련장에서 조교를 했다. 그때 느낀 것은 훈련소에 들어오기 전에는 양같이 얌전하던 사람도 예비군복을 입으면 통제 불능의 고문관으로 바뀐다는 것이다. 오죽하면 예비군복만 입으면 누구나 개가 된다는 말이 있겠는가. 그런데 이 사람이 민간인 복장으로 갈아입으면 언제 그랬냐는 듯 점잖은 사람으로 돌아간다는 것이다.

요즈음은 등산인구가 폭발적으로 증가했다. 그런데 한결같은 것은 등산복만 입으면 예비군복 입은 시절로 돌아간다. 이는 남자고 여자고 예외가 없으며, 마치 일탈의 꼬투리를 잡은 것처럼 말과 행동이 거칠어지고 기본적 예의와 도덕이 풀어지는 것을 볼 수 있다. 옷차림 같은 사소한 변화도 인간의 행동을 지배하는데, 하물며 인생의 대부분을 보내는 집은 인간의 심성에 적지 않은 영향을 줄 것은 자명한 일이다.

집을 보면 그 주인의 심성을 짐작할 수 있다. 늘 대문 앞이 깨끗하고 예쁜 화분이라도 놓여있으면 다정다감하고 친절한 사람일 것이라는 생각에 마주치면 반갑게 인사를 건네고 싶다. 그 집 사람이 어쩌다 반바지에 슬리퍼를 신고 나오면 참 소탈한 사람이구나 하고 긍정적으로 생각하게 된다.

그러나 어느 집 앞에는 늘 술병이 어지럽게 널려 있어 지저분하다면, 제 아무리 말쑥한 양복을 차려입고 나와도 색안경을 끼고 보게 된다. 이것은 당신의 편견이고 선입견일 수 있지만, 어쩔 수 없는 인간의 본성이다. 늘 보아오던 것이 잠깐 본 것에 우선하기 때문이다. 그렇듯이 집은 인간의 내면 양식을 고스란히 보여주게 된다.

또 집은 그곳에 사는 사람과 고락을 함께 한다. 비근한 예로 사람이 살다 떠난 폐가는 금방 허물어지고 만다. 사람이 살지 않으면 간섭하는 사람이 없어 오래갈 것 같지만 오히려 사람의 체취를 받지 못한 집은 금방 무너지고 만다. 집은 인간과 함께 호흡을 한다는 반증이다. 그래서 집은 늘 닦고 만져주어야 집도 주인에게 보답하게 된다.

결론적으로 풍수는 집도 살아 있는 존재라는 인식에서 출발한다. 그러므로 내 집 가꾸기를 게을리 말아야 한다. 처한 환경에서 외부를 바꿀 수 없다면 내부라도 깨끗하게 정돈하고 청소를 하라. 집은 당신의 고마움을 반드시 기억할 것이다.

주택의 길흉을 구체적으로 보겠다. 집이 기울면 사람도 기울고, 집이 요란하면 사람도 요란하고, 건물에 요철이 많으면 잡음이 많고, 뾰족한 형태가 많으면 사람이 예민하고, 천장이 낮으면 옹색하고, 지붕의 중심이 낮으면 가장의 운이 떨어진다.

두 건물이 등 돌리고 있으면 서로가 반목하고, 본채 앞 좌우 건물이 벌어지면 자식이 불효하고, 집이 크면 허풍이 세고, 담이 높으면 의심이 많고, 대문이 크면 나서기를 좋아하고, 모난 집이 정 맞게 된다.

마당에는 가시 돋친 나무를 심지 않는 것이 좋다. 탱자나무와 넝쿨장미는 날카로운 가시로 인해 주인의 심성까지 까칠해지기 때문이다. 등나무와 포도나무도 좋지 않은데, 줄기가 심하게 꼬인 모습이기 때문에 집안일도 꼬이는 일이 많아지게 된다.

집안의 지나친 정원석도 불리하다. 바위는 찬 기운으로 음기가 강하기 때문에 인체의 건강에 도움이 되지 않기 때문이다. 특히 화강암과 편마암에서는 1급발암물질 라돈이 발생한다는 것을 기억할 필요가 있다.

집 안과 밖에 있는 큰 나무도 불편한데, 집 앞을 가려 답답하기 때문이다. 그러므로 나무는 키 작은 것을 담장 쪽에 심어 관리하는 것이 좋다.

301 풍수의 사(砂) 중에서 쌍봉(雙峰)이 한쪽은 높고 한쪽은 조금 낮아 마치 말의 잔등과 같은 형상으로서, 일반적으로 귀인(貴人)의 응(應)을 기대하는 사(砂)는 무엇인가?

답 ①

① 천마(天馬)　　　　② 금장(錦帳)

③ 객관(客棺)　　　　④ 어대(御臺)

302 풍수의 수(水)의 종류 중 혈에서 보이는 물이 혈을 등지고 나가는 형태로서 극흉으로 취급되는 것은?　　답 ④

① 조수(朝水)　　　　② 득수(得水)

③ 취수(聚水)　　　　④ 거수(去水)

303 풍수의 수(水)의 종류 중 건습(乾濕)한 못(池)을 말하며, 비가 오면 물이 차고 개이면 물이 마르는 곳으로서, 건강과 재물 등 여러 방면으로 흉으로 간주되는 것은?

답 ①

① 니장수(泥漿水)　　② 건류수(乾流水)

③ 송용수(送龍水)　　④ 원두수(源頭水)

304 풍수의 수(水)의 종류 중 진혈(眞穴)에 있는 태극(太極)의 훈(暈)으로서, 진짜로 수(水)가 있다는 것이 아니라 살짝 낮은 곳을 물로 표현한 것은?　　답 ②

① 니장수(泥漿水)　　② 극훈수(極暈水)

③ 건류수(乾流水)　　④ 원두수(源頭水)

305 풍수의 수(水)의 종류 중 혈 앞 명당의 중정처(中正處)에 모인 물을 말하며, 이곳에 물이 모이면 부귀가 쌓이고, 이곳으로 수(水)가 곧게 뚫고 나가면 가난절손의 응(應)

이 예상되는 것은? 답 ③

① 진응수(眞應水)   ② 극훈수(極暈水)

③ 천심수(天心水)   ④ 건류수(乾流水)

306 풍수의 수(水)의 종류 중 용(龍)이 기운이 왕성해서 결혈(結穴)한 후에소 그 기운을 다 거두지 못하고 넘쳐흘러 혈 앞에 샘(泉)을 만들어 놓고 진혈(眞穴)에 응(應)하는 수(水)는 무엇인가? 답 ④

① 극훈수(極暈水)   ② 천심수(天心水)

③ 건류수(乾流水)   ④ 진응수(眞應水)

307 풍수의 수(水)의 종류 중 주변 사(砂)에 가려 혈에서 보이지 않는 물로서, 혹 조(朝), 포(抱), 취(聚) 형태를 취하는 수(水)는 무엇인가? 답 ①

① 암공수(暗拱水)   ② 극훈수(極暈水)

③ 건류수(乾流水)   ④ 구곡수(九曲水

308 풍수의 수(水)의 종류 중 혈성(穴星)은 저소(低小)한데, 수세(水勢)는 웅기(雄欺)한 것으로서, 자칫 인정(人丁)이 왕(旺)하지 못하는 흉이 우려되는 수(水)는 무엇인가?

답 ④

① 충심수(衝心水)   ② 암공수(暗拱水)

③ 건류수(乾流水)   ④ 폭면수(瀑面水)

309 풍수의 수(水)의 종류 중 혈 앞에서 물이 팔자(八字)로 나뉘어 흐르는 형태로서, 자식들이 오역(忤逆)하는 흉이 있을 것으로 우려되는 수(水)는 무엇인가? 답 ②

① 충심수(衝心水)   ② 분류수(分流水)

③ 암공수(暗拱水)　　　　　④ 폭면수(瀑面水)

310 풍수의 명당의 종류 중 명당수(明堂水)가 혈 앞의 주머니 속으로 융취(融聚)하는 것으로 지극히 귀한 것으로 여겨지는 명당은 무엇인가?　　　　　답 ①
① 융취명당(融聚明堂)　　② 평탄명당(平坦明堂)
③ 조진명당(朝進明堂)　　④ 광취명당(廣聚明堂)

311 풍수의 명당의 종류 중 왕왕만경(汪汪萬頃)한 수(水)가 혈 앞으로 특조(特朝)해 오는 형태로서, 재록(財祿)을 쉽게 발(發)하는 것으로 여겨지는 명당은?　　　답 ③
① 융취명당(融聚明堂)　　② 평탄명당(平坦明堂)
③ 조진명당(朝進明堂)　　④ 광취명당(廣聚明堂)

312 풍수의 명당의 종류 중 명당수(明堂水)가 기울어서 순수(順水)하는데 용호(龍虎)도 물을 따라 도망가 버리는 형태로서, 혹 용혈(龍穴)이 있다 하더라도 반드시 좋다고만 할 수 없는 명당의 형태는?　　　답 ②
① 평탄명당(平坦明堂)　　② 경도명당(傾倒明堂)
③ 조진명당(朝進明堂)　　④ 융취명당(融聚明堂)

313 풍수의 명당의 종류 중 길격 명당에 해당하지 않는 것은?　　　　　　　　　　　　　답 ④
① 교쇄명당(交鎖明堂)　　② 주밀명당(周密明堂)
③ 융취명당(融聚明堂)　　④ 핍착명당(逼窄明堂)

314 풍수의 명당의 종류 중 흉격 명당에 해당하지 않는 것은?　　　　　　　　　　　　　답 ②

① 경도명당(傾倒明堂)　　② 주밀명당(周密明堂)

③ 겁살명당(劫殺明堂)　　④ 핍착명당(逼窄明堂)

315 풍수의 명당의 종류 중 명당에 험석 등이 어지럽게 놓여
있는 형태로서, 백사무성(百事無成)과 소망고과(小亡孤
寡)의 환(患)이 예상되는 명당은 무엇인가?　　답 ①

① 파쇄명당(破碎明堂)　　② 핍착명당(逼窄明堂)

③ 겁살명당(劫殺明堂)　　④ 경도명당(傾倒明堂)

316 풍수지리의 이론의 갈래가 아닌 것은?　　답 ④

① 형기론　　② 이기론　　③ 물형론　　④ 주산론

317 말이 물을 찾는 형상을 물형론으로 표현한 것은?　답 ③

① 맹호출림형(猛虎出林形)　② 노서하전형(老鼠下田形)

③ 갈마음수형(渴馬飲水形)　④ 금계포란형(金鷄抱卵形)

318 풍수지리의 개념으로 틀린 것은?　　답 ④

① 양택과 음택에 적용되는 학문이다.

② 좋은 기를 찾아서 생활에 활용하는 것이다.

③ 공기인 바람을 가두고 생기인 물을 얻는 것이다.

④ 양택의 위치는 높을수록 더 좋다.

319 다음 풍수지리 용어 중 틀린 것은?　　답 ④

① 산의 좌우, 전후사면에 있는 산을 사신사라고 한다.

② 백호는 혈에서 볼 때 우측에 가까이 있으면 내백호라
한다.

③ 사신사의 이상적인 형태는 혈을 중심으로 감싸고 있
어야 한다.

④ 청룡은 부드러워 여자를 상징한다.

320 풍수에서 파구(破口)란?　　　　　　　　답 ②
① 물이 들어오는 것을 말하는 것이다.
② 물이 흘러나가는 곳을 말한다.
③ 혈장의 바로 앞에서 생기를 보호하고 지탱해 주는 것
이다.
④ 혈을 만들기 위해 최종적으로 생기 에너지를 응결시
킨 곳이다.

321 수(水)의 형태에서 길한 물의 형태가 아닌 것은?　답 ①
① 견비수(牽鼻水)　　　② 진응수(眞應水)
③ 요대수(腰帶水)　　　④ 궁수(弓水)

322 다음은 수맥(水脈)에 관한 내용이다. 틀린 것은?　답 ④
① 수맥이란 평균 13~14도를 유지하는 물줄기로 지하
10m~50m의 땅속에서 흐른다.
② 수맥 파는 암 발생과 고혈압 환자에게 치명적인 피해
를 준다.
③ 불면증도 수맥을 의심해 볼 필요가 있다.
④ 수맥 파는 잠자리에는 영향을 미치나, 사무실은 영향
이 없다.

323 조선 명문가의 풍수적 특징으로 다른 것은?　　답 ③
① 배산임수, 전저후고, 전착후관의 이치를 적용하여 건
축하였다.
② 산의 지형·지세에 따라 대부분 건축하였다.
③ 고택은 남향만 선호하였다.

④ 비보풍수로 적극적으로 활용하여 방풍림을 심었다.

324 조선의 명문가 중 노블레스 오블리주(Noblesse Oblige)
를 실천한 명문가는?　　　　　　　　　　　　　답 ①
① 경주 최 부자 집
② 영양 조지훈 고택
③ 강화 이건창 생가
④ 아산 외암마을 예안 이씨 종가

325 다음 중 틀린 것은?　　　　　　　　　　　　답 ③
① 산의 사격이 문필봉이면 학자가 많이 배출된다.
② 인걸은 지령이란 말은 땅이 좋으면 좋은 인물이 난다
　　는 것이다.
③ 양택은 용맥보다 안산을 중심으로 건축하는 것이 좋다.
④ 양택, 음택 모두 용맥의 중심에 있으면 좋다.

326 양택풍수의 우선순위 3요소가 아닌 것은?　　　　답 ③
① 국세와 지세
② 대지의 가상과 집의 가상
③ 주택의 좌향
④ 동사택, 서사택의 배합

327 다음 설명 중 틀린 것은?　　　　　　　　　　답 ①
① 양택에서 물이 나가는 것이 보이는 것은 상당히 좋은
　　현상이다.
② 절터나 사원의 터는 양택지로 적합하지 않다.
③ 건물 가까이 큰 나무를 심지 않는다.
④ 집은 안정되고, 조화, 균형을 이루어야 한다.

328 동사택(東四宅), 서사택(西四宅)에 관한 내용이다. 틀린 것은?[175]   답 ④

① 동사택은 안방, 대문, 부엌이 북쪽, 동쪽, 남동쪽, 남쪽에 있어야 한다.

② 감, 진, 손, 리방을 가리켜 동사택이라 한다.

③ 건, 태, 곤, 간방을 서사택이라 한다

④ 동사택에서 감방은 임자계(壬子癸)로 화의 방향이다.

329 풍수지리에서 생기는 바람을 만나면 흩어지고 용맥은 물을 만나면 멈춘다고 한다. 우리나라의 경우 찬바람을 막아주어야 하는 가장 중요한 방위는 어느 방위인가?

답 ③

① 북풍   ② 서풍   ③ 북서풍   ④ 북동풍

330 다음 설명 중 틀린 것은?   답 ③

① 무덤 터, 집터 혹은 관청 터 등을 정할 때 혈처를 정하는 과정과 방법을 정혈법이라 한다.

② 용이 이어질 때 능선이 약하고 굶주린 것 같이 마르게 보이는 용을 병룡이라 말한다.

③ 행용하던 용이 혈을 맺고자 오던 방향에서 크게 회전하여 자기를 출맥시킨 주산이나 태조산 등을 돌아보는 것을 횡룡입수라 한다.

④ 명당을 이루는 중요한 요소 중 하나로서 물길을 보는 것이 득수법이다.

331 다음은 음택 사례지의 풍수적 공통점이다, 틀린 것은?

답 ④

① 주산이 높고 수려하다.

② 안산이 조응하며 수려하나 외산에서 내려온 안산이다.

③ 물이 갈지(之)자로 혈 앞으로 흘러나간다.

④ 바람은 북쪽을 피하고, 물 빠지는 것은 동쪽을 피해야 한다.

332 현대 도시 풍수 이론으로 가장 적합한 설명은?   답 ①

① 건물과 건물 사이는 바람길이다.

② 좌우에 큰 건물이 있는 것은 내 건물에 좋은 역할을 한다.

③ 건물의 건축 시에는 일조권이 좋은 남향으로 반드시 한다.

④ 바람을 잘 막아주면 막다른 골목의 집도 괜찮다.

333 현대 도시 풍수론에서 도로의 형태를 설명한 것이다. 틀린 것은?   답 ④

① T자형 도로의 경우 망치형으로 도로 살을 강하게 받을 수 있다.

② 고가도로의 경우나 고개 위로 올라가는 도로는 기운이 오래 머물지 못하는 곳이다.

③ 도로의 경우 옥대 형식이 유정하다.

④ 도로는 형식에 상관없이 상가 지역의 경우 앞으로 있는 것이 유리하다.

334 다음 설명 중 틀린 것은?   답 ④

① 집 건축 시 남향보다는 배산임수를 먼저 고려해야 한다.

② 큰 건물을 뒤로하고 건축을 하는 것이 유리하다.

③ 경사진 지역에 상가는 피해야 한다.

④ 주거지는 큰 도로를 피해야 한다. 부득이한 경우 고

층보다는 저층을 택하여 주거한다.

335 상가투자 시 고려해야 할 풍수적 요소로 좋은 것은? 답 ③

① 언덕에 있는 곳의 상가지만 버스 정류장이 있다.

② 전철역 주변의 상가이나 언덕에 있다.

③ 동사택과 서사택의 원리에 맞게 계산대의 위치를 배치하였다.

④ 국도의 8차선 도로를 끼고 상가가 위치하였다.

336 다음 설명 중 틀린 것은? 답 ①

① 전통 풍수 이론과 현대 풍수 이론은 서로 다른 개념이다.

② 풍수지리적 조건이 충족하고, 인문 지리적 조건도 충족되는 곳이 좋은 땅의 입지이다.

③ 현대 풍수에서 빌딩을 산으로, 도로를 물로 보는 것이 타당하다.

④ 햇볕이 잘 드는 지형이 좋으나, 지형·지세를 원칙으로 한다.

337 주택입지의 선택기준이 아닌 것은? 답 ④

① 자연과 인간의 조화이다.

② 토지의 최 유효 이용 도모

③ 뒤에는 산이 앞에는 물의 지형이 좋다.

④ 계곡이라도 경치가 좋고, 수려하면 주택지로 좋은 곳이다.

338 양택과 음택에 대한 설명이다. 맞지 않는 것은?   답 ③

① 양택은 음택보다 용은 더 길어야 하고, 혈은 더 넓어야 한다.

② 양택은 지세가 넓고 평탄해야 하고, 당국이 좁으면 안 된다.

③ 양택은 일선으로 오고 음택은 일편으로 온다.

④ 평야 지대는 득수가 좋아야 하고, 산골지역은 장풍이 좋아야 한다.

339 길한 건물의 형태이다. 맞지 않는 것은?   답 ②

① 건물은 주종관계가 분명한 형태가 좋다.

② 건물은 하단부가 상단부보다 넓으면 좋지 않다.

③ 건물의 중심이 중앙에 있는 것이 좋은 형태이다.

④ 건물은 면(面) 배(背)가 분명해야 한다.

340 풍수적으로 본 아파트 입지환경이다. 옳은 것은?   답 ③

① 땅이 다소 찰기가 없어 부부부석하나 풍수의 향을 잘 맞추어 사용하면 길지가 된다.

② T자형 도로의 마지막 부분은 살기가 있으므로 집을 최대한 낮게 건축한다.

③ 샘물보다 높은 터라야 재물복이 늘어난다.

④ 암 환자나 고혈압 환자의 경우 저층 아파트를 피한다.

341 다음은 주택 공간에 대한 설명이다. 이중 바르게 설명된 것은?   답 ①

① 담장 대신 나무나 화초를 심어 경계를 표시한 것도 담장으로 간주한다.

② 마당에 인위적으로 연못을 파면 건물의 생기를 보호

할 수 있다.

③ 마당에 석등이나 인물석 등을 세우면 그 정기를 받는다.

④ 마당에 밝은 잔디나 큰 나무를 심으면 집의 운을 번창시킨다.

342 다음은 운을 부르는 인테리어 풍수이다. 설명 중 틀린 것은? 답 ④

① 공간에 어울리도록 크기와 높이를 조절한다.

② 전자제품 주변에는 관엽식물을 둔다.

③ 북쪽에 진한 색상의 가구를 둔다.

④ 침실 창가에는 바람을 막기 위해 물건을 쌓아둔다.

343 풍수 인테리어에 대한 설명이다. 이중 틀린 것은? 답 ④

① 주방에 시계를 걸어 두면 금전운이 상승한다.

② 가스레인지는 모서리에 두지 않는다.

③ 거실 벽에는 가훈보다는 풍경화 사진을 걸어 두는 것이 길하다.

④ 금전운 상승을 위하여 지갑을 주방 서랍에 넣어둔다.

344 생활과 풍수 인테리어에 관한 내용이다. 틀린 것은? 답 ①

① 문과 일직선상 책상의 배열이 가장 좋다.

② 공부방의 배치는 도로 쪽을 피하는 것이 좋다.

③ 대문과 화장실은 서로 마주 보는 것은 좋지 않다.

④ 안방의 경우 남동쪽에 창문이 있으면 좋다.

345 풍수지리에서는 비보풍수도 중요하다. 다음 중 비보풍수가 아닌 것은? 답 ④

① 용맥비보(龍脈裨補)　　② 수구비보(水口裨補)

③ 동수비보(桐藪裨補)　　④ 건강비보(健康裨補)

346 다음 설명 중 틀린 것은?　　　　　　　　　　답 ④

① 비보란 부족한 것을 채우고 상서로움을 더하는 것이다.

② 진압 비보란 신앙적이거나 상징적 기능이 부여된 것이다.

③ 염승비보란 천적이나 상극으로 사기를 막는 것이다.

④ 석상이나 돌탑은 비보의 역할을 할 수 없는 것이다.

347 양택 마을의 풍수적 공통점 중 틀린 것은?　　답③

① 음택 명당이 마을에 여러 군데 조성되어 있다.

② 자연을 이용하여 인위적으로 비보 하여 사용하고 있다.

③ 장풍국 보다는 득수국이 풍수지리에서는 활용이 더 크다.

④ 조산이 수려하고 빼어난 곳이다.

348 사천성의 랑중시에 대한 설명이다. 옳은 것은?　　답 ③

① 세계자연유산에 등재된 도시이다.

② 득수국보다 장풍국이 발달한 곳이다.

③ 우리나라의 하회마을 형태로 물돌이 마을이다.

④ 1963년 이후 박사가 많이 배출된 마을이다.

349 양택풍수 마을의 공통점이다. 내용과 다른 것은?　　답 ④

① 박사마을은 물보다 산이 빼어나고 수려했다.

② 하회마을은 산태극 수태극 형태를 이루었다.

③ 랑중시는 삼면환산, 사면환수의 형태이다.

④ 임실 박사마을은 도시의 형태를 이루고 있다.

350 조선 왕릉에 대한 설명이다. 틀린 것은?　　　　답 ④

① 유네스코에 세계유산으로 등재되었다.

② 조선 왕릉은 남한에 40기가 있다.

③ 자연환경에 순응한 입지를 선정하였다.

④ 왕릉은 능, 원, 묘, 군 묘로 되어있다.

어느 망자의 사랑과 영혼

2015년 3월 지인의 부친께서 85세로 돌아가시자 선영에 묘를 쓰기로 한다. 이곳 가족묘는 50년 전 지인의 부친께서 장만한 곳으로 당시 주인 없는 고총이 자리하고 있었는데, 고총은 고분 같이 큰 상태였다.

하지만 부친은 가족묘를 조성하기에 양지바르고 편안한 곳이었기 때문에 고총과 상관없이 이곳 터를 매입하고 가족묘를 조성한다. 그리고는 가족들에게 말하기를

"이 땅의 주인은 고총이다. 우리가 조금 불편해도 고총 주변에 묘를 쓰면 된다. 앞으로는 이곳에 올 때마다 고총에 먼저 술을 부어 예를 표한 다음 참배하도록 해라. 우리 조상이라 생각하고 정성스럽게 보살펴라."

고총 주변에는 가족 묘 10여기가 있는 상태였다. 마침 적당한 곳이 비어 있었는데, 반듯한 안산을 바라보는 곳이다. 그곳을 정한 것은 산의 경사가 평탄하고 토질이 좋으며, 남향의 양지바른 곳이었기 때문이다.

묘를 만들기 위해 터를 고르자 이곳에서 구들장과 토기가 발견된다. 아마도 그 옛날 누군가 자신의 부모님을 장사지내고 그 자손이 시묘살이하던 초막이 있던 곳으로 짐작된다.

이러한 전후 사정과 고총의 크기로 보아 묘의 주인은 그 당시 명망 있는 집안이었으나 그 후 오랜 세월이 흐르면서 주인 없는 묘가 된 것으로 보인다.

고총의 주인은 비록 직계후손은 아니지만, 새로운 후손(?)을 만나 지금껏 향화를 받아왔던 것이다. 모든 작업을 마치고 나서 보니 단정한 안산과 정면으로 마주하니 품격 있

는 모습이다.

　장사를 지내고 다음 날 의뢰인은 꿈을 꾼다. 의뢰인 손가락에 독지네가 마치 반지처럼 둥글게 들러붙어 날카로운 이빨을 드러내고 있다. 무서운 마음에 독지네를 떨구기 위해 세차게 손을 흔들어도 지네는 손가락에서 떨어지지를 않는다. 그러다 어느 순간 지네는 앞을 향해 짙은 독을 뿜어대기 시작한다. 처음에는 노란색의 짙은 독을 뿌리더니, 두 번째와 세 번째는 차츰 옅은 독을 뿌려댄다. 그렇게 의뢰인의 주변에 세 차례 독을 부린 지네는 그제 서야 슬며시 손가락을 풀고 숲으로 사라진다.

　놀란 가슴을 진정하고 자동차를 타려는데, 이번엔 갑자기 뒤 트렁크에서 꽃사슴 한마리가 튀어나온다. 그리고는 의뢰인 부부에게 절을 하면서 많은 사람과 동물들에게 소식을 알리고 모아서 다시 오겠다는 말과 함께 사라진다.

　필자는 꿈 해몽에 대해서는 문외한이지만 나쁜 꿈은 아닌 것으로 생각된다.

　독을 품은 지네가 자신의 몸에 붙었으나 자신에게 해를 끼치지 않고 오히려 주변의 위협적인 요소를 제압하는 모습이니 지네는 자신을 도와주는 고마운 존재로 보인다. 그리고 꽃사슴이 많은 사람들에게 소식을 알리고 모아 오겠다는 것 또한 주변에 사람이 모인다는 것을 의미하므로 좋은 뜻으로 해석할 수 있다.

　무언가 의뢰인의 신변에 변화가 있음을 암시해 주는 것으로 추측할 수 있다.

　이번에는 삼우제를 치르고 다음 날 의뢰인 어머니 집에서 있었던 일이다.

　의뢰인 모친과 형님이 계신 집에 오후 3시경 갑자기 안방 문이 조금씩 열리며 노크와 같은 소리를 내고 있다. 바람 한 점 없는 집안에서 그 현상은 수 분간 계속되는데, 마치 누군가 자신의 존재를 알리려는 것 같았다.

　이상한 마음에 의뢰인의 형님과 어머니가 그 모습을 지켜보다가 형님이 말하기를

"아버님 오셨군요. 아버님 이제 저희들 걱정은 마시고 하늘나라에서 편히 쉬세요.

어머님은 저희들이 잘 모시겠습니다.

그리고 아버님이 맞으시면 이제 3번만 더 문을 두드려 주세요."

　어머니도 말씀하시기를

"여보 당신이유... 나도 곧 갈 터이니 조만간 만나자구요."

　그러자 거짓말 같이 문이 3차례 더 소리를 내더니 감쪽같이 소리와 동작이 멈추었다.

　이상은 부친의 장사를 마치고 나서 두 아들에게 일어난 일인데, 둘째아들의 꿈도 예

사롭지 않지만, 어머님 댁에서의 기이한 일도 미스테리하다.

마치 '사랑과 영혼'의 영화 속 스토리 같은 실화이다.

그 후 의뢰인은 직장을 그마두고 사업을 시작했는데, 승승장구하여 적지 않은 부를 이루었을 뿐 아니라 가족 모두가 건강하고 편안하다고 소식을 전해왔다.

성묘를 갈 때 부모님 묘 근처에 이름 모를 고총이 있다면 망자의 입장이 되어 술 한 잔 부어주고 풀 한포기 뽑아준다면 고마워 할 것이라 생각한다.

積善之家必有餘慶 積不善之家必有餘殃(선을 많이 쌓은 집은 반드시 경사스런 일이 있고 선을 쌓지 않은 집은 반드시 좋지 않은 일이 생긴다)

351 다음 석물의 내용이 다 틀린 것은?　　　　　답 ④

① 왕릉은 무인석과 문인석을 사용하였다.

② 고석을 설치하였다.

③ 홍살문은 정자각 앞쪽 참도가 시작되는 곳에 설치하였다.

④ 왕릉은 신성한 지역이라 곡장을 설치하지 아니했다.

352 왕이 승하하면 궁궐에서는 3도감을 설치하였다. 다음 설명 중 옳은 것은?　　　　　답 ④

① 왕실을 중심으로 홍문관에서 주도하였다.

② 빈전도감, 산릉도감, 왕릉 도감을 설치하였다.

③ 발인에 필요한 의장을 준비한 곳은 빈전도감이다.

④ 왕릉의 조영에 관한 일을 담당한 곳은 산릉도감이다.

353 다음 설명 중 내용이 올바른 것은?　　　　　답 ④

① 안산은 혈에서 보아 놓으면 안 된다.

② 청룡의 경우 안산보다는 나중이므로 조금 낮아야 한다.

③ 현무와 혈, 그리고 안산의 높이가 같으면 좋은 혈 자리다.

④ 명당은 크게 내명당과 외명당으로 구분한다.

354 다음 중 양택의 사례지로 명당이 아닌 곳은?　　　답 ①

① 곤지암 정신 병원　　　② 강릉 오죽헌

③ 고창 김성수 생가지　　④ 춘천 서면 한승수 생가지

355 양택 명당의 조건 중 틀린 것은?　　　　　답 ①

① 물길의 모양이 활처럼 휘어져 있는 반 대부분이 좋다.

② 남향이나 동남향으로 햇빛을 듬뿍 받을 수 있는 곳이

좋다.

③ 명당이 넓어야 하며 평평해야 한다.

④ 명당을 향해서 오는 물은 구 부 구불구불하게 오는 것이 좋으며, 나갈 때도 마찬가지의 형태가 좋다.

356 다음 수법(水法)에 대한 설명 중 옳지 않은 것은?　답 ④

① 물이 깨끗하고 깊은 곳의 사람은 대부분 부자가 많았다.

② 물은 유정하게 감아주면 돌아야 좋다.

③ 물은 구불구불하게 들어오는 것이 좋다.

④ 물이 빠르게 오는 경우 금시발복한다.

357 좋은 택지에 대한 설명 중 가장 옳은 것은?　　답 ①

① 산수(山水)가 취합하여 음양이 조화를 이루는 곳

② 차도가 정면으로 오는 곳

③ 산이 사방을 감싸주었으나 한곳이 요함(凹陷)

④ 택지 앞으로 큰물이 흘러나와 앞으로 빠져나가는 곳

358 우리나라의 조건으로 볼 때 가장 적합한 방법은?　답 ③

① 비산비야(非山非野)인 곳

② 전착후관(前窄後寬)인 곳

③ 배산임수(背山臨水)인 곳

④ 넓은 평야가 있는 곳

359 구성 중에서 좋은 기운을 가지고 있는 별이 아닌 것은?

답 ③

① 탐랑(貪狼)　　　　　② 무곡(武曲)

③ 염정(廉貞)　　　　　④ 거문(巨門)

360 다음 중 겸혈의 설명 중 가장 옳은 것은?　　　답 ②

① 주로 평지에 많은 혈이다.

② 양다리를 벌린 것처럼 되어 개각혈이라 한다.

③ 동종의 모양으로 산꼭대기에 혈(穴)을 맺는다.

④ 반들이 양다리가 감싸 안아 주워야 한다.

361 건물의 구조에서 이상적인 건물의 유형이 아닌 것은?

　　　　　　　　　　　　　　　　　　答 ④

① 원형의 건물　　　　　② 팔각형의 건물

③ 정사각형의 건물　　　④ 삼각형의 건물

362 가상에 대한 설명으로 옳은 것은?　　　답 ④

① 길이 Y자형이나 삼각형의 터는 사람의 왕래가 잦아 길한 터이다.

② 담장을 높게 설치하면 도둑이 침범하지 못한다.

③ 넝쿨식물은 재물을 붙잡는 역할을 하므로 집에서 기르면 좋다.

④ 집이 크고 대문이 작으면 길하다.

363 좋은 양택지를 선정하는 방법으로 옳은 것은?　　　답 ④

① 배산임수, 전저후고, 전착후관을 고려하여 반드시 남향만을 선택하여야 한다.

② 주위의 산들이 무정해야 하며, 산의 앞면을 선택하는 것이 좋다.

③ 안쪽으로 깊게 지은 집보다 도로와 접한 면이 많을수록 좋다.

④ 양택지는 지기가 왕성한 곳을 택해 사람이 거주하는 주택을 지어야 한다.

364 장사가 잘되는 상가를 고르기 위해 고려해야 할 점이 아닌 것은? 답 ③

① 상가는 한 면 이상이 도로에 접해 있는 것이 좋다.

② 상가는 직사각형 형태가 좋으며, 도로에 접한 출입문 면이 짧고, 안쪽으로 길어야 장사가 잘된 다.

③ 창문을 크게 내어 양 기운을 많이 받아 드려야 장사가 잘된다.

④ 한 가게에 2개 이상 출입문을 내는 것은 기가 한곳에 모이지 않아 좋지 않다.

365 도시의 인구 집중으로 공동주택 비율이 높아지는 시점이다. 이상적인 아파트를 고르는 방법으로 바른 것은?

답 ②

① 아파트의 평지붕 형태는 수산 형태에 속해 수의 기운을 가지고 있으므로 중심에 기운이 모이지 않아야 좋다.

② 아파트의 이상적인 층수는 지기를 받을 수(나무가 자랄 수 있는 높이 15m) 있는 5층 이하가 적당하다.

③ 지붕에 하나의 정점을 가지고 있는 중심형 아파트 보다 직선형의 아파트가 좋다.

④ 이상적인 배치는 배산임수의 배치로 산을 등지고 물을 바라보며 반드시 남향으로 배치하여야 한다.

366 가상에 대한 설명으로 바른 것은? 답 ③

① 집안에 큰 나무를 심으면 집을 지켜주는 수호신의 역할을 하므로 대문 안에 큰 나무를 키우는 것이 좋다.

② 안방의 욕실 문은 환기를 위하여 계속 열어두는 것이 좋다.

③ 집 주위에 송전탑이나 암석 등 흉한 지형물이 보이는 것은 좋지 않다.

④ 두 집을 한 집으로 만들면 넓이도 늘어나고 좋은 기운도 늘어나서 길하다.

367 양택을 지을 때 고려해야 할 사항이 아닌 것은?   답 ④
① 늪지나 연못, 개천을 매립한 장소는 피한다.
② 택지는 평탄한 곳이 좋고 도로나 물보다는 높아야 한다.
③ 건물의 좌향은 지맥에 순응하는 것이 좋다.
④ 건물의 층수는 주위의 건물이나 산보다 월등히 높아야 전망이 좋아 길하다.

368 풍수 인테리어에서 부귀와 화목하길 바라면서 거실에 그림을 두려고 한다. 적당하지 않은 것은?   답 ④
① 모란꽃   ② 까치와 호랑이
③ 목련과 해당화   ④ 사냥하는 그림

369 집 안의 내부공간에 대한 이론 중 적절하지 못한 것은?
답 ②
① 대문과 현관문, 현관문과 안방이 일직선으로 되어있는 구조는 좋지 않다.
② 현관에서 정면으로 큰 거울을 걸어서 밝은 집 안 분위기를 조성한다.
③ 거실의 크기에 비해 지나치게 크고 화려한 가구는 위압감일 줄 수 있으므로 피한다.
④ 햇볕이 많이 드는 남서쪽은 부엌의 방위로 부적절하다.

배산임수(背山臨水) 집은 산을 등지고 물이 있고, 전저후고(前低後高) 집 앞은 낮고 집 뒤는 높아야 한다. 전착후관(前窄後寬) 집 앞은 좁고 집 뒤는 넓어야 한다.

370 양택에 대한 설명 중 바르지 않은 것은?　　　답 ④

① 양택은 지세가 평탄해야 하고 지세가 넓어야 한다.

② 평야 지대는 득수가 좋아야 하고 산골지역은 장풍이 좋아야 한다.

③ 양택은 일편(一片)이고 음택은 일선(一線)이다.

④ 양택은 지형·지세와는 상관없이 남향의 입지가 중요하다.

371 양택 풍수지리의 3대 간법 해당하지 않는 것은?176)답 ④

① 전착후관(前窄後寬)　　② 전저후고(前低後高)

③ 배산임수(背山臨水)　　④ 전착후저(全窄後低)

372 합리적인 택지에 해당하는 것은?　　　답 ④

① 막다른 골목의 집이나 차도가 정면으로 달려드는 터

② 택지의 좌우에서 물이 흘러나와 집 앞으로 곧장 길게 빠져나가는 터

③ 사방의 산이 높아 택지를 고압(高壓) 하는 산고곡심의 형세의 터

④ 물이 나가는 수구가 좁게 관쇄(關鎖)되어 유속이 조절되고 항시 일정한 수량을 유지하는 터

373 풍수지리 이론 중 좋은 입지 고르는 방법이 아닌 것은?

답 ④

① 산의 배(背))와 면(面)을 살펴, 면(面) 부분을 선택한다.

② 주위의 산들이 유정한 곳을 선택한다.

③ 물이 감싸주는 안쪽이 사람이 살기 좋은 곳이므로 이 곳을 선택한다.

④ 대지의 모양이 삼각형의 땅이 안정감이 있어 좋다.

374 상가투자나 운영할 때 풍수적 요소로 좋은 것은?   답 ④
① 경사진 곳이나 버스 정류장이 있다.
② 국도의 6차선 도로 옆에 상가가 위치하였다.
③ 계산대 위치를 출입문 정면에 배치하였다.
④ 음양오행과 동사택 서사택의 원리에 맞게 배치하였다.

375 풍수지리의 가상학적으로 불리한 건물이 아닌 것은?

답 ④

① 중앙 우체국
② 용산 구청
③ 서울시청 신청사
④ 서울 중구 삼성본관(현 부영 태평빌딩)

376 풍수 인테리어 핵심의 설명으로 틀린 것은?   답 ①
① 마감재의 통일이다.
② 기운의 조화이다.
③ 동사택, 서사택의 원리이다.
④ 물건 배치의 법칙이다.

377 소품 인테리어 풍수에 대한 설명이다. 가장 적합한 것
은?   답 ③
① 오행의 기운에서 남쪽은 시작이며 발생이고 장남으
   로 진취적이다.
② 오행의 기운에서 세고 신선한 소품으로 노란색이 좋
   다. 방향은 동남쪽이다.
③ 오행의 기운에서 수축하고 세심하며 깔끔한 소품으
   로 방향은 서쪽이다.
④ 가을에는 나뭇잎이 다 떨어진 나무 그림이 인테리어

로 좋다.

378 건물 가상학 설명 중 틀린 것은? 　　　　답 ④

① 건물은 원만하고 편안하며 안정감이 있어야 한다.

② 자연과 조화를 이루어야 한다.

③ 두 건물이 합쳐서 연결된 것은 좋지 않다.

④ 건물은 서로 배(背)를 향하여 바라보는 형태가 좋다.

379 인테리어 풍수 내용으로 적합하지 않은 것은? 　　답 ④

① 물건을 겹겹이 쌓아두지 않는다.

② 침대에 거울이 있을 때 반사를 피하여 침대를 놓아야
한다.

③ 아이와 함께 찍은 사진이나 가족사진은 거실에 두는
것이 좋다.

④ 침대와 방문은 서로 통하는 게 좋으므로 마주 보는
것이 좋다.

380 풍수적으로 본 아파트의 입지환경으로 적절하지 않은
것은? 　　　　　　　　　　　　　　　　답 ④

① 배산임수 지형이 우수하다.

② 샘물보다 높은 터라야 우수하다.

③ 절개면 아래 터는 흉하다.

④ 전고후저 터의 아파트가 우수하다.

381 풍수지리 개념이라고 말할 수 없는 것은? 　　　답 ④

① 생기를 찾아서 생활하는 것이다.

② 땅속에 흐르는 생기를 찾아 감응(感應) 받는 것이다.

③ 조상에 대한 효의 실천 사상이라고도 할 수 있다.

④ 높은 산의 명승지를 찾아 평가하는 우리의 전통사상이다.

177) 왕이 승하하면 3도감 설치, 왕의 옥체에 관한 일은 빈전도감, 발인에 필요한 의장 준비는 국장도감, 왕릉 조영은 산릉도감에서 담당하였다.

382 전통 풍수 이론과 현대 풍수 이론의 설명 중 틀린 것은?

답 ②

① 현대 풍수에서 물은 도로로 볼 수 있다.
② 현대 풍수에서 건물을 계곡으로 볼 수 있다.
③ 현대 풍수에서 역세권을 내당수의 합수점으로 볼 수 있다.
④ 현대 풍수에서 형국을 도시공간구조의 범위로 볼 수 있다.

383 다음 비보풍수에 대한 설명이다. ( ) 안에 들어갈 적절한 단어는?

답 ④

> **보기**
>
> 부족한 것을 채우는 것으로 돌탑이나 석상, 벅수, 남근석 등 다양한 형태로 나타난다. 관악산의 화기를 제압하고자 해태상을 설치했다. 이러한 풍수 비보를 ( )비보라 한다.

① 용맥   ② 숲   ③ 못   ④ 조형물

384 왕릉 풍수의 설명 중 틀린 것은?177)

답 ④

① 왕이 승하하면 빈전도감을 설치하여 옥체에 관한 일을 담당했다.
② 왕이 승하하면 3도감이라는 임시기관을 실치했다.
③ 왕릉은 물이 환포하고 합수지점 안쪽이 좋다.
④ 왕릉 조영에 관한 일은 국장도감에 담당하였다.

385 풍수지리 살펴보는 다섯 가지 본질의 용혈사수향의 설

178) 용요진(龍要眞), 혈요적(穴要的), 사요수(沙要秀), 수요포(水要抱), 향요길(向要吉) : 용맥(龍脈)을 따라서 점혈했는지, 용맥을 따라 존재하는 혈 판 중심에 점혈했는지, 주변 산이 빼어난지, 조당 물길은 혈처를 자리를 환포했는지를 보고 점혈하는 것이다.'

179) 구성은 탐랑성, 거문성, 녹존성, 문곡성, 염정성, 무곡성, 파군성, 좌보성, 우필성을 말한다.

명으로 적합하지 않은 것은?[178]　　　　답 ④

① 용요진(龍要眞)　　　　② 혈요적(穴要的)

③ 사요수(沙要秀)　　　　④ 향요경(向要景)

386 조선 왕궁의 비보 상징물이 아닌 것은?　　답 ①

① 장군대좌형 명당으로 병졸에 해당하는 무리가 있어야 해 청계천 시장을 개설한다.

② 창덕궁에 금천교의 동물상을 설치한다.

③ 홍인문에 지(之)지를 넣어 글자로 산맥을 비보 한다.

④ 광화문에 해태상 설치한다.

387 양택 구성법에서 말하는 구성(九星)이 아닌 것은?[179]

　　　　　　　　　　　　　　　　답 ④

① 탐랑성(貪狼星)　　　　② 거문성(巨門星)

③ 염정성(廉貞星)　　　　④ 복거성(卜居星)

388 풍수지리의 설명 중 가장 적합하지 않은 것은?　답 ④

① 주택의 길흉을 판단하며 좋은 입지를 찾는 학문이다.

② 환경적 요인을 인간의 길흉화복에 관련지어 좋은 터를 찾는 사상이다.

③ 실내디자인과 같은 실용적인 분야에서도 그 원리가 적용된다.

④ 옛날 수렵 활동에 적용한 삶의 경험적인 학문이다.

389 다음은 풍수지리 용어 설명이다. 틀린 것은?　　답 ②

① 사룡(死龍)이란 생기 없는 용을 말하며 직선으로 가면 사룡이 된다.

② 수구(水口)란 혈에서 보아 물이 최초로 들어오는 지

점을 말한다.

③ 사신사(四神沙)는 청룡, 백호, 주작, 현무를 말한다.

④ 명당(明堂)이란 혈을 포함한 주변의 땅으로 생기가 응결된 지점이다.

390 정원수에 대한 설명으로 옳지 않은 것은?　　답 ③

① 집에 심는 나무는 키가 작고 낙엽이 무성하지 않으며 사시사철 푸른 것이 좋다.

② 집의 지세나 담장이 요결 공허한 부분이 있거나 흉한 살이 비추면 이 부분에 나무를 심어 비보를 하면 좋다.

③ 오동나무, 잣나무, 복숭아나무, 등나무 등은 정원수로 적당하다.

④ 울안에 있는 고목거수(古木巨樹)는 집을 그늘지게 하여 양기를 차단하고 지기를 흩어지게 하므로 좋지 않다.

391 간단하게 수맥이 흐르는 곳을 찾는 방법이다. 다음 중 수맥이 흐르지 않는 곳은?　　답 ③

① 은수저가 쉽게 변색하는 곳

② 전자제품의 고장이 잘 나는 곳

③ 개나 강아지가 놀기 좋아하는 곳

④ 건물 벽과 바닥에 틈이 생기는 곳

392 풍수지리의 5과를 우리는 용, 혈, 사, 수, 향이라 한다. 설명이 틀린 것은?　　답 ③

① 용은 산의 능선을 말하며, 변화하는 모습이 좋아야 한다.

② 혈은 주룡에서 공급받은 생기가 모여 있는 곳이다.

③ 사는 혈의 주위에 있는 물과 산과 바위를 말한다.

④ 수는 혈의 생기를 보호하고 인도하고 멈추게 한다. 물은 양으로 본다.

393 풍수지리는 바람을 막고 물을 얻는 것이다. 우리나라의 경우 찬바람을 막아주어야 하는 가장 중요한 방위는?
답 ③
① 북풍　　　② 서풍　　　③ 북서풍　　　④ 남동풍

394 다음 설명 중 틀린 것은?　　　답 ④
① 풍수지리는 사람의 운명을 바꿀 수 있는 것이다.
② 도시 풍수 이론에서 건물과 건물 사이를 전통 풍수 이론에 접목하면 계곡으로 볼 수 있다.
③ 도로는 도시 풍수 이론으로 볼 때 물에 해당한다.
④ 택지 뒤에 도로가 있는 것은 풍수적으로 상당히 유리하다.

395 양택풍수에서 말하는 9대 불거지가 아닌 것은?　답 ④
① 병영 주둔지　　　　　② 물이 흘러나가는 곳
③ 사당, 군사 주둔지 부근　④ 정사각형의 땅

396 다음 중 산경표에 해당하지 않는 산맥은?[180]　답 ①
① 소백산맥　② 한남정맥　③ 장백정간　④ 청북정맥

397 가상학에서 건물의 형태로 올바르지 않은 것은?　답 ②
① 가능한 건물은 좌우가 대칭되게 하고, 가운데를 높이는 형태로 만들어 중심에 기 가 모이게 건축하는 것이 좋다.
② 두 채의 집을 합쳐서 한 채로 만드는 것은 기를 모으

는 것이기 때문에 좋다.

③ 한 공간에 여러 건물이 있을 때는 주종관계가 분명해
야 한다.

④ 건물의 무게중심은 중앙에 있어야 집중력이 커지고
안정감이 있고, 둘로 분할되면 기가 불안정하여 좋지
않다.

398 다음 설명 중 틀린 것은?   답 ④

① 풍수지리의 적용은 음택풍수, 양택풍수, 양기풍수로
나눌 수 있다.

② 물형론은 인문학적이고, 환경결정론적이며 자의적인
해석을 할 수 있다.

③ 주택을 사거나, 공장을 건축 시에도 풍수지리를 적용
할 수 있다.

④ 승복사 비문을 통하여 풍수지리가 한국에서 자연적
으로 발생하여 사용하고 있던 것을 알 수 있다.

399 비보 숲은 대체로 나무의 높이 몇 배에 이르는 지형까지
영향을 미치는가?   답 ④

① 나무 높이의 5배   ② 나무 높이의 10배

③ 나무 높이의 20배   ④ 나무 높이의 28배

400 비보 숲에 둘러싸인 지형에 대한 설명으로 옳지 않은 것
은?   답 ③

① 기온이 외부에 비해 약간 상승한다.

② 바람이 잔잔하다.

③ 기압이 외부에 비해 낮다.

④ 바람세기의 편차가 적다.

욕심은 화를 부르고

지방에서 조경업으로 큰돈을 번 김모씨가 있었다. 그러나 잘 나가던 사업에 자신을 갖고 중국으로까지 사업장을 확대했으나, 그만 투자를 잘못해 무일푼이 되고 말았다. 귀국해서 돌아온 김모씨 곰곰이 생각해보니 자신의 이러한 불행이 조상의 묘 때문이라 생각이 들자 인근에서 이름난 지관에게 부모님 묘에 대한 감정을 의뢰한다. 그러자 지관 하는 말이 이곳은 물이 차는 흉지이니, 자신이 보아둔 국유지로 옮기라고 권유한다. 국유지이므로 산을 매입하지 않아도 되고, 명당이라는 말에 욕심이 발동한 김모씨 그길로 부모님 묘를 국유지로 옮긴다.

그러나 물이 찼을 것이라는 우려와는 달리 부모님 묘는 양호한 편이었다. 한편 국유지는 남 몰래 암장하는 것이므로 장비도 사용하지 못하고 조심 조심 작업을 할 수뿐이 없는데, 땅을 파보니 강한 암반이 깔린 곳이어서 겨우 겉흙만 걷어내고 묘를 쓸 수뿐이 없었다. 그래도 지관은 5년 이내에 수십억의 재산을 벌 수 있는 대명당이니 아무 염려 말라고 큰소리치는 것이다.

그 말에 잔뜩 기대에 부푼 김모씨는 멀쩡한 증조부와 조부님 묘소까지 이곳 국유지로 옮기게 된다. 모든 조상님이 한 곳에 있으면 좋은 터의 기운으로 불같이 일어날 것이라는 생각을 한 것이다.

조부님 묘를 파묘할 때 보니 유골이 누런 황골로 좋은 상태였는데, 새로 옮긴 곳에서는 땅속에서 물이 나 어쩔 수 없이 비닐을 깔고 모실 수뿐이 없었다고 한다. 그래도 김모씨는 지관의 말만 철썩같이 믿고 다른 사람의 우려는 묵살한 체 모든 작업을 독단으로 처리하였다.

그러나 2년 후 들려온 소식은 김모씨 급작스럽게 간경화가 와서 병원에서 치료받다 52세의 나이로 죽고 말았다고 한다. 그 시기도 국유지로 이장을 한 직후부터라고 한다.

김모씨의 장사를 치룬 가족은 묘를 잘못 이장한 탓이라 생각해 국유지에 있던 모든 묘를 화장해서 흩뿌리는데, 박모씨의 죽음이 마치 묘소 탓인 양 조상에게 화풀이한 셈이다. 그 뒤 그 집안은 풍비박산이 나서 뿔뿔이 흩어지고 말았다.

한편 좁은 지역에 그 소문이 삽시간에 퍼지자 지관은 더 이상 밥벌이가 되지 않아 다른 곳으로 이사 갈 수밖에 없었다. 그러나 제 버릇 남 못 준다고 이사 간 곳에서도 국유지를 명당이라 큰소리치는 것은 여전하다.

요즈음 부쩍 풍수 도사들의 출현이 잦고 있다.

자신의 능력이 최고인양

자신이 도통한 양

자신이 모든 것을 다 아는 양

자신이 구세주라도 되는 양

근엄한 표정을 지으며 쯧쯧 혀를 차고 있다.

풍수계에 오래 전부터 전해지는 시 한 수 소개해 본다.

풍수선생이 공연히 말을 번잡스럽게 하고 있네

혹은 북쪽을 혹은 남쪽을, 그리고 또다시 동쪽을 가리키네

눈앞에 보이는 천문도 아직 다 알지 못하는데

망망한 지리를 어찌 능통했다 하리요

조부님께서 명당을 찾는 까닭은 공연히 부자 되고 싶은 욕심에서요

풍수선생이 조부님을 찾는 까닭은 가난을 면해 보자는 뜻이리라

만약 청산에서 길지를 찾았다면

왜 당신의 아버지가 돌아가셨을 때 그곳에 장사지내지 않았는가?

401 현대에서 비보 숲의 기능으로 적합하지 않은 것은?

답 ④

① 바람 차단

② 수구막이 역할

③ 흉한 형상 차단

④ 외부에서 알아보지 못하기 위해서

402 다음 중 산경표에 해당하지 않는 산맥은?　　답 ①

① 차령산맥　　　　　　② 한남정맥

③ 금북정맥　④ 장백정간

403 다음은 나경에 대한 설명이다. 틀린 것은?　　답 ④

① 8층 천반봉침으로는 득수처(得水處)와 수구(水口), 저수지, 호수 등 물의 방위를 측정한다.

② 1층은 팔요황천살(八曜黃泉殺)을 표시해두었다. 모두 8개 방위의 황천살을 나타낸다.

③ 허리에 차고 다닌다하여 '패철(佩鐵)' 이라고도 하고 나침반을 뜻하여 '쇠'라고도 한다.

④ 주변의 산의 사격을 측정하는 것은 5층으로 한다.

404 풍수지리는 다양한 학문과 연계를 할 수 있다. 그중 가장 적합한 것은?　　答 ①

① 부동산학　　　　　② 음식조리학

③ 식품 영양학　　　　④ 사회복지학

405 전통 풍수 이론과 도시 풍수 이론에 대한 설명이다. 틀린 것은?　　답 ④

① 물 = 도로

② 산 = 건물

③ 내당수 합수점 = 교통의 결절점, 역세권

④ 보국의 범위 = 도시의 경계점

406 입지를 선정하거나 주택을 지을 때 좋은 입지의 조건이 되지 못하는 것은 어느 것인가? 답 ③

① 산과 물이 둥글게 둘러주는 분지형 국세의 국세 안

② 북서쪽, 북쪽이 높아 바람을 막아주며, 양광한 햇빛을 받을 수 있는 남향의 택지

③ 배산이 되고 좌우의 두 물이 합수하여 직류하는 곳

④ 뒤에 산이나 언덕이 있고, 전면에 도로나 물길이 횡류하고, 전면에 작은 언덕과 그 뒤로 조산이 펼쳐진 곳

407 양택과 음택은 래룡의 근원이 다르지 않으나 그 차이는 존재한다. 양택과 음택의 차이를 설명한 것 중 올바르지 않은 것을 고르시오. 답 ③

① 양택의 용은 터가 넓어 큰 양기가 펼친 것을 좋아하며 기세가 넓고 시원해야 한다.

② 양택은 음택보다 넓고 크며 웅장함을 좋아한다.

③ 음택의 땅은 하나의 네모진 땅, 일편에서 구하고 양택의 땅은 하나의 맥선, 일선에서 구한다.

④ 음택의 용은 반드시 맑고 순박하며 긴요하게 모여 기맥을 뭉쳐야 혈을 맺는다.

408 물을 형세적으로 구분할 때 길수(吉水)에 해당하는 형세는? 답 ④

① 곧고 날카로운 물이 혈장(穴場)을 찌르듯이 들어오는 물

② 물의 흐름이 마치 쏜 화살같이 곧고 급하게 빠른 것

③ 혈장 아래 흙이 허약한데 사나운 물이 흐르면서 그곳을 할퀴고 깎아내리며 나가는 것

④ 물이 구불구불하게 지현자(之玄字)로 굴곡(屈曲) 하면서 흐르는 것

409 양택풍수에서 말하는 9대 불거지가 아닌 것은?　　답 ④

① 사원 부근　　　　　　② 물이 흘러나가는 곳

③ 사당, 군사 주둔지 부근　④ 주산이 수려한 곳

해설

낙림산맥은 산맥도에서의 분류이며 산경표상은 아니다.

410 다음 중 산경표에 해당되지 않는 산맥은?　　답 ①

① 낙림산맥　　　　　　② 한남정맥

③ 장백정간　　　　　　④ 한북정맥

411 풍수지리의 적용으로 적합하지 않은 것은?　　답 ③

① 조상을 좋은 곳에 모셔서 자손의 안녕 도모

② 도읍지나 마을에 적용하여 도시나 마을 건설

③ 버스 정류장 입지선정

④ 왕릉이나 궁궐입지선정

412 산을 풍수지리에서 1대간 1정간 13정맥으로 구분한다. 산경표에서 구분하는 정맥이 아닌 것은?　　답 ④

① 청북정맥　　　　　　② 해서정맥

③ 호남정맥　　　　　　④ 차령정맥

413 용의 입수 6격에 속하지 않는 것은?[181]　　답 ①

① 진룡입수(眞龍入首)　② 섬룡입수(閃龍入首)

③ 횡룡입수(橫龍入首)　④ 직룡입수(直龍入首)

414 풍수지리 용어 중 용(龍)의 종류와 관계가 없는 것은?

답 ④

① 간룡(幹龍)　　　　② 지룡(枝龍)

③ 농룡(壟龍)　　　　④ 평룡(平龍)

415 금낭경에서는 혈이 결지되지 않는 곳을 '오불가장지'라 하여 기록되어 있고, 청오경에도 불가 장지에 대한 유사한 문구가 나온다. 불가 장지에 해당하지 않는 것을 고르시오.

답 ④

① 동산, 단산　　　　② 과산, 동산

③ 핍산, 측산　　　　④ 금산, 목산

416 수구사는 물이 흘러가는 곳의 양쪽 언덕 산이다. 수구사에 대한 설명으로 옳은 것은?

답 ④

① 화표는 수구사이에 기이한 봉우리가 우뚝 서 있거나, 양쪽 산이 대치하고 물이 그 가운데를 따라 나가거나 가로막아 높이 메워 물 가운데 있는 것이고 산은 낮을수록 좋다.

② 한문은 수구의 사이에 산의 모양이 일월, 기고, 구사, 사상 등의 형상이 있으면 더욱더 귀하다.

③ 북신은 수구에 있어야 좋으며 혈상에서 보일수록 더욱 길하다.

④ 나성은 수구가 막힌 가운데에 언덕이 특별히 솟아 있거나 돌이나 흙으로 되어 평평한 가운데 솟아 사면이 물로 둘러싸인 것으로 흙으로 된 것이 상격이고 돌로 된 것은 그다음이다.

417 오허오실(五虛奧室)이 바르게 연결되지 않은 것은? 답 ③

182) 길룡: 생룡(生龍), 강룡(强龍),
진룡(進龍), 순룡(順龍), 복룡(福龍)
이다.
흉룡 : 사룡(死龍), 약룡(弱龍), 병
룡(病龍), 겁룡(劫龍), 퇴룡(退龍),
살룡(殺龍), 역룡(逆龍)이다. 용의
형태를 12격으로 분류함

① 대문은 큰데 그 안의 집이 지나치게 작은 것은 오허다.

② 택지는 넓은데 집이 지나치게 작고 정원만 넓은 것이
오허다.

③ 물도랑이 남동쪽으로 흐르면 오허다.

④ 담이 제대로 둘러쳐지지 않으면 오허다.

418 참된 용은 과협이 많은 것이다. 다음 중 과협에 대한 설
명으로 바르지 않은 것은?　　　　　　　　답 ④

① 과협이란 봉우리와 봉우리 사이의 고갯마루를 말한다.

② 과협은 맥의 독소를 제거하고 순화시켜 주는 여과장
치의 역할을 한다.

③ 과협은 맥의 힘을 더욱 왕성하게 만들어 주는 펌프의
작용을 한다.

④ 산의 변화과정에서 생기는 과협으로는 용의 좋고 나
쁨과 혈의 진위 여부를 판단할 수 없다.

419 양택풍수에 대한 설명으로 옳은 것은?　　　　답 ②

① 집의 내부 환경은 사는 사람에게 영향을 미치나 주위
의 환경은 별 영향이 미치지 않는다.

② 주택을 생활하기에 편리하도록 배치나 동선을 바꾸
는 것도 양택풍수의 한 방법이다.

③ 지기가 좋은 집에 살다가 이사를 하면 그 복은 그 사
람을 따라온다.

④ 양택은 집이고, 음택은 죽은 사람이 사는 묘라서 적
용 방법이 다르다.

420 용세 12격 중 길룡끼리 바르게 연결된 것은?182)　답 ①

① 생룡, 강룡, 진룡, 복룡　　② 진룡, 사룡, 겁룡, 살룡

③ 진룡, 순룡, 병룡, 강룡   ④ 역룡, 약룡, 복룡, 생룡

421 패철에 대한 설명으로 바른 것은?   답 ①
① 패철은 24방위가 있으며 동궁인 12쌍으로 구분된다.
② 간인의 경우 동궁이나 각도가 다르므로 다른 방위로
  해석해야 한다.
③ 패철은 지구의 자전축과 자기축이 일치함으로 진북
  과 자북이 동일하게 표시된다.
④ 패철의 동궁 12쌍은 위치가 고정되지 않아서 방위개
  념을 익히기에 부적합하다.

422 다음 중 동사택(東四宅)방위가 아닌 것은?   답①
① 북동방   ② 정동방   ③ 정북방   ④ 동남방

423 동사택(東四宅)에 해당하지 않는 것은?   답 ②
① 임자계(壬子癸)   ② 축간인(丑艮寅)
③ 갑묘을(甲卯乙)   ④ 진손사(辰巽巳)

424 서사택(西四宅)에 해당하지 않은 것은?   답 ①
① 임자계(壬子癸)   ② 축간인(丑艮寅)
③ 미곤신(未坤申)   ④ 경유신(庚酉申)

425 하늘이 감춰두고 땅이 비밀스럽게 숨겨준 곳이란 뜻으
  로 보통 최고의 명당을 말한다. 다음 중 가장 알맞은 용
  어는?   답 ①
① 천장지비   ② 월견
③ 귀인봉   ④ 박환

426 다음 설명 중 틀린 것은?　　　　　　　　　　답 ②

① 귀인(貴人)이란 산의 봉우리들을 말한다.

② 규봉은 혈을 향하여 바라보는 봉우리를 말한다.

③ 지각은 내룡이나 지룡의 몸체를 지탱하거나 방향을 전화시키는 작은 산의 가지 를 말한다.

④ 청룡은 혈의 좌측으로 뻗어내려 혈을 감싸주는 산줄기를 말한다.

427 풍수에서 물의 형태 중 흉한 물의 형태가 아닌 것은?

　　　　　　　　　　답 ④

① 견비수(牽鼻水)　　　　② 반궁수(反弓水)

③ 사협수(射脇水)　　　　④ 호수(湖水)

428 입수도두(入首倒頭), 선익,(蟬翼) 순전(脣氈), 혈토(穴土) 등 혈 운이 분명한지를 살피는 증혈법은?　　　답 ①

① 혈장증혈법(穴場證穴法)　② 조안증혈법(朝案證穴法)

③ 낙귀증혈법(樂山證穴法)　④ 용호증혈법(龍虎證穴法)

429 쌍봉이 한쪽은 높고 한쪽은 낮아, 말의 등처럼 생긴 산은?　　　　　　　　　　답 ③

① 어병사(御屏砂)　　　　② 아미사(蛾眉砂)

③ 천마사(天馬砂)　　　　④ 문필사(文筆砂)

430 혈의 정면에 있는 산으로 낮고 작은 산으로 단아한 산을 무엇이라 하는가?　　　　　　답 ④

① 주산(主山)　　　　　　② 소조산

③ 주필산　　　　　　　　④ 안산(案山)

431 다음은 주밀명당(周密明堂)에 대한 설명이다. 맞는 것은? 답 ①

① 명당 주위의 산들이 담장을 두른 것처럼 빈 곳이 없는 것을 말한다.

② 활모양으로 혈을 전후좌우로 감싸주는 것을 말한다.

③ 톱니바퀴가 엉키듯 교차하면서 혈을 감싸주는 것을 말한다.

④ 사방에서 흘러온 물이 모여 연못이 된 것을 말한다.

432 한문으로 야(也)자 모양으로 된 형태를 형국론으로 표현하면? 답 ④

① 선인무수형(仙人舞袖形)　② 해복형(蟹伏形)

③ 장군대좌형(將軍臺座形)　④ 야자형(也字形)

433 형국론의 행주형(行舟形)에 대한 설명이다. 틀린 것은? 답 ④

① 배가 강이나 바다를 향하는 형상이다.

② 안동 하회마을이 대표적이다.

③ 주변에 화물과 같은 사격이 있어야 한다.

④ 주변에 쌀가마와 가마솥 등이 있어야 한다.

434 형국론의 문제점이 아닌 것은? 답 ③

① 개인적인 관점이 많이 작용한다.

② 산상(山相)과 음상(陰상(相))에서 산상을 알 수 있지만, 음상은 알기 어렵다.

③ 수학적, 공식적이다.

④ 인위적인 명당을 만들 수 있다.

435 다음은 동사택(東四宅)에 대한 설명이다. 틀린 것은?

답 ④

① 감, 진, 손, 리 방을 동사택이라 한다.
② 감은 동사택으로 임자계를 말한다.
③ 진은 동사택으로 갑묘을을 말한다.
④ 리는 동사택으로 진손사를 말한다.

436 홍만선의 산림경제 복거조에 나온 내용이 아닌 것은?

답 ②

① 동쪽이 높고 서쪽이 낮아야 한다.
② 산수와 인심이 좋아야 한다.
③ 동으로 흐르는 물이 강이나 바다로 가면 길하다.
④ 집터 주위 사면이 높고 가운데가 낮으면 가난해진다.

437 다음 설명의 형태는?

답 ①

> **보기**
>
> 보온성에 유리하고 잔잔하며 명당의 局(국)이 크다.
> 습도가 보존되며 쾌적하고 소음이 적어 차분하다.

① 장풍국   ② 요풍국   ③ 득수국   ④ 물형국

438 전통 풍수 이론과 도시 풍수 이론에 대한 설명이다. 틀린 것은?

답 ②

① 외당수 : 한강, 낙동강, 고속도로
② 수구사 : 경찰서, 파출소
③ 물 : 도로
④ 계곡 : 건물과 건물 사이

439 풍수지리로 본 아파트의 내용이다. 좋은 아파트와 관계

가 없는 것은?　　　　　　　　　　　　　답 ④

① 중심형 아파트가 직선형 아파트보다 좋다.

② 고층아파트의 경우 임산부의 유산율이 높다는 보고

서가 있다.

③ 땅의 지기를 받는 저층 아파트가 좋다.

④ 아파트의 지붕의 형태는 화형의 형태가 잘 어울린다.

440　조선 왕궁과 도성의 비보(裨補) 상징물이 아닌 것은?

　　　　　　　　　　　　　　　　　　답 ④

① 창덕궁 금천교의 동물상(서수)

② 근정전의 드므

③ 광화문의 해태상

④ 남산의 절 창건

441　조경 풍수에서 바람과 해풍에 강한 나무를 심으려 한다.

해풍과 바람에 강한 나무는?　　　　　답 ②

① 태산목, 은행나무　　　② 해송, 왕대나무

③ 향나무, 잣나무　　　　④ 싸리나무, 아카시아

442　다음 중 비보(裨補)풍수 방법이 아닌 것은?　답 ④

① 조형물 비보　　　　　② 숲 조성

③ 못(연못) 설치　　　　④ 버스 정류장 설치

443　경복궁과 청와대 터에 대한 논쟁 사항이다. 맞지 않는

설명은?　　　　　　　　　　　　　　답 ④

① 고려시대에 김위제, 최사추, 보우, 윤관은 긍정적인

평가를 했다.

② 내사산과 외사산이 환포하여 좋은 평가를 했다.

③ 긍정적인 평가는 명당이 넓고 반듯하고 배산임수의
형태가 이유이다.
④ 청룡 부분이 낮은 것이 풍수적으로 상당히 좋음으로
긍정적인 평가를 했다.

444 양택 사례지에 대한 설명이다. 가장 좋은 것은?　　답 ①
① 산과 물이 취합하여 음양이 조화를 이루는 곳
② 물이 직수로 빠져나가는 곳
③ 도로가 정면으로 나를 향하여 오는 곳
④ 택지 앞으로 무정하게 흘러가는 물

445 부자마을의 특성과 거리가 먼 것은 어느 것인가?　　답 ④
① 오는 물은 여러 곳에 많고 나가는 물은 하나로 좁게
나간다.
② 사방이 산으로 둘러싸여 바람이 세는 곳이 없다.
③ 주변의 산봉우리가 둥글거나 평평하며 하수사가 발
달하였다.
④ 물이 합수하여 직 거수로 빠져나가 비보를 실시하였다.

446 다음 설명의 형태는?　　답 ②

> **보기**
>
> - 산세가 불안정하고 천옥(天獄)의 형태라서 채광이 어렵다.
> - 건조하고 화재의 위험성이 존재하며 뇌졸중, 암 등을 유
>   발한다.

① 장풍국　　② 요풍국　　③ 득수국　　④ 물형국

447 풍수 인테리어 법칙으로 가장 관련이 적은 것은?　　답 ③
① 마감재 선택의 고정관념을 버려라.

② 조명의 영향력을 무시하지 마라.

③ TV 주의 공간에는 전자파의 영향이 많음으로 작은 소품을 되도록 많이 사용한다.

④ 진한 원색의 패브릭은 되도록 피한다.

448 조경 풍수에서 매연에 강한 나무 중 특히 분진과 소음에 강한 나무는?　　　　　　　　　　　답 ②
① 소나무, 은행나무　　　② 편백나무, 측백나무
③ 향나무, 적송　　　　　④ 싸리나무, 아카시아

449 다음 중 비보(裨補)풍수 방법이 아닌 것은?　　　답 ③
① 조형물 비보
② 숲 조성
③ 소리 비보
④ 이름으로 부족한 부분 보완

450 경복궁과 청와대 입지에 대한 논쟁 사항이다. 맞지 않는 내용은?　　　　　　　　　　　　　답 ④
① 광해군, 하륜, 이의신 등이 부정적인 평가를 했다.
② 도선비기에도 거론되고, 꽃봉오리 같은 형세이다.
③ 긍정적인 평가는 명당이 넓고 반듯하고 배산임수의 형태가 이유이다.
④ 건방(乾方)인 자하문의 지세가 유정하여 도읍의 입지로 긍정적으로 평가했다.

잉어명당의 미스테리

충청도 인근에 조선조 후기부터 조성된 某씨 묘역이 있다. 묘역의 우측 골짜기에는 작은 샘이 있어 사시사철 물이 마르지 않고 흐르는데, 이 물은 묘역 앞에서 작은 저수지를 형성하여 늘 물이 맑고 수량도 넉넉하였다. 저수지에는 잉어가 많아 某씨 묘역은 잉어명당으로 불리게 된다.

이곳 지형은 앞쪽의 수구가 길게 열려 자칫 물이 곧게 빠지는 지점이었지만, 다행히 천연방죽이 물을 가두어 줌으로서 某씨 가문은 이곳에 묘를 쓴 후 비록 큰 벼슬은 없어도 꾸준하게 지역에서 세도를 누리고 있었다. (밭이 방죽이 있던 곳)

그러던 어느 날 인근을 지나던 스님 두 분이 묘소 옆을 지나면서 하는 말이 이곳은 우측에서 시작된 샘물이 방죽에 쌓이면서 발복이 있는 것이므로 샘물을 잘 관리해야 한다고 말하는 것을 숲에서 나무를 하던 그 집 하인이 듣게 되었다. 그러나 그 하인은 평소에 주인집의 인색함에 앙심을 품고 있던 처지라 그 말을 주인에게 거꾸로 전한다.

"제가 오늘 낮에 큰 산소 옆에서 나무를 하는데, 스님 두 분이 하는 말이 샘물의 물길을 반대로 바꾸면 더욱 큰 재물과 벼슬이 잇따를 것이라고 하더군요"

그 말을 들은 某씨는 그날로 즉시 샘의 물길을 반대로 돌리게 되었다.

그러자 그 하인은 일을 마친 후 속으로 쾌재를 부르며 야반도주하였다.

샘의 물길을 돌리자 묘소 앞 방죽은 점차 물이 말라가더니 급기야 허연 바닥을 보이고 그 많던 잉어도 모두 죽고 말았다.

바로 그 시기부터 某씨댁은 뜻하지 않은 구설수에 올라 벼슬과 재물을 급속하게 탕진하고 가문이 쇠락하기 시작하였다고 한다. 가까이 거느리던 하인 한명의 믿음조차 얻지 못한 대가로 혹독한 시련을 맞고 말았다. 이번 사례에서 물은 파구 뿐 아니라 득수도 중요함을 알 수 있다.

이곳 후손 중 □□씨는 곧 장성진급을 눈앞에 둔 전도유망한 군인이었다.

□□씨 조부 묘가 이곳 묘역의 한쪽에 있었는데, 1982년 10월 갑자기 □□의 父께서 조부묘를 옮기겠다고 하신다. 옮기려는 이유는 선대보다 묘가 위쪽에 있어 조상님께 누가 된다는 것이다.

그러나 작업을 의뢰받은 △△△선생은 다른 명문가도 역장의 형태가 많을 뿐 아니라 묘소가 위치한 지점은 선대묘소의 능선과 다른 별개이므로 전혀 문제되지 않는다고 설득하였지만, □□씨 父는 막무가내로 이장을 강행하였다.

그러자 할 수 없이 봉분을 헐고 횡대까지 접근하고 보니 소나무로 얼기설기 덮은 횡대는 마치 망자를 끌어안고 보호하려는 듯 신비스럽게 거미줄처럼 얽혀있었다.

경험 많은 △△△선생은 이상한 느낌을 차리고 다시 한 번 만류하였으나 자신은 독실한 기독교인이며, 풍수를 믿지 않는다고 하신다.

그리고 당신의 아버지 묘를 정할 당시에 매우 가난하여 지관을 청할 입장도 못되었고 수의조차 장만하지 못해 망인이 쓰던 이불에 말아 나무꾼이 쉬던 곳에 묘를 쓴 곳이라며, 자식들 출세는 이곳 묘와 무관하다고 역정을 낸다.

이 광경을 지켜보던 □□씨와 그의 막내 동생은 멀쩡한 묘를 굳이 이장하려는 아버지를 설득하였으나 고집을 꺾을 수 없었다.

□□씨 아버지의 채근에도 일꾼들이 머뭇거리자 보다 못한 □□씨 막내 동생이 광중에 뛰어들어 곡괭이로 횡대의 한편을 들추자 갑자기 흰 기운이 강하게 솟구치는 것이었다.

잠시 후 광중 속을 들여다보니 백골을 둘렀던 이불은 흔적도 없고 황금 같은 백골이 깨끗하게 보존되어 있었다. 찬바람이 불던 계절 광중 속에 응축되었던 따뜻한 기운이 빠지면서 온도차에 의해 연기처럼 보였던 것인데, 사람들은 이 현상을 보고 학이 날아갔다느니 기가 빠졌다느니 말하는 것이다.

우여곡절 끝에 묘역의 가장 아래 구석진 곳으로 □□조부의 이장을 마친 가족은 다음 날 기분전환을 위해 새벽 일찍 낚시를 가기로 하고 저녁 8시에 헤어진다. 그런데 다음 날 새벽 1시경 깨우러 가보니 어처구니없게도 □□씨 아버지가 의문의 죽음으로 발견된 것이다.

주검에는 어떠한 외상이나 단서가 없으며, 옆방에서 잠을 자던 다른 가족들도 전혀 낌새를 알지 못했다고 한다. □□씨는 이러한 일련의 일들이 조부 묘소의 무리한 이장 탓이라 짐작하지만 이미 엎질러진 물이었다.

졸지에 아비를 잃은 □□씨는 아비의 묘를 전날 이장한 조부의 묘소와 나란히 쓰고 겨우 마음을 추스르며 아비의 삼우제를 치르는데, 이번에는 그날 밤 막내 동생이 심장마비로 갑자기 죽는다. 조부의 묘를 이장하고 부터 불과 일주일간 벌어진 청천벽력 같은 일이었다.

당시 막내 동생은 피혁공장을 하며 군납으로 상당한 부를 축적한 상태였으나 아버지의 완고한 고집이 원망스러운 탓에 아비와 멀리 떨어진 곳에 따로 묘를 썼다고 한다.

그 후 엎친 데 덮친 격으로 □□씨는 장성진급 심사에서 탈락하자 그 길로 군복을 벗고 사업을 시작했으나 하는 일마다 실패하였다고 한다.

□□씨 조부와 아비의 묘는 이곳 묘역 한쪽에 지금도 나란히 있다.

이상한 점은 조부와 아비의 묘 뒤에는 날카로운 바위가 정확히 조부 묘소를 향해 겨누고 있는데, 조부의 묘를 이장할 당시에 이 험석은 흙에 덮여 보이지 않는 상태였으나 어느 순간부터 노출되어 흉하게 보인다.

편안히 계시던 조부가 느닷없이 험한 바위 아래로 오면서 연속적으로 발생한 일로서 마치 소설속의 한 장면을 보는 것 같다.

451 다음은 좋은 택지의 형태를 설명한 것이다. 좋은 택지에 해당하지 않는 것은 무엇인가?　　　　답 ③

① 택지의 형태가 방원완정한 곳

② 물과 태양 빛이 풍족한 곳

③ 택지 문 앞에 연못이 있는 곳

④ 택지 문 앞에 조안이 평온한 곳

452 다음 중 길격명당(吉格明堂)은?　　　　답 ③

① 경도명당(傾倒明堂)　　② 광야명당(曠野明堂)

③ 조진명당(朝進明堂)　　④ 반배명당(反背明堂)

453 다음 중 길격명당(吉格明堂)이 아닌 것은?　　　　답 ③

① 교쇄명당(交鎖明堂)　　② 주밀명당(周密明堂)

③ 경도명당(傾倒明堂)　　④ 대회명당(大會明堂)

454 형국론(形局論)의 설명이다. 틀린 것은?　　　　답 ④

① 옥녀가 상을 받들고 있는 현상을 옥녀봉반형이라 한다.

② 주산 뒤에 천을 태을 있고 칼이나 북처럼 생긴 산이 주위에 있는 것은 장군대좌형이다.

③ 늙은 쥐가 밭으로 내려오는 형상은 노서하전형이다.

④ 호랑이가 배가 고파 숲을 헤치고 나오는 형상을 맹호 앙천형이라 한다.

455 양택의 필수 3요소 중 배산임수(背山臨水)의 장점이 아닌 것은?　　　　답 ④

① 심리적으로 안정감이 있다.

② 집안에 생기를 불어넣어 준다.

③ 건강한 삶을 유지 시켜준다.

④ 바깥에서 들어오는 차가운 대기의 기운이 넓은 공간
   을 만남으로써 차가운 기운을 분산시킨다.

456 산 겉모양을 보고 사람이나 동물과 사물의 생긴 모양으
   로 혈 자리를 찾는 풍수 방법 이론이다. 맞는 것은? 답 ④
   ① 오성론(五星論)   ② 형기론(形氣論)
   ③ 이기론(理氣論)   ④ 형국론(形局論)

457 죽순과 같이 뾰족하게 용립한 산으로 단정하고 수려하
   면 문장이 출중하여 과거급제하고 귀와 명예가 있는 인
   물이 나온다고 한다는 사격은?   답 ①
   ① 문필사   ② 어병사(御屏砂)
   ③ 일자문성사   ④ 천마사

458 양택삼요에서 크게 동사택과 서사택으로 구분한다. 다
   음 중 동사택의 방위가 바르게 구성된 것은?   답 ②
   ① 건간진손(坎艮震巽)   ② 감리진손(坎離震巽)
   ③ 건곤감리(乾坤坎離)   ④ 건곤진손(乾坤震巽)

459 산이 마치 뱀이 구불구불하게 기어가는 모습으로 용맥
   이 변화한다. 우리는 이것을(   )라 한다. (   )안에 들어
   가는 용어는?   답 ④
   ① 용의 박환   ② 용의 과협
   ③ 용의 기복   ④ 용의 위이

460 나경(羅經)에 대한 설명이다. 틀린 것은?   답 ④
   ① 우주의 삼라만상을 포함한 천지와 인류의 이치가 담
      겨 있다고 하여 나경이라 하였다.

② 향의 위치를 측정하여 길한 방위와 흉한 방위를 측정
하는 데 사용한다.
③ 4층은 지반정침으로 기준선을 잡고 용의 좌향을 측
정하는 칸이다.
④ 8층은 인반중침이라 하여 주변의 사격을 측정한다.

461 산의 모양이나 형세를 보고 혈 자리를 찾는 풍수 방법
이론이다. 맞는 것은?   답 ②
① 물형론(物形論)   ② 형기론(形氣論)
③ 이기론(理氣論)   ④ 형국론(形局論)

462 양택삼요에서 크게 동사택과 서사택으로 구분한다. 다
음 중 서사택의 방위가 바르게 구성된 것은?   답 ④
① 건간진손(坎艮震巽)   ② 감리진손(坎離震巽)
③ 건곤감리(乾坤坎離)   ④ 건태간곤(乾兌艮坤)

463 행룡 하던 용이 멈추어 용진처에 하나의 혈을 결지하고
남은 기운을 말한다. 우리는 이것을(   )라 한다. (   )
안에 들어갈 풍수지리 용어로 적합한 것은?   답 ④
① 용의 박환   ② 용의 과협
③ 용의 기복   ④ 용의 여기

464 물을 형세적으로 구분할 때 흉수(凶水)에 해당되는 형세
는?   답 ①
① 곧고 날카로운 물이 혈장(穴場)을 찌르듯이 들어오는 물
② 용과 혈의 좌우에서 흘러나온 모든 물이 혈 앞 명당
에서 서로 만나 교류(交流)하 는 것
③ 보국(保局)의 출입문에 자물쇠를 채워놓은 것같이 좁

고 조밀한 수구

④ 골짜기에서 흘러나온 물이 혈 앞 명당 한곳에 모두 모이는 것

465 다음 중 팔괘 음양의 설명으로 바른 것은?   답 ②

① 坤(곤)은 음으로 지지는 축, 간, 인이다.

② 離(리)는 음이며 중녀이며 화의 기운이다.

③ 兌(태)는 양으로 노부이며 금의 기운이다.

④ 巽(손)은 지지는 병, 오, 정으로 남쪽을 말한다.

466 나경(羅經)에 대한 설명이다. 틀린 것은?   답 ④

① 우주의 삼라만상을 포함한 천지와 인류의 이치가 담겨 있다고 하여 나경이라 하였다.

② 향의 위치를 측정하여 길한 방위와 흉한 방위를 측정하는 데 사용한다.

③ 4층은 지반정침으로 기준선을 잡는 것이며 용의 좌향을 측정하는 칸이다.

④ 3층은 바람과 물에 대하여 팔로사로황천살을 측정하는 것이다.

467 택리지의 복거총론 중 가거지에 해당되는 것은?   답 ④

① 교쇄가 되지 못하거나 수구사가 약해 벌어져 있는 곳

② 큰물이 역으로 흘러드는 곳

③ 붉은 찰흙과 검은 자갈 누런 진흙이 많은 곳

④ 배와 사람과 수레와 물자가 모여드는 곳

468 장풍국과 요풍국을 비교한 것이다. 가장 올바른 설명은?   답 ③

① 장풍국은 습도가 건조하므로 화재위험성이 많다.

② 요풍국은 보온성이 좋아 난방비가 감소한다.

③ 장풍국은 채광이 좋고, 요풍국은 채광이 어렵다.

④ 환경이 쾌적한 곳은 요풍국이다.

469 높고 큰 산에서 행룡은 하늘 높이 솟구쳐 솟았다가 다시 밑으로 내려가 엎드리기를 반복한다. 우리는 이것을 (   )라 한다. (   )안에 들어갈 풍수용어로 적합한 것은?

답 ③

① 용의 박환(剝換)　　　② 용의 과협(過峽)

③ 용의 기복(起伏)　　　④ 용의 개장천심(開帳穿心)

470 산과 산을 잇는 산줄기가 벌의 허리와 학의 무릎처럼 잘록한 부분을 보통 고개라 한다.다음 중 가장 적합한 풍수 용어는?

답 ①

① 과협(過峽)　　　② 관쇄(關鎖)

③ 상부(相符)　　　④ 귀인(貴人)

471 산의 형태에 따라 오성산(五星山)으로 구분할 수 있다. 다음 중 오성산이 아닌 것은?

답 ①

① 일산(日山)　　　② 목산(木山)

③ 금산(金山)　　　④ 토산(土山)

472 좌향론에서 국을 나누어 12단계로 해석하는 방법이 있다. 다음 중 설명 중 적절하지 않은 것은?

답 ④

① 양(養)은 모태 속에서 길러져 출생을 기다리는 상태이다.

② 생(生)은 생명이 박차고 나오는 것이다.

③ 사(死)는 기운이 떨어져 죽음에 이른다.

④ 태(胎)는 기운이 쇠진하여 병들어 죽음을 기다린다.

473 물형론의 매화낙지형(梅花落枝形)의 설명으로 가장 접합한 것은?　　　　　　　　　　　답 ③

① 꽃이 물에 떠 있는 형상이다.

② 게가 엎드려서 있는 것처럼 보이는 형상

③ 매화꽃이 땅에 떨어진 형상

④ 거북이가 매화꽃을 물고 산에서 내려오는 형상

474 양택삼요에서 크게 동사택과 서사택으로 구분한다. 이때 동사택 방위가 바르게 구성된 것은?　　　답 ②

① 건간진손(坎艮震巽)　　② 감리진손(坎離震巽)

③ 건곤감리(乾坤坎離)　　④ 건곤진손(乾坤震巽)

475 동사택과 서사택에서 크게 비중을 두는 곳이 아닌 곳은?　　　　　　　　　　　　　　　　　답 ④

① 안방　　② 출입문　　③ 부엌　　④ 사랑방

476 동기감응(同氣感應)과 관련이 없는 것은?　　답 ④

① 14종의 방사성탄소원리 규명

② 목화어춘 율아어실(木華於春 粟芽於室)

③ 동산토염 서산기운(東山吐焰 西山起雲)

④ 음양오행설

477 다음은 풍수지리 용어 설명이다. 맞는 것은?　　답 ①

① 혈장의 바로 앞에 맞닿아 생기를 보호해 주는 것은 전순(氈脣)이다.

② 하관시 호충을 피하라고 하는 말은 화표(華表)를 잘
　살피라는 것이다.
③ 계단처럼 산봉우리가 연이어 있는 것을 지각(枝脚)이
　라한다.
④ 좌향이란 자리에서 앞의 발 방향을 좌 머리 부분을
　향이라 한다.

478 다음은 사신사의 설명이다. 맞는 것은?　　　답 ②
　① 내청룡과 외백호는 사신사가 아니다.
　② 청룡, 백호, 주작, 현무를 말한다.
　③ 청룡은 내려다보는 자세에서 우측을 말한다.
　④ 백호는 내려다보는 자세에서 앞부분을 말한다.

479 조선의 명문가를 풍수적으로 특징을 살펴보았다. 틀린
　것은?　　　　　　　　　　　　　　　　답 ②
　① 배산임수의 이치를 적용하였다.
　② 고택은 일조량이 좋은 남향만을 선호하였다.
　③ 대부분 산의 지형·지세에 따라 건축하였다.
　④ 방풍림 등 비보풍수를 적용하였다.

480 귀성(鬼星)과 낙산(樂山)의 설명이다. 틀린 것은?　답 ②
　① 혈을 받쳐주는 산이 낙산이다.
　② 목성사격에서 가장 필요하다.
　③ 횡룡입수에 필요하다.
　④ 낙산은 바람을 막아주는 역할을 한다.

481 조산(朝山)의 종류가 아닌 것은?　　　　　　답 ③
　① 특조산(特朝山)　　　② 위조산(僞朝山)

③ 낙산(樂山) ④ 수조(水朝)

482 다음 중 길한 사격이 아닌 것은? 답 ②

① 귀인사(貴人砂) ② 천기사(賤旗砂)

③ 아미사(峨眉砂) ④ 옥대사(玉帶砂)

483 형국론(물형론)에 대한 설명으로 틀린 것은? 답 ④

① 산의 모양을 보고 어떤 물형인지 생각하여 혈을 찾는 것이다.

② 맹호출림형은 호랑이가 배가 고파서 숲을 헤치고 나오는 형상이다.

③ 행주형은 배가 강이나 바다를 향해가는 형상을 말한다.

④ 금계포란형의 대표적인 마을은 안동 하회마을이다.

484 물이 흘러나가는 파구에 작은 산이나 바위가 있는 것이 수구사(水口砂)이다. 다음 중 수구사가 아닌 것은? 답 ①

① 전순(氈唇) ② 한문(捍門)

③ 화표(華表) ④ 북신(北辰)

485 장풍의 의미와 거리가 먼 것은? 답 ③

① 장풍은 사신사가 바람을 잘 막아 혈과 명당의 생기를 흩어지지 않게 보호해 주는 것이다.

② 혈과 명당은 조산에서 나온 용맥이 물을 만나 멈추는 곳에 결작 된다.

③ 용맥을 타고 온 지기는 득수하여 결혈을 만들고 땅속에 흩어진다.

④ 생기 가득한 혈의 상태를 '비석비토(非石非土)'라 하며 적당한 수분을 함유한 토양을 뜻한다.

⑤ 장풍은 물질적 의미에서 형이상학적 의미로 우주만
물 현상 설명 원리이다

486 오행사상의 개념과 거리가 먼 것은?　　　　답 ④
① 오행사상 개념의 변화는 물질적 의미에서 형이상학
적 의미(우주만물 현상 설명 원리)이다.
② 오재배열 생명에 가장 중요란 木, 火을 시작으로 생
활 재료 木, 金 소재의 기본 土로 배열된다.
③ 만물의 기본인 木, 火, 土, 金, 水 5가지 기능적 요소
로 우주만물의 현상을 설명하는 원리이다.
④ 오행사상은 풍수지리의 원시적 상지술에서 이론적으
로 체계화된 지리술로 발전하지는 못했다.

487 풍수지리의 현대 학문화와 거리가 먼 것은?　　답 ④
① 1980년 초반 최창조 교수의『한국의 풍수사상』을 통
해 현대사상으로 발전 연구했다.
② 지리학, 부동산학, 건축학, 도시계획학에서 풍수를
다양하게 이용하려고 시도하고 있다.
③ 풍수의 재해석과 생태도시 개발에 접목한 연구로 발
전하고 있다.
④ 미신적 요소가 많아 현대적인 학문화는 곤란하다.

488 모든 사물에 진가가 있듯이 풍수지리에서 용의 진가(眞
假)를 분별하는 것이 중요하다. 용의 진가를 구분하는
내용과 거리가 먼 것은?　　　　　　　　　答 ②
① 수려한 조종산, 활동적인 용세, 좌우로 장막을 펼친
듯 개장(開帳)해야 한다.
② 중앙으로 뚫듯이 뻗어 나간 천심, 요도지각기복, 박

환, 과협으로 굴곡하며 멈추어야 한다.

③ 아름다운 형세, 혈정이 분명한 입수, 반듯한 명당, 조공(朝貢)하는 안산이어야 한다.

④ 물이 용을 두르고 나가는 수구가 잘 관쇄되어 있어야 한다.

489 태조산을 출발한 용이 온갖 변화를 다하면서 행룡하여 정기를 정제하고 순화시킨다. 이제 어느 정도 순화된 정기를 가지고 혈을 결지하고자 할 때 제일성과 똑같은 산을 기봉한다. 험한 기가 순화되었기 때문에 산이 수려하고 깨끗하며 구성 형태가 분명하다. 이를 무슨 산이라고 하는가?　　　　　　　　　　　　　　　　답 ②

① 태조산　　② 소조산　　③ 안산　　④ 부모산

490 묘의 좋고 나쁜 기운이 후손들에게 끼치는 영향을 발음(發蔭), 발복(發福) 또는 동기감응(同氣感應)이라고 한다. 조상과 후손은 같은 혈통관계로 같은 유전인자를 가지고 있기 때문에 서로 감응을 일으킨다는 이론이다. 유골이 좋은 환경에 있으면 좋은 기를 발산하여 자손이 좋은 기를 받는다. 나쁜 환경에 있으면 나쁜 기를 발산하여 자손이 나쁜 기를 받는다. 동기감응을 받아들이는 속도와 용량은 어릴수록 강하고 나이가 들수록 약한 것을 무엇이라 하는가?　　　　　　　　　　　　　　답 ③

① 팔요황천살(八曜黃泉殺)　② 소주길흉론(所主吉凶論)

③ 동기감응론(同氣感應論)　④ 개장천심(開帳穿心)

491 우리나라 풍수지리와 거리가 먼 것은?　　　　답 ④

① 우리의 풍수지리는 자연 발생의 우리 민족 고유의 전

172

통 사상이다.

② 고대부터 우리 민족의 기층사상(基層思想)으로 현재
까지 우리 삶에 영향을 주고 있다.

③ 민간신앙은 살기 좋은 터를 찾는 양기, 양택풍수로
정착·발전하여 왔다.

④ 현재 국가개발정책과 민간생활에 풍수지리는 미신으
로 오명을 뒤집어쓰고 외면하고 있다.

492 다음 중 풍수지리학에서 말하는 3요소가 아닌 것은?

답 ③

① 음양오행(陰陽五行)과 주역(周易)

② 산(山)과 물(水)

③ 도교(道敎)와 불교(佛敎)

④ 기(氣)

493 풍수지리의 분류에서 사람이 사는 도읍지나 마을 등에
응용되는 풍수는 무엇인가?   답 ③

① 음택풍수(陰宅風水)   ② 형기풍수(形氣風水)

③ 양택풍수(陽宅風水)   ④ 이기풍수(理氣風水)

494 풍수지리의 최초의 경전(經典)이면서 풍수지리학에서
말하는 경(經)이란 무엇을 뜻하는가?   답 ②

① 금낭경 (錦囊經)   ② 청오경 (靑烏經)

③ 의룡경 (疑龍經)   ④ 감룡경 (撼龍經)

495 곽박(郭璞)의 금낭경(錦囊經), 첫 장 기감편(氣感篇)에 "시
이동산서붕(是以銅山西崩) 영종동응(靈鐘東應)" 이라 하
였다. 이는 서쪽에 있는 구리광산이 붕괴되자, 동쪽에

멀리 떨어진 궁궐의 종(鐘)이 감응을 일으켜 울렸다 하여, '어미 산이 무너지니 그 자식이 애통해서 우는 것' 이라고 해석하고 있다. 위 내용은 무엇을 의미하는가?

답 ③

① 진혈지(眞穴地)　　　② 명당(明堂)

③ 동기감응(同氣感應)　④ 양기(陽氣)

496 풍수지리학의 기본(基本) 이론적 배경이 아닌 것은?

답 ④

① 장풍론(藏風論)　　　② 득수론(得水論)

③ 취길피흉론(取吉避凶論)　④ 택일론(擇日論)

497 다음 중 (　) 안에 들어가는 말은?

답 ②

> **보기**
>
> 經曰: 氣乘風散(기승풍산) 脈遇水止(맥우수지)
>
> 기는 바람을 만나면 흩어지고, 맥은 물을 만나면 _____.

① 오른다.　② 멈춘다.　③ 명당이다.　④ 흉당이다.

498 주역(周易)에서 사상(四象)은 만물을 형성하는 과정에서 다시 음양으로 분류된다. 태양은 건(乾)과 태(兌)로, 소음은 이(離)와 진(震)으로, 소양은 손(巽)과 감(坎) 으로, 태음은 간(艮)과 곤(坤)이 된다. 다음 중 괘상(卦象)과 이름이 잘못 된 것은?

답 ④

① (離) ☲　② (兌) ☱　③ (艮) ☶　④ (乾) ☷

499 풍수지리에서는 산(山)을 용(龍)이라고 한다. 산을 용이라 하는 이유가 아닌 것은?

답 ③

① 산의 변화와 형태는 천태만상(千態萬象)으로 크고 작기 때문에

② 일어나고 엎드리며 동서남북으로 돌며 숨고 나타나는 등 변화막측(變化莫測)하므로

③ 용처럼 힘이 세기 때문에

④ 많은 변화와 모양이 신비스럽기 때문에

500 다음은 간룡(幹龍)과 지룡(枝龍), 농룡(壠龍)과 지룡(支龍)을 설명한 내용이다, 설명이 올바르지 않는 것은?

답 ④

① 산은 크기에 따라 줄기가 큰 산을 대간룡(大幹龍), 가지가 큰 산을 대지룡(大枝龍)이라 한다.

② 대간룡은 큰 강이나 큰 하천이 같이 따르고, 소간룡은 큰 시냇물이 따르고, 대지룡은 작은 시냇물이 따르고, 소지룡은 밭도랑이나 작은 개천이 함께 따른다.

③ 옛글에서는 평양룡인 지룡에 장사지낼 때는 산꼭대기에 하고, 고산룡인 농룡에 장사지낼 때는 산기슭에 한다고 하였다.

④ 농룡(壠龍)은 농지가 있는 평평한 용을 말하고, 지룡(支龍)은 가지가 있는 용을 말한다.

풍수의 기원과 변천

　풍수를 한마디로 정의하면 좋은 땅, 건강한 땅을 찾기 위한 방법이다. 즉, 바람 고요하고 물 잔잔한 땅을 말하며, 이를 장풍득수 지형을 갖추었다고 말한다. 그러한 지형은 인체의 건강에 유리할 뿐 아니라 재물이 풍족해서 안정적인 삶을 영위할 수 있게 된다. 반대로 바람 심하고 물 부족한 곳에서는 건강과 경제력 면에서 크게 불리하게 된다. 따라서 길한 곳을 찾고 흉한 곳을 피하는 방법이 풍수지리이며, 이를 추길피흉이라 한다.

　풍수는 인간의 본능적 생존방식으로부터 시작된 경험 축적이다. 태초에는 비바람으로부터 추위를 피하기 위해 동굴 속에서 생활하게 된다. 그러다 차츰 자연을 이용해 집을 짓고 터를 정하면서 비바람 뿐 아니라 외부의 적으로부터 방어하기 유리하고 살기 편한 곳을 찾는 노력이 풍수로 발전한 것이다.

　인류가 죽은 자를 매장하기 시작한 것은 구석기시대부터인데, 망자의 시신을 짐승으로부터 보호하기 위해 땅을 파고 묻기 시작한다. 당시의 매장방식은 얕은 구덩이를 파고 시신을 묻은 뒤 약간의 돌을 모아 덮는 간단한 구조였는데, 지금의 매장방식과 크게 다르지 않다.

　우리나라에서 발견된 가장 오래된 장례방식은 충북 청원의 석회암 동굴에서 발견된 '홍수아이'이다. 이는 1982년 석회암동굴에서 발견되었으며, 최초 발견자 김흥수씨 이름을 따서 유골에 '홍수아이'라는 이름을 지어 주었다. 시기는 4만 년 전 구석기시대로 추정되며, 5살가량 어린아이다. 키는 120cm 정도지만, 남자인지 여자인지는 밝혀지지 않았다.

발굴보고서에 의하면 동굴 속 편편한 석회암 위에 고운 흙을 뿌린 후 시신을 반듯하게 눕혔다. 직사각형의 석회암 바위는 마치 침대와 같은 모습이고 딱딱한 바위 위 고운 흙은 이부자리 역할이었을 것으로 짐작된다. 어린아이 주검이지만 상당한 정성을 들인 흔적을 엿볼 수 있다.

뿌려진 흙을 조사해 본 결과 국화꽃 가루가 발견되었다. 그 중에서도 특히 가슴 부위에 국화꽃 가루가 많은 것으로 보아 아이가 죽은 후 가슴에 국화꽃을 놓은 것으로 짐작된다. 요즈음도 장례식 때 국화꽃이 사용되는데, 구석기시대 사람들에게도 나름대로의 장례 의식이 있었던 것으로 추정된다. 자식을 잃은 부모 마음은 예나 지금이나 다르지 않다는 것을 보여주는 가슴 뭉클한 사례다.

풍수이론이 활자화 된 것은 서기 200년 경 중국 한나라 때 청오경이라는 책에서 시작된다. 그 후 진나라 사람 곽박이 장서(葬書)라는 풍수책을 지었는데, 당나라 황제 현종이 그 책을 본 뒤 비단 주머니에 넣어 황제만 볼 수 있도록 비밀스럽게 보관했다고 해서 금낭경으로 불린다. 당나라 현종은 장서를 보고 신하들이 묘를 쓸 경우 황제를 위협할 인물이 날 것이 두려웠던 것이다.

금낭경에는 탈신공개천명(奪神功改天命)이란 글이 있다. 신의 힘을 빼앗아 타고난 운명을 바꾼다는 것으로 개천에서 용 날 수 있고 누구라도 왕후장상이 될 수 있다는 풍수의 위력을 단적으로 말해주고 있다.

한반도에서는 서기 20년 석탈해가 경주 반월성에서 명당의 집을 꾀를 써서 차지했다는 말이 삼국유사에 기록되어 있다. 어릴 적 탈해가 토함산에서 지금의 계림일대를 살펴보니 초승달 같이 생긴 좋은 집터가 있었다. 그러나 그곳에는 호공이라는 귀족이 살고 있었기 때문에 꾀를 써서 그 집을 차지하려 한다. 그래서 남몰래 집 주변에 숯과 숯돌 등을 묻어둔 후 집 주인에게 이 집은 자신의 선조가 대대로 살던 집이니 비워달라고 말한다. 그러자 소송을 맡은 관리가 탈해에게 무슨 증거가 있냐고 묻자 탈해가 말하기를

"저의 선조들은 대대로 대장장이였기 때문에 집터 주변을 파보면 대장간에서 쓰던 숯과 숯돌, 쇠붙이 등이 나올 것입니다." 라고 말한다. 그리하여 집 주변을 파보니 실제 대장간에서 사용한 것으로 보이는 숯과 쇠붙이, 연장 등이 나오면서 호공의 집을 차지하게 된다.

이 소문을 들은 남해왕은 탈해가 보통사람이 아니라고 생각해 그를 사위로 삼는다.

그리고 석탈해는 후일 62세 때 4대왕에 오르고 23년간 신라를 통치하게 된다. 그 후 탈해왕은 죽어서도 신라의 안위를 걱정하여 삼국을 통일한 문무왕 꿈에 나타나 자신의 유해를 화장한 뒤 토함산 정상에 묻으라고 한다. 토함산에서 동해바다를 바라보며 왜구의 침략을 막는 호국신이 되겠다는 것이다. 실제로 토함산 정상 인근에서는 탈해왕 제사를 지내던 사당 터가 발견되었다.

통일신라 말에는 도선국사가 출현하면서 풍수가 크게 성행한다. 도선국사 비문에는 다음과 같은 글이 기록되어 있다.

"지리산인이 도선에게 세상을 구제하고 인간을 제도하는 법으로서 모래를 쌓아 산천순역 형세를 알려주었다. 그로부터 대사가 음양오행 술법을 더욱 연구하여 크게 깨우쳤다." 여기서 말하는 산천순역 형세가 풍수지리를 말한다.

조선을 건국한 태조 이성계는 계룡산 아래로 도읍을 옮기려 한다. 하지만 느닷없이 경기도관찰사로 있던 하륜이 상소를 올리게 된다. "신이 일찍이 부친을 장사 지내면서 풍수의 여러 서적을 보았는데, 지금 듣건데 계룡산은 북서쪽에서 오고 물은 동남쪽으로 흘러간다고 하니 이는 쇠패의 땅이므로 도읍으로 적당하지 못합니다." 이로 인해 신도안으로의 천도는 무산되고 만다.

그러나 궁궐터에서 보면 겹겹이 산으로 둘러싸여 물 빠지는 것이 보이지 않고 외부에서도 내부가 전혀 보이지 않을 정도로 산에 잘 둘러싸였다. 특히 웅장한 천황봉이 든든하게 뒤를 받쳐준 장엄한 모습이다. 따라서 신도안에 대한 하륜의 평가는 다시 검토해볼 필요가 있다.

조선이 한양으로 천도할 때도 풍수의 조건을 따져 논쟁한다. 그 중 풍수인 윤신달은 "우리나라 경내에서는 송경이 제일 좋고 여기가 다음 가나 한 되는 바는 북서쪽이 낮고 물이 적은 것입니다." 북서쪽 자하문고개가 낮은 것과 청계천 물이 적은 것을 우려하고 있다.

그에 비해 무학대사는 "여기는 사면이 높고 수려하며 중앙이 평평하니 성을 쌓아 도읍을 정할 만 합니다. 그러나 여러 사람 의견을 따라 결정하소서."라고 말한다.

하지만 하륜은 "산세는 비록 볼만하지만 지리의 술법으로 말하면 좋지 못합니다." 라며 한양의 터가 좋지 않다고 끝끝내 반대한다. 하륜은 지금의 연세대학교 터와 신촌일대를 도읍지로 주장하였다.

조선시대에는 효를 숭상하는 유교사상과 풍수가 습합되면서 묘지 풍수가 크게 성행했다. 특히 왕실과 사대부가의 기득권층 위주로 성행했는데, 풍수도 부익부 빈익빈 현상이 나타난다.

그 후 일제시대에는 산림훼손을 막는다는 이유로 공동묘지 제도를 만든다. 그러나 누구라도 정해진 장소에만 묘를 써야 한다는 규제 때문에 명당을 찾아 남의 산에 몰래 묘를 쓰는 암장이 빈번하게 발생했다.

해방 후에도 매장의 관습은 지속되면서 공원묘지가 널리 퍼지게 된다. 공원묘지는 산이 없는 서민층을 대상으로 하면서 수요가 폭발적으로 증가한다. 하지만 공원묘지는 영리를 목적으로 분양하다 보니 지형 조건이 불리한 곳에 무리하게 묘를 조성하는 일이 늘어나면서 장마 때면 묘가 유실되는 피해가 자주 발생하였다. 그러면서 공원묘지에 대한 인식이 차츰 변하기 시작한다.

급기야 2000년 대 들어서는 매장보다는 화장에 의한 장례방식으로 급속하게 변하는데, 납골묘, 잔디장, 수목장 등이 대표적인 사례다. 이것들은 묘의 관리가 쉽다는 이점이 있다.

한편 묘를 쓰는 매장은 크게 줄었지만 부분적으로는 계속 이어질 것으로 생각한다. 그들은 매장이 화장보다 유리하다는 믿음이 확고하기 때문이다.

현대에 들어서는 풍수가 다변화되고 있다. 건축, 도시설계, 부동산, 환경, 조경, 실내 인테리어 등에서 폭넓게 활용되고 있다. 이전의 풍수가 망자를 위한 묘지에 관한 것이 주를 이루었다면 현대의 풍수는 산사람을 위한 현실적이고 실용적인 방법으로 확산되고 있다. 이를 계기로 풍수가 좀 더 많은 사람들에게 유익한 학문으로 다가가기를 기대해 본다.

501 다음은 부모태식잉육(父母胎息孕育)을 설명한 내용이다.
(   )에 들어갈 내용은?   답 ②

> **보기**
>
> 부모산 아래에 맥이 내려와 떨어진 곳을 태(胎)라 하는데,
> 태(胎)는 부모의 혈맥을 이어받은 것과 마찬가지로 부모
> 산으로부터 혈맥을 이어받았으므로 태(胎)가 된다. 태(胎)
> 아래에 병목처럼 기를 묶어주는 잘록한 부분인 (   )가
> 식(息)이 되는데 이는 어머니의 회태양식(懷胎養息)과 같
> 은 것이다.

① 도두(到頭)   ② 속기처(束氣處)
③ 승금(乘金)   ④ 하수사(下水砂)

502 용의 양변이 어깨처럼 일어나 그 끝이 활의 끝과 같이
펼쳐지고 그 중심으로 줄기가 뻗어 나온 형태를 무엇이
라 하는가?   답 ③
① 용입수(龍入首)   ② 박환(剝換)
③ 개장(開幛)   ④ 과협(過峽)

503 용의 맥이 짧으면 잘록하게 묶여 모여 벌의 허리와 같
고, 길면 학의 무릎 같이 마디를 일으켜 뭉친 형상을 이
루면 그곳은 기운이 왕성하여 가까이에 혈을 맺을 수 있
는 곳을 무엇이라 하는가?   답 ③
① 송(送)과 영(迎)   ② 강(扛)과 협(夾)
③ 봉요학슬(蜂腰鶴膝)   ④ 지각(枝脚) 요도(橈棹)

504 다음 내용이 뜻하는 용어는 무엇인가?　　　　답 ②

> **보기**
>
> 산룡(山龍)의 유정(有情)함과 무정(無情)함을 구분할 수
> 있고, 광채가 있고 가지런히 정돈되고 빼어나고 아름다워
> 보기도 좋아 마치 사람의 얼굴을 보는 것 같이 정(情)이 있
> 으니 이곳에서 혈을 찾을 수 있다.

① 빈주(賓主)　　　　　② 배면(背面)

③ 여기(餘氣)　　　　　④ 진가(眞假)

505 다음은 용분삼세(龍分三勢)를 설명한 내용이다. 용이 한
번 일어나고 한번 엎드리며 크게 솟아 멈추어 수그렸다
가 조금 미끄러져 나가고 끊어졌다가 다시 일어나고, 일
어났다가 다시 끊어지며, 혹은 높고 혹은 낮아 높낮이가
있는 것은?　　　　　　　　　　　　　　답 ④

① 선대격(仙帶格)　　　② 선대맥(仙帶脈)

③ 평수격(平受格)　　　④ 기복격(起伏格)

506 용의 형세에는 12격이 있으며 종류에는 생(生)룡, 사(死)
룡, 강(强)룡, 약(弱)룡, 순(順)룡, 역(逆)룡, 진(進)룡, 퇴
(退)룡, 복(福)룡, 병(病)룡, 겁(刦)룡, 살(殺)룡으로 구분
한다. 용의 형세 설명 중 틀린 것은?　　　　답 ③

① 생룡이란 지각(枝脚)이 활발하여야 하고 생기발랄한
　용을 말한다.

② 사룡이란 산봉우리가 있는 듯 없는 듯 모호(糢糊)하
　고 지각이 분명하지 못하고 내려오는 산의 형태가 죽
　은 뱀처럼 쭉 뻗어 곧고 굳어있는 것을 말한다.

③ 순룡은 봉우리가 야위고 가지가 짧으며 몸체가 약하
　게 늘어진 것이다. 형체는 마구간 바닥에 엎드린 굶

주린 말, 무리를 잃은 외로운 기러기와 같다.

④ 진룡이란 봉우리가 질서가 있고 가지가 고르며 행도
가 순서가 있다. 거친 것이 박환(剝換)이 되고 늙은것
이 어려져 마치 봉황이 내려오고 기러기가 물을 희롱
하고 나는 듯이 점차 나아가는 듯 한 것이다.

507 다음 설명 중 (　)안에 들어갈 말은?　　　　　　답 ②

> **보기**
>
> 용맥이 진행하면서 봉우리를 일으키고 장막을 펼친 다음
> 용맥이 나오는 것을 출맥이라하는데 이러한 형태에는 3가
> 지가 있으며, 가운데로 나오는 맥을 (　　), 왼쪽으로 나오
> 는 맥을 좌출(左出), 오른쪽으로 나오는 맥을 우출맥(右出
> 脈)이라한다.

① 직출(直出)　　　　　　② 중출(中出)
③ 곡출(曲出)　　　　　　③ 정출(正出)

508 용의 입수에는 직룡입수(直龍入首), 횡룡입수(橫龍入首),
회룡입수(回龍入首), 비룡입수(飛龍入首), 잠룡입수(潛龍
入首), 그리고 섬룡입수(閃龍入首)의 6가지가 있다. 다음
중 틀린 내용은?　　　　　　답 ②

① 직룡은 등을 치듯이 곧바로 입수(入首)하여 이마가
오는 맥과 대응하여 혈을 맺은 것이다.

② 비룡은 가로 지른 맥으로 입수되어 혈을 맺은 것이다.

③ 잠룡은 용의 기운이 평지로 흩어지며 떨어져 혈을 맺
은 것이다. 즉 평수(平受)의 맥이라 한다.

④ 회룡은 조산을 떠난 용이 거리를 두고 몸을 뒤집어
되돌아 돌려 조산(祖山)을 바라보고 혈을 맺는 것을
말한다.

509 생기(生氣)가 최고로 응집되어 뭉쳐진 곳을 혈(穴)이라
한다. 혈법에서는 혈형(穴形), 혈성(穴星), 증혈(證穴), 혈
기(穴忌)로 나눈다. 다음 중 설명으로 틀린 내용은? 답 ①
① 혈의 형상인 혈형(穴形)은 수많은 물체의 형상이 아
니고 구성(九星)인 와겸유돌(窩鉗乳突)의 형(形)을 취
한다.
② 혈을 맺는 봉우리인 혈성(穴星) 구성(九星)이 아니고
오성(五星)인 금목수화토(金木水火土)를 취한다.
③ 혈증(穴證)은 전후좌우의 청룡, 백호, 명당(明堂)의 모
든 응(應)함을 취한다.
④ 혈에서 꺼리는 혈기(穴忌)로 거칠고 악하며 급하고
가파르며 부스럼 같고 텅 빈 듯한 모든 흉한 것을 분
별하는 것이다.

510 혈의 형체는 여러 가지 형태로 똑같지 않으나 실은 음양
(陰陽) 두 글자에 불과한 것이다. 다음 중 혈의 사상(四
象)이 아닌 것은?   답 ④
① 와형(窩形)   ② 유형(乳形)
③ 돌형(突形)   ④ 금형(金形)

511 다음 증혈법(証穴法)은 무엇을 말하는가?   답 ①

> **보기**
>
> 만약 수세가 오른쪽 당에 돌아가 모이거나 혹은 수성이 오
> 른쪽 변을 활 같이 감싸면 혈이 오른쪽에 있다. 만약 정중
> 앙에 호수가 있거나 정중앙으로 수성이 둥글게 감싸고 유
> 정하면 혈이 가운데 있다.

① 수세증혈(水勢証穴)   ② 조산증혈(朝山証穴)
③ 명당증혈(明堂証穴)   ④ 낙산증혈(樂山証穴)

512 혈이 꺼리는 것을 혈지소기(穴之所忌)라 한다. 혈지소기
에 해당하지 않는 것은?　　　　　　　　　　　　답 ②

① 조악(粗惡)　　　　　　② 방원첨정(方員尖正)

③ 준급(峻急)　　　　　　④ 옹종(臃腫)

513 다음 정혈법(定穴法) 중 삼세 정혈법(三勢定穴法)에 속하
지 않는 것은?　　　　　　　　　　　　　　　답 ①

① 명혈(明穴)　　　　　　② 천혈(天穴)

③ 지혈(地穴)　　　　　　④ 인혈(人穴)

514 다음은 사격에 대한 해설이다. 틀린 내용은 무엇인가?
　　　　　　　　　　　　　　　　　　　　　답 ③

① 사(砂)는 앞의 조산(朝山)과 뒤의 낙산(樂山)과 좌우의
청룡, 백호 및 나성(羅城)등을 말한다.

② 수구(水口)의 모든 산 그리고 관(官), 귀(鬼), 금(禽), 요
(曜)와 더불어 모든 것을 사(砂)라고 한다.

③ 사(砂)는 모래를 뜻하므로 혈장(穴場) 앞의 모래 언덕
을 말한다.

④ 옛사람들은 모래로써 산의 형태를 만들어 서로 가리켜
주고받았다. 그래서 모래를 뜻하는 사(砂)라고 한다.

515 다음 중 청룡 백호에 대한 설명 중 맞지 않는 것은? 답 ②

① 풍수지리에서 왼쪽 산은 청룡(靑龍)이 되고 오른쪽
산은 백호(白虎)가 된다.

② 왼쪽산은 청룡이므로 용을 형상하고 오른쪽 산은 백
호이므로 호랑이를 형상해야 한다.

③ 본신에서 나온 것으로 상격을 삼고 다른 산을 빌려
합한 것은 그 다음으로 한다.

④ 물을 보아 왼쪽을 따라오면 백호산이 길어야 마땅하고 물이 오른쪽을 따라오면 청룡산이 마땅히 길어야 한다.

516 수구사는 물이 흘러가는 곳의 양쪽 언덕의 산이다. 절대로 수구가 공허하게 비어 물을 곧게 나가게 하면 안 된다. 다음중 수구사에 해당하지 않는 것은? 답 ④
① 한문(捍門)　　　② 화표(華表)
③ 북신(北辰)　　　④ 용신(龍神)

517 다음 중 관귀금요(官鬼禽曜)에 대한 설명 중 틀린 내용은? 답 ②
① 혈의 전후좌우에서 발출한 여기(餘氣)의 보조사를 말한다.
② 혈의 뒤에 있는 것을 요성(曜星)이라 한다.
③ 명당(明堂)의 좌우 및 수구 사이에 있는 것을 금성(禽星)이라 한다.
④ 혈의 앞에 있는 것을 관성(官星)이라 한다.

518 다음 사도(砂圖)의 설명 중 나타내는 사격의 이름은 무엇인가? 답 ②

> **보기**
>
> 구성법으로 탐랑으로 목성체의 대표이다. 안산에 있으면 관록을 기약한다. 목성체는 선인봉(仙人峰), 옥녀봉(玉女峰)이 대표격인데 옥녀산발형(玉女散髮形)의 경우에만 머리 부분이 더 넓고 둥글다.

① 문필사(文筆砂)　　　② 귀인사(貴人砂)
③ 일자문성(一字文星)　　④ 천마사(天馬砂)

519 조수라는 것은 혈 앞에서 특별히 오는 물이다. 만약 혹 곧고 급하고 쏘고 수세(水勢)가 빨라 물결이 일고 소리가 나면 도리어 흉(凶)하게 된다. 반드시 교(交), 쇄(鎖), 직(織), 결(結)의 네 가지 좋은 것을 구해야 한다. 다음 중 교, 쇄, 직, 결 중 틀린 설명은?   답 ④

① 교(交)란 용과 혈의 좌우에서 흘러나온 모든 물이 혈 앞 명당에서 서로 만나 교류(交流)하는 것을 말한다.

② 쇄(鎖)란 수구처(水口處)에 한문, 화표, 북신, 나성 등 수구사(水口砂)가 있어 마치 보국(保局)의 출입문에 자물쇠를 채워놓은 것 같이 좁고 조밀한 수구를 말한다. 이를 관쇄(關鎖)라고도 한다.

③ 직(織)이란 물이 구불구불하게 지현자(之玄字)로 굴곡(屈曲)하면서 흐르는 것으로 그 형세를 말한다.

④ 결(結)이란 마치 베틀에서 북이 왔다 갔다 하면서 베를 짜는 모양과 같다하여 붙여진 이름이다.

520 다음은 길격 명당을 설명한 내용이다. 설명에 해당하는 명당은 무엇인가?   답 ④

> **보기**
>
> 명당의 양변 사(砂)가 교차 하면서 서로 잠그는 모습이다. 명당은 옷깃 끈처럼 서로 좌우로 묶듯 해야 귀함이 된다. 혹 그 산의 지각이 밭두둑과 더불어 이와 같이 막히면 진실로 좋다.

① 주밀명당(周密明堂)   ② 요포명당(繞抱明堂)
③ 평탄명당(平坦明堂)   ④ 교쇄명당(交鎖明堂)

521 수성이란 물로써 혈의 성역(城域)을 만들고 용의 기운을 가둬 넓게 흩어져 없어지지 않게 하는 것을 말한다. 오

성의 수성을 금성성(金星城), 목성성(木星城), 수성성(水星城), 화성성(火星城), 토성성(土星城)이 있다. 다음 설명 중 틀린 것은? 답 ②

① 금성수성(金星水城)의 물길이 혈을 굽어 감싸듯 하는 것이 가장 길하다.

② 수성수성(水星水城)은 곧고 가파르니 무정하고 흉하다.

③ 화성수성(火星水城)은 뾰족하고 파괴되어 극히 흉하다. 두 격이 있는데 쌍화(雙火), 단화(單火)라 한다.

④ 토성수성(土星水城)은 가로로 평평하고 모나니 길흉이 반반이며 단지 하나의 격뿐이다.

522 나경은 풍수지리에서 필요한 도구로, 용혈사수향(龍穴砂水向)의 방위를 측정하여 길흉(吉凶)여부를 결정짓는다. 다음 중 나경에 포함된 내용이 아닌 것은? 답 ④

① 8괘(八卦)　　　　② 12지(十二支)

③ 8간4유(八干四維)　　④ 천간의 무(戊)와 기(己)

523 풍수에서 물과 물길의 득파(得破) 등을 측정할 때 사용하는 나경의 침법(針法)은? 답 ②

① 지반정침(地盤正針)　　② 천반봉침(天盤縫針)

③ 인반중침(人盤中針)　　④ 정반정침(正盤正針)

524 다음 중 향법(向法)에 대한 설명 중 틀린 것은? 답 ①

① 나경은 4층 지반정침(地盤正針)이 있는 것만 사용한다.

② 좌향이란 주택의 앞 쪽을 향(向)이라 하고 뒤쪽을 좌(坐)라 한다.

③ 풍수지리에서는 방위를 24방위로 나누어 구분하는데 그 중에 어느 방위의 글자가 좌가 되고 향이 되어

야 하는지를 선정하는 일이 좌향 잡는 법이 된다.
④ 현재 많이 쓰이고 있는 법은 88향법과 정음정양법인 구성수법과 보성수법 등이 있다.

525 전체 방위를 현장의 수구(水口)에 따라 목국(木局), 화국(火局), 금국(金局), 수국(水局)으로 나누어 각 국별로 12 운성을 배정하여 생향(生向), 왕향(旺向), 묘향(墓向), 양향(養向) 등으로 좌향을 정한다. 그리고 물길이 왼쪽에서 오른쪽으로 가는지 아니면 오른쪽에서 왼쪽으로 가는지에 따라 좌향 선택에 참고하여 활용하는 향법은?

답 ③

① 정음정양법 　　　　② 도장법
③ 88향법 　　　　　　④ 구성수법

526 양택(陽宅)에서 합리적(合理的)인 택지가 아닌 것은?

답 ③

① 산의 형세가 뒷산인 현무(玄武), 앞쪽으로 펼쳐지는 주작(朱雀), 좌편의 청룡(靑龍), 우편의 백호(白虎) 등이 수려하게 솟아 있고, 사세(四勢)가 화평(和平)한 형세
② 배산임수(背山臨水)로 전면의 명당이 평탄원만(平坦圓滿)하고, 앞으로는 깨끗한 시냇물이 흐르는 택지
③ 물이 나가는 수구(水口)가 넓고 택지에서 보이며 유속(流速)이 빠르고 수량이 풍부한 곳
④ 산수(山水)가 취합(聚合)하여 음양상배(陰陽相配)하고, 산과 물이 유정하게 명당에 모여 들면 보국이 보국(保局)이 안정된 곳

527 사람의 신체 구조에서도 이목구비(耳目口鼻)가 중요하
듯 가택에서도 문방조측(門房灶廁) 4요소가 중요한데 이
중에서도 대문, 안방, 부엌을 양택삼요(陽宅三要)라 하여
매우 중요시하였다. 다음 중 해설이 잘못된 것은? 답③
① 대문(문:門)   ② 안방(주:主)
③ 거실(조:灶)   ④ 화장실(측:廁)

528 가택구성법(九星法)이란 구성(九星)의 기운(氣運)이 지상
(地上)에 조림(照臨)하여 가택(家宅)의 길흉화복에 어떤
영향을 미치는가를 추리하는 법이다. 다음 중 길성에 해
당하지 않는 성(星)은?   답 ③
① 탐랑(貪狼)   ② 거문(巨文)
③ 염정(廉貞星)   ④ 무곡(武曲)

529 파산하는 땅과 관계가 깊은 것은 어느 것인가?   답 ②
① 집이 있는 산세가 다른 산보다 높다.
② 집이 있는 산세가 다른 산보다 낮다.
③ 주변의 산들이 유정하게 집을 바라본다.
④ 분지형 국세

530 다음 물길 중 길수가 아닌 것은 어느 것인가?   답 ②
① 래수(來水)   ② 거수(去水)
③ 궁수(弓水)   ④ 합수(合水)

531 수구사는 물이 흘러가는 곳의 양쪽 언덕의 산이다. 절대
로 수구가 공허하여 물이 빠져나가면 안 된다. 수구의
산은 주밀하고 빽빽하게 중첩되어 사귀고 막아 좁게 막
혀야 한다. 다음 중 수구사에 해당하지 않는 것은 어느

것인가?   답 ③

① 화표산   ② 한문   ③ 귀성   ④ 나성

532 풍수에서 물은 재물을 의미하므로 물이 앞에서 들어오거나 합수하여 감싸주어야 좋다. 다음 물 중 길수가 아닌 것은 어느 것인가?   답 ②

① S자의 물길   ② Y자의 물길

③ 갈지(之)자의 물길   ④ 검을 현(玄)자의 물길

533 바람은 모든 병의 근원이다. 가장 두려운 것은 요풍이 부는 땅이다. 다음 중 요풍에 해당하지 않는 것은 어느 것인가?   답 ④

① 살풍   ② 질풍   ③ 냉풍   ④ 계절풍

534 다음 내용이 의미하는 풍수용어는 무엇인가?   답 ①

> **보기**
>
> 산룡의 유정함과 무정함을 구분할 수 있고, 광채가 있고 가지런히 정돈되고 빼어나고 아름다워 보기도 좋아 마치 사람의 얼굴을 보는 것 같이 정이 있으니 이러한 곳에서 혈을 맺는다.

①배면(背面)   ②빈주(賓主)

③여기(餘氣)   ④진가(眞假)

535 양택에서좋은 입지의 공통점을 정리한 것이다. 좋은 입지에 해당하지 않은 것은?   답 ③

① 국세형성   ② 산진처

③ 남향우선   ④ 지세우선

536 좌를 기준하여 귀인방에 문필사, 귀인사, 고축사 등이 있거나 물이 득수하면 매우 길하다. 귀인방은 나경(패철)의 몇 층으로 보는가?　　　　　　　　　답 ③

　①2층　　　②4층　　　③6층　　　④8층

537 시간과 공간에 따라 지기의 기운이 변하므로 시기 및 형국에 따라 좌향을 정하는 방법은 다음 중 어느 것인가?

　　　　　　　　　　　　　　　　　　　답 ③

　①88향법　　　　　　②정음정양법
　③현공풍수법　　　　④통맥법

538 나경패철 24방위를 12쌍산 배합으로 운용하고 파구를 중심으로 사격을 결정하는 향법을 무엇이라고 하는가?

　　　　　　　　　　　　　　　　　　　답 ①

　①88향법　　　　　　②정음정양법
　③현공풍수법　　　　④통맥법

539 양택의 입지선정에 대한 설명 중 옳지 않은 것은 어느 것인가?　　　　　　　　　　　　　　답 ③
　①양택지가 되려면 그 주위를 감싸주는 전후좌우의 산과 물길 등의 역할이 매우 중요하다
　②경사진 곳이라면 높은 곳을 뒤로 하고 낮은 곳을 앞으로 하여 물을 바라보는 것이 이상적이다.
　③남향은 빛을 가장 많이 받으므로 집을 건축할 때는 남향으로 건축하거나 산을 바라보는 것이 자연과 합치된다.
　④국세가 크고 장원하면 국가의 수도가 들어서고, 작으면 촌락지, 더 작으면 개인 주택지 등으로 이용된다.

540 마을이나 도시를 둘러싼 형태를 보국이라 하는데 보국을 이룬 지역에 택지를 선택할 수 있다. 택지에 대한 설명 중 잘못된 것은 어느 것인가?   답 ④

① 평지에 만들어진 도시에는 물과 산이 보이지 않으므로 도로가 앞쪽으로 난 남향의 부지를 선택하는 것이 좋다.

② 촌락이나 소도시에서 택지는 산과 물의 흐름을 세밀하게 살펴봐야 하며 경사진 곳은 높은 곳을 뒤로 하고 낮은 곳을 앞으로 하여 물을 바라보는 것이 이상적이다.

③ 소도시 등에서 자연을 예측하기 어려운 비산비야(非山非野)에서는 약간 기운 경사지를 찾아 높은 쪽을 뒤로 하고 낮은 곳을 바라보는 택지를 선택한다.

④ 택지는 남향보다는 지형과 지세에 순응하는 것이 우선이며 높은 산을 바라보며 물을 등지는 곳이 최적이다.

541 다음 중 택지로서 적당하지 않은 지역은 어느 곳인가?

답 ①

① 교통량이 많은 곳
② 조용한 곳
③ 앞이 낮고 뒤가 높은 지역
④ 산지나 구릉지가 넓게 에워싼 곳

542 양택의 내부공간에 대한 설명으로 옳지 않은 것은 무엇인가?   답 ③

① 담장은 내부에서 들어온 기가 내부의 기로 가두어지는 공간으로 마치 혈을 보호하는 청룡 백호의 역할을 한다.

② 건물이 남성과 귀를 상징한다면 마당은 여성과 부를 상징한다.

③ 담장이 없는 곳은 나무나 화초를 심어 담장을 대신하기도 하는데 풍수에서는 이것도 담장으로 본다.

④ 마당이 앞뒤로 양분되어 있으면 재산이 분산되고, 두 집 살림을 할 수 있음을 의미한다.

543 다음의 설명 중 틀린 것을 고르시오.   답 ①
① 물이 왼쪽으로 따라오면 청룡산이 길어야 하고, 물이 오른쪽으로 따라오면 백호산이 마땅히 길어야 한다.

② 청룡이 없으면 물이 청룡쪽인 왼쪽으로 둘러야 하고, 백호가 없으면 물이 오른쪽을 감아야 한다.

③ 사는 가까운 것이 우선이고 사의 아름다움과 추함, 부드러움과 거칠음, 유정함과 무정함, 수려함과 험악함에 따라 길흉을 달리한다.

④ 용맥의 양변을 따라오던 물이 합수하면 혈을 맺게 되는데, 이 때 물이 혈지를 감싸주는 곳이 길지가 된다.

544 다음의 설명 중 맞는 것을 고르시오.   답 ③
① 풍수에서는 계곡이 깊은 곳, 볼록 튀어 나오고 튀어 오른 것을 양이라 하고, 평평하고 넓은 산, 움푹 들어가고 파인 곳을 음으로 본다.

② 혈 앞의 조산이 높으면 혈도 마땅히 높고, 조산이 낮으면 혈도 낮다. 조산이 가끼우면 혈은 반드시 낮은 곳에서 취하고, 조산이 멀면 기운이 쉽게 흩어지므로 반드시 높은 곳에서 취한다.

③ 심룡법은 먼저 기맥을 구하고 정혈법은 먼저 명당을 취한다.

④ 청룡이 유정하면 혈은 오른쪽에 있고, 백호가 유정하면 혈은 왼쪽에 있다. 청룡이 역수하면 혈은 청룡에, 백호가 역수하면 혈은 백호에 의지하고, 용호산이 높으면 혈도 높고, 용호산이 낮으면 혈도 낮다

545 풍수지리의 개념으로 틀린 것은?　　　　　　답④
① 양택과 음택에 적용되는 학문이다.
② 좋은 기를 찾아서 생활에 활용하는 것이다.
③ 공기인 바람을 가두고 생기인 물을 얻는 것이다.
④ 양택의 위치는 높을수록 더 좋다.

546 다음 중 틀린 것은?　　　　　　　　　　답④
① 산의 좌우, 전후사면에 있는 산을 사신사라고 한다.
② 백호는 혈에서 볼 때 우측에 가까이 있으면 내백호라 한다.
③ 사신사의 이상적인 형태는 혈을 중심으로 감싸고 있어야한다.
④ 청룡은 부드러워 여자를 상징한다.

547 풍수에서 파구(破口)란?　　　　　　　　답②
① 물이 들어오는 것을 말하는 것이다.
② 물이 흘러나가는 곳을 말한다.
③ 혈장의 바로 앞에서 생기를 보호하고 지탱해 주는 것이다.
④ 혈을 만들기 위해 최종적으로 생기 에너지를 응결시킨 곳이다.

548 수(水)의 형태에서 길한 물의 형태가 아닌 것은?   답 ①
① 견비수   ② 진응수   ③ 요대수   ④ 궁수

549 다음은 수맥(水脈)에 대한 내용이다. 틀린 것은?   답 ④
① 수맥이란 평균 13~14도를 유지하는 물줄기로 지하
   10m~50m의 땅속에서 흐른다.
② 수맥 파는 암 발생과 고혈압 환자에게 치명적인 피해
   를 준다.
③ 불면증의 경우도 수맥을 의심해 볼 필요가 있다.
④ 수맥 파는 잠자리에는 영향을 미치나, 사무실은 영향
   이 없다.

550 다음 중 틀린 것은?   답 ③
① 산의 사격이 문필봉이면 학자가 많이 배출된다.
② 인걸은 지령이란 말은 땅이 좋으면 좋은 인물이 난다
   는 것이다.
③ 양택은 용맥보다 안산을 중심으로 건축하는 것이 좋다
④ 양택, 음택 모두 용맥의 중심에 있으면 좋다.

택일에 대해 연연하지 말라

택일이란 어떤 행사를 치를 때 좋은 날을 정하고 나쁜 날은 피하는 것을 말한다. 좋은 날은 길한 신이 인간에게 도움을 주는 날이고 좋지 못한 날은 흉한 신이 온갖 훼방을 놓는다고 한다.

즉, 매일매일 인간세계를 관장하는 신이 있는데, 도움이 되는 吉神과 도움이 되지 않는 凶神이 있다는 동양적 사고관이다.

다음은 철학관에서 사용하는 택일력에 책에 실린 내용이다.

"인간의 행복과 불행은 모두 선택에 달려 있으며, 그 선택은 택일로부터 시작된다. 비록 택일에 대한 과학적 증거나 학문적 뿌리가 빈약하지만, 민간에서 오랜 세월 관습적으로 지켜온 것들이다."

택일은 관혼상제 때 주로 쓰이며, 이사 갈 때 택일하기도 한다. 그 외에도 집 지을 때, 집수리할 때, 장 담글 때, 여행갈 때, 파종할 때, 영업장 개업할 때 등 생활 전반에 걸쳐 적용한다. 어떤 사람은 손님과의 약속날짜도 날을 고르고 심지어 복권도 아무 날이나 사지 않는다.

이사 날은 손(損) 없는 날을 택하는데, 손해 없다는 뜻은 나쁜 귀신의 영향을 받지 않는 날을 말한다. 인간에게 해를 끼치는 귀신은 날짜별로 동서남북을 다니며 해코지 하는데, 음력 9일과 10일은 하늘로 올라가기 때문에 손 없는 날이라는 것이다. 그리하여 동서남북 아무 곳으로 이사를 가도 탈이 없기 때문에 좋은 날이라 선호하는 것이다. 그렇다보니 손 없는 날에 이사 예약이 몰려 평일에 비해 비용이 비싼 경향도 있다.

풍수에서는 주로 묘지 관련 작업할 때 택일을 하는데, 그 중에서도 특히 한식 때를 선호한다. 매년 4월 5일이나 6일의 한식날은 손 없는 날이라 여겨 이장이나 화장 등의 묘지 작업을 해도 무탈하다고 생각하기 때문이다.

그러나 많은 사람이 한식날을 선호하다 보니 작업하는 사람을 구하기가 좀처럼 쉽지 않다. 어떤 곳은 1년 전부터 한식날 묘지 작업을 미리 예약해 놓기도 한다. 덩달아 화장장 예약도 한식날을 전후해서는 일찌감치 마감되는 일이 벌어진다.

윤달도 마찬가지이다. 윤달은 무엇을 해도 부정을 타지 않는 탈 없는 달이라는 믿음이 있어 묘지 관련 일이 증가하게 된다. 윤달은 3년마다 돌아오는데, 2025년, 2028년, 2031년 등이 해당된다.

참고로 택일법 종류는 생기복덕법, 삼재법, 대장군법, 삼살방위법 등이 있으며, 묘지로 국한하면 더욱 많아지고 복잡해진다. 거기에 더해 개인의 사주까지 따지다보면 날짜를 정하는 것은 거의 불가능에 가깝게 된다.

한식일이나 윤달 등 손 없는 날에 대한 것은 동의보감 단방법 개념으로 생각하면 된다. 단방법은 동의보감을 지은 허준 선생이 가난한 서민들을 위해 간단한 처방을 적어 놓은 것을 말한다.

예를 들면 유황은 설사를 즉시 멈추게 하고, 황토는 이질이나 설사에 효험이 있다. 복숭아꽃은 변비에 좋고, 간을 보할 때는 인진쑥을 달여 먹고, 폐가 좋지 못하면 도라지가 좋다는 식이다.

가난한 서민들은 한약방에서 비싼 약재를 처방받기 어렵기 때문에 손쉽게 구할 수 있는 재료로 이루어진 가장 서민적인 방법인 것이다.

그렇듯이 한식이나 윤달, 손 없는 날의 개념 또한 동의보감 단방법 같은 일반적인 택일인 것이지 만사형통의 길일은 아닌 것이다.

요즈음 들어 풍수에서 부쩍 택일을 강조하는 경향이 있는데, 쉽게 납득이 가지 않는다. 그들의 주장은 종자에 따라 파종하는 시기가 맞아야 수확할 수 있다는 논리로 택일의 법을 강조하는데, 말인즉 맞다. 그러나 문제는 사람은 작물처럼 파종하는 시기와 수확하는 시기가 정해진 것 아니며, 생사를 예측할 수 없다는 점이다.

더욱 혼란스러운 것은 택일의 법이 하나같지 않고 모두가 제각각이다. 이 법에 맞추면 저 법에 틀리고 저 법에 맞추면 또 다른 식에 맞지 않으니 어느 것을 믿을 것이며, 누구의 방식을 쫓을 것인가.

천문과 지리에 해박한 지식으로 택일하여 임금의 즉위식을 하고 또 좋은 날을 골라서 국상을 치렀지만 조선왕실의 현실은 참담하기 짝이 없다. 그리고 정승·판서들 묘를 볼 것 같으면 당대 최고의 지사들이 잡아주었을 법한 것들이 의외로 상식이하의 자리가 부지기수이다.

터무니없는 곳을 정해 놓고는 흉사만 잦으니 택일의 때가 맞지 않았다고 궁색한 변명으로 회피하는 것은 아닌지 모르겠다.

썩은 가지에서는 아무리 기다려보았자 꽃을 피울 수 없는 법이다.

이장 택일도 마찬가지이다.

부모님 묘가 그늘진 추운 곳에 있는 것을 알면서도 이장 운이 맞지 않는다고 몇 년을 더 기다려야 하는가?

우리 부모님은 자식이 물에 빠지거나 불속에 갇혀 있다면 그 어떠한 위험도 마다않고 뛰어 들어서 구해주신다. 그것이 한결같은 부모의 마음이다. 그런데도 자식들은 한가하게 날을 가리며 자신들의 이해타산만 따지고 있으니 안타까울 따름이다.

물론 한평생 살다보면 분명 좋은 날도 있고 나쁜 날도 있다. 그러나 새옹지마라는 말처럼 한치 앞을 모르는 것이 인간사이다. 택일법에 연연하지 말고 현실에 맞게 실행하면 된다.

특히 한식이나 윤달 등은 속설일 뿐이니 집착할 것 없다.

행사를 치름에 가장 좋은 날은 가족 모두가 화목하게 모일 수 있는 날이 최고의 길일이라는 것을 생각하면 후회하지 않고 실패하지 않는다.

551 다음 설명 중 틀린 것은?　　　　　　　답 ①

① 양택에서 물이 나가는 것이 보이는 것은 상당히 좋은 현상이다.

② 절터나 사원의 터는 양택지로 적합하지 않다.

③ 건물 가까이 큰 나무를 심지 않는다.

④ 집은 안정되고, 조화, 균형을 이루어야 한다.

552 다음은 국어사전에서 정리된 내용이다. 들어갈 수 없는 용어는?　　　　　　　답 ④

> 지형이나 방위를 인간의 길흉화복과 연결시켜, 죽은 사람을 묻거나 집을 짓는데 알맞은 장소를 구하는 이론으로 일명 (　　)라고 한다.

① 감여(甘餘)　　　　　② 장풍득수(藏風得水)

③ 풍수지리(風水地理)　　④ 택일(擇日)

553 풍수지리에 대한 설명이다. 옳지 않은 것은?　　답 ④

① 풍수지리는 음양설과 오행설을 바탕으로 주역의 체계를 논리구조로 삼는다.

② 풍수지리는 추길피흉을 목적으로 하는 상지기술학이다.

③ 하늘과 땅의 자연현상을 합리적으로 이해히여 인간의 발전과 행복을 추구하는 학문이다.

④ 자연환경은 고려하지 않고 개인의 이익과 발복 만을 목적으로 하는 학문이다.

554 현대에 와서는 양택학에서 일보 전진하여 주택 내부의 구조 및 가구 배치가 그 주택에 거주하는 사람들의 길흉

화복과 밀접한 관계가 있다는 연구결과로 적용범위가
넓어진 풍수지리의 한 분야는 무엇인가?   답 ②
① 음택풍수   ② 풍수인테리어
③ 가상학   ④ 건물풍수

555 다음은 우리나라 풍수지리학의 역사이다. 옳은 것은?

                                         답 ②

① 통일신라 말 중국의 풍수가 문자로 들어와 우리 풍수
   와 접목되지 못하였다.
② 조선시대에는 음양과(陰陽科)라는 과거를 통해 풍수
   관료를 양성하였다.
③ 고려시대와 조선시대를 이어 풍수사들은 국가시책과
   왕권강화에 전혀 관여하지 않았다.
④ 조선시대에는 유교의 영향으로 음택풍수 보다는 양
   택풍수를 강조하였다.

556 고려시대 풍수의 특징이 아닌 것은?   답 ②
① 고려조에서 일어난 최고의 풍수사건은 서경 출신의
   묘청의 난이다.
② 도참사상과 합일되고 불교와 결합되어 국가정책에는
   많은 영향을 끼쳤으나 민간인에게는 전혀 영향력이
   없었다.
③ 훈요십조와 서경 길지 설은 서경천도와 북진정책의
   이론적 근거가 되었다.
④ 중국 송나라 문신 서긍의 '선화봉사고려도경'을 보면
   고려궁터는 풍수지리에 입각한 명당자리를 궁궐터로
   선정하였다고 풍수지리 적용을 적고 있다.

557 일제 강점기의 풍수의 특징으로 옳지 않은 것은? 답④
  ① 일본은 조선총독부 건물을 경복궁 보다 높게, 그리고 일본을 의미하는 날일자로 지었다.
  ② 일본은 조선의 맥을 끊기 위해 한반도 곳곳의 명지와 혈처를 찾아 쇠말뚝을 박아 우리 민족에게 굴욕감과 패배의식을 심어주기 위해 노력하였다.
  ③ 일본인으로부터 교육받은 학자들은 아직도 풍수를 맹목적인 미신이라고 몰아붙이고 미신이라고 주장한 근본이유를 제시하지 못하고 있다.
  ④ 일제 총독부는 풍수지리가 한국문화에서 차지하는 중요성을 잘 알고 있었기 때문에 학술적으로 장려하였다.

558 동기감응에 대한 설명이다. 옳지 않은 것은? 답④
  ① 지구공간을 부유하는 에너지 파장들은 동종의 에너지 파장을 접하면 상호 작용을 일으킨다.
  ② 서쪽에 있는 구리광산이 붕괴되자 동쪽에 멀리 떨어진 궁궐의 종이 감응을 일으켰다.
  ③ 생기가 강하게 유입되는 진혈지에 묻힌 체백은 인자가 왕성한 활동을 함으로써 동종의 인자를 지닌 자손들과 강한 감응을 일으킨다.
  ④ 조상과 후손은 같은 혈통관계로 같은 유전인자를 가지고 있기 때문에 서로 감응이 생겨나므로 반드시 시신을 땅에 묻어야만 동기감응이 일어난다.

559 글로벌화 되는 현대에서 풍수지리의 필요성으로 볼 수 없는 것은? 답①
  ① 풍수지리는 고전적인 학문이기 때문에 탈신공개천명

이 되지 않아 인간 운명의 개척도구로는 사용될 수는 없다.

② 조상의 유해를 좋은 장소에 모시려고 하는 효의 실천으로 볼 수 있다.

③ 현대는 well-being의 개념이 도입되면서 일상생활에 직접적인 영향을 미치는 주택, 사무실, 사업장 등 양택을 대상으로 풍수지리의 필요성이 확대되고 있나.

④ 땅도 생명을 가지고 있는 유기체로 인식하고 무분별한 토지개발행위를 자제하고 질서 있는 국토개발을 위해 풍수지리사상이 적용되어야 한다.

560 사상(四象)을 다시 음양으로 분리하면 8괘로 변한다. 팔괘는 우주의 기본 구조로 상대성 원리로 이루어 졌으며 자연과 인생의 구체적 형태를 나타낸다. 팔괘가 나타내는 것이 옳은 것은?　　　　　　　　　　답 ④

① 乾 - 天 - 南 - 老父　　② 兌 - 澤 - 南西 - 小男
③ 震 - 雷 - 北西 - 長男　　④ 艮 - 山 - 北東 - 小男

561 풍수지리에서는 산을 용이라고 한다. 용에 대한 설명 중 옳지 않은 것은?　　　　　　　　　　답 ②

① 산의 변화와 형태는 천태만상으로 크고 작고, 일어나고 엎드리며, 동서남북으로 돌며 숨고 나타나는 등 변화막측하여 마치 신비스러운 용과 같아서 붙여졌다.

② 흙은 용의 살이 되고, 맥은 그 속에 있는 핏줄이 되고, 돌은 용의 털이 되며, 초목은 용의 뼈가 된다.

③ 혈에 있는 흙을 혈토라 하여 오색이 있는데 청색, 적색, 황색, 백색, 흑색을 말한다.

④ 사방에서 둘러 호위하는 산봉우리는 용을 위한 구름

에 비유할 수 있다.

562 여암신경준의 산경도에 대한 내용이다. 옳지 않은 것은?   답 ③

① 산경은 산에서 산으로만 이어진 것이고, 사방의 경계를 하천을 중심으로 파악하였다.

② 일본인이 만든 산맥지형도는 광산개발로 인한 이권 때문에 지형보다 지질구조를 기준으로 나타낸 것이며, 우리나라 산맥체계에서 수계를 완전히 배제시키고 실제 지형과는 다른 인위적으로 만든 것이다.

③ 산경표는 우리나라 산줄기를 백두산에서 시작하여 1대간, 1정맥, 12개의 정맥으로 분류 하고 있다.

④ 우리나라 산경은 맥이 기본적인 특징이고, 우리나라의 맥은 백두산을 정점으로 하여 마치 뿌리처럼 연결되어 있어 수근목간이라고 하였다.

563 간룡과 지룡에 대한 설명으로 옳은 것은?   답 ②

① 농룡은 혈을 평지에 맺고 지룡은 산꼭대기에 혈을 맺는다.

② 지룡의 맥은 한 치가 높으면 산이 되고, 한 치가 낮으면 물이 된다.

③ 백두대간에서 뻗어 내려가는 큰 줄기의 산맥은 지룡이다.

④ 대간룡은 작은 시냇물이 따르고 소간룡은 큰 강이나 하천이 따른다.

564 혈의 주변을 둘러싸고 있는 사격, 즉 주변의 높고 낮은 산들이 어떻게 둘러싸고 있고 어떤 형태로 막아주고 있

는지 육안으로 보고 길흉으로 판단하는 방법은?　답 ①

① 장풍법(藏風法)　　　　② 득수법(得水法)

③ 간룡법(看龍法)　　　　④ 정혈법(正穴法)

565 풍수에서 물이 모이는 곳에는 사람이 모이고, 물이 흩어 지는 곳은 사람이 대부분 떠난다 하여 화복과 관계가 깊 다. 마르지 않은 것은?　　　　　　　　　　　　답 ④

① 물이 오는 것은 굴곡이 있어야 하고, 물이 가로지른 것은 둘러 감싸야 한다.

② 혈에 올라 보아 곧게 충돌하지 않고, 기울어지지 않 으며, 빨리 흐르지 않아야 한다.

③ 물의 좋은 기운은 모이고 흩어지지 않으며 오는 것은 보이나 가는 것은 보이지 않아야 한다.

④ 물의 근원이 짧으면 용은 길고 발복이 원대하다.

566 용의 형세 십이격에 대한 설명으로 옳지 않은 것은?

답 ④

① 봉우리가 암석으로 쌓여 있고 지각이 활발하고 생기 가 있는 형상의 용은 생룡이다.

② 봉우리가 야위고 가지가 짧으며 몸체가 약하게 늘어 진 용은 약룡이다.

③ 봉우리가 질서가 없고 가지가 차례가 없으며 행도가 뒤로 물러가는 듯 하는 용은 퇴룡으로 아주 흉하여 비록 혈의 형태가 있어도 불길하다.

④ 사룡, 강룡, 약룡, 퇴룡, 병룡은 용세 십이격 중 가장 좋지 못하다.

567 진룡의 결혈은 반드시 증좌가 명백하게 있다. 다음 중

증혈법이 아닌 것은?   답 ①
① 조산증혈, 사상증혈   ② 명당증혈, 수세증혈
③ 낙산증혈, 용호증혈   ④ 천심십도증혈, 분합증혈

568 혈이 꺼리는 것을 혈지소기라고 한다. 혈지소기에 해당
하는 것이 아닌 것은?   답 ④
① 조악, 두사, 옹종   ② 요결, 유냉, 준급
③ 수삭, 돌로. 첨세   ④ 완경, 참암, 순전

569 사상혈에 대하여 바르지 않은 것은?   답 ①
① 와유현침사   ② 겸유낙조사
③ 돌유현침사   ④ 유유선익사

570 수구사는 물이 흘러가는 곳의 양쪽 언덕 산이다. 수구사
에 대한 설명으로 옳은 것은?   答 ④
① 화표는 수구사이에 기이한 봉우리가 우뚝 서 있거나,
양쪽 산이 대치하고 물이 그 가운데를 따라 나가거나
가로막아 높이 메워 물 가운데 있는 것이고 산은 낮
을수록 좋다.
② 한문은 수구의 사이에 산의 모양이 일월, 기고, 구사,
사상 등의 형상이 있으면 더욱 귀하다.
③ 북신은 수구에 있어야 좋으며 혈상에서 보일수록 더
욱 길하다.
④ 나성은 수구가 막힌 가운데에 언덕이 특별히 솟아 있
거나 돌이나 흙으로 되어 평평한 가운데 솟아 사면이
물로 둘러싸인 것으로 흙으로 된 것이 상격이고 돌로
된 것은 그 다음이다.

571 양택에 대한 설명 중 바르지 않은 것은?　　답 ④

① 양택은 지세가 평탄해야 하고 지세가 넓어야 한다.

② 평야지대는 득수가 좋아야 하고 산골지역은 장풍이 좋아야 한다.

③ 양택은 일편이고 음택은 일선이다.

④ 양택은 지형지세와는 상관없이 남향의 입지가 중요하다.

572 양택의 3요소에 해당되지 않는 것은?　　답 ④

① 전착후관　　　　② 전저후고

③ 배산임수　　　　④ 배수임산

573 합리적인 택지에 해당하는 것은?　　답 ④

① 막다른 골목의 집이나 차도가 정면으로 달려드는 터

② 택지의 좌우에서 물이 흘러나와 집 앞으로 곧장 길게 빠져 나가는 터

③ 사방의 산이 높아 택지를 고압(高壓)하는 산고곡심의 형세의 터

④ 물이 나가는 수구가 좁게 관쇄되어 유속이 조절되고 항시 일정한 수량을 유지하는 터

574 정원수에 대한 설명으로 옳지 않은 것은?　　답 ③

① 집에 심는 나무는 키가 작고 낙엽이 무성하지 않으며 사시사철 푸른 것이 좋다.

② 집의 지세나 담장이 요결공허한 부분이 있거나 흉한 살이 비추면 이 부분에 나무를 심어 비보를 하면 좋다.

③ 오동나무, 잣나무, 복숭아나무, 등나무 등은 정원수로 적당하다.

④ 울안에 있는 고목거수(古木巨樹)는 집을 그늘지게 하여
　　양기를 차단하고 지기를 흩어지게 하므로 좋지 않다.

575　혈장의 4요건에 해당되지 않는 것은?　　　　　답 ④
　　① 입수도두　② 선익　　③ 혈토　　④ 박환

576　참된 용은 과협이 많은 것이다. 다음 중 과협에 대한 설
　　명으로 바르지 않은 것은?　　　　　　　　　답 ④
　　① 과협이란 봉우리와 봉우리 사이의 고갯마루를 말한다.
　　② 과협은 맥의 독소를 제거하고 순화시켜 주는 여과장
　　　치의 역할을 한다.
　　③ 과협은 맥의 힘을 더욱 왕성하게 만들어 주는 펌프의
　　　작용을 한다.
　　④ 산의 변화과정에서 생기는 과협으로는 용의 좋고 나
　　　쁨과 혈의 진위 여부를 판단할 수 없다.

577　양택풍수에 대한 설명으로 옳은 것은?　　　　답 ②
　　① 집의 내부 환경은 사는 사람에게 영향을 미치나 주위
　　　의 환경은 그렇지 않다.
　　② 주택을 생활하기에 편리하도록 배치나 동선을 바꾸
　　　는 것도 양택 풍수의 한 방법이다.
　　③ 지기가 좋은 집에 살다가 이사를 가면 그 복은 그 사
　　　람을 따라온다.
　　④ 양택은 집이고, 음택은 죽은 사람이 사는 묘라서 적
　　　용방법이 다르다.

578　미래의 풍수가 나아갈 방향이 아닌 것은?　　　답 ①
　　① 합리주의 → 신비주의

② 주관적 → 객관적

③ 추상적 → 구체적

④ 감성과 느낌 → 이성과 실증

579 양택삼요에서 복택(福澤)에 해당하지 않는 것은?　답 ④

① 복위택　　② 연년택　　③ 생기택　　④ 오귀택

580 혈의 가부를 논하는 방식으로 옳지 않은 것은?　답 ②

① 국지적인 당판에서 혈처는 빗물이 스며들지 않게 주
위보다 높아야 한다.

② 청룡, 백호, 조산이 적당히 높아 주어야 하고 혈처 또
한 주위 사격보다 높아야 한다.

③ 당판은 좌우 어느 한쪽으로 기울지 않고 균형이 맞아
야 한다.

④ 혈처의 뒤편 가느다란 용세와 비교해서 혈은 통통하
게 살이 찐 모습이 좋다.

581 구성의 명칭과 오행이 바르게 연결된 것은?　　답 ③

① 제 2 성 - 거문 - 목 - 문장, 귀, 장수

② 제 4 성 - 문곡 - 수 예능, 문장, 도박

③ 제 3 성 - 염정 - 금 - 형살, 흉폭

④ 제 7 성 - 파군 - 목 - 절명, 패망

582 용세 12격 중 길룡끼리 바르게 연결된 것은?　　답 ①

① 생룡, 강룡, 진룡, 복룡

② 진룡, 사룡, 겁룡, 살룡

③ 진룡, 순룡, 병룡, 강룡

④ 역룡, 약룡, 복룡, 생룡

583 패철에 대한 설명으로 바른 것은?   답 ①

① 패철은 24방위가 있으며 동궁인 12쌍으로 구분된다.

② 간인의 경우 동궁이나 각도가 다르므로 다른 방위로 해석해야 한다.

③ 패철은 지구의 자전축과 자기축이 일치함으로 진북과 자북이 동일하게 표시된다.

④ 패철의 동궁 12쌍은 위치가 고정되지 않아서 방위개념을 익히기에 부적합하다.

584 가상학에서 건물의 형태로 올바르지 않은 것은?   답 ②

① 가능한 건물은 좌우가 대칭되게 하고, 가운데를 높이는 형태로 만들어 중심에 기가 모이게 건축하는 것이 좋다.

② 두 채의 집을 합쳐서 한 채로 만드는 기를 모으는 것이기 때문에 좋다.

③ 한 공간에 여러 건물이 있을 때는 주종관계가 분명해야 한다.

④ 건물의 무게중심은 중앙에 있어야 집중력이 커지고 안정감이 있고, 둘로 분할되면 기가 불안정하여 좋지 않다.

585 가상에 대한 설명으로 옳은 것은?   답 ④

① 길이 Y자 형이나 삼각형의 터는 사람의 왕래가 많아 길한 터이다.

② 담장을 높게 설치하면 도둑이 침범을 하지 못한다.

③ 넝쿨식물은 재물을 붙잡는 역할을 하므로 집에서 기르면 좋다.

④ 집이 크고 대문이 작으면 길하다.

586 좋은 양택지를 선정하는 방법으로 옳은 것은?   답 ④

① 배산임수, 전저후고, 전착후관을 고려하여 반드시 남향만을 선택하여야 한다.

② 주위의 산들이 무정해야 하며, 산의 앞면을 선택하는 것이 좋다.

③ 안쪽으로 깊게 지은 집보다 도로와 접한 면이 많을수록 좋다.

④ 양택지는 지기가 왕성한 곳을 택해 사람이 거주하는 주택을 지어야 한다.

587 장사가 잘 되는 상가를 고르기 위해 고려해야 될 점이 아닌 것은?   답 ③

① 상가는 한 면 이상이 도로에 접해 있는 것이 좋다.

② 상가는 직사각형 형태가 좋으며, 도로에 접한 출입문 면이 짧고, 안쪽으로 길어야 장사가 잘된다.

③ 창문을 크게 내어 양 기운을 많이 받아 드려야 장사가 잘 된다.

④ 한 가게에 2 개 이상 출입문을 내는 것은 기가 한 곳에 모이지 않아 좋지 않다.

588 도시의 인구 집중으로 공동주택 비율이 높아지는 시점이다. 이상적인 아파트를 고르기 위한 방법으로 바른 것은?   답 ②

① 아파트의 평지붕 형태는 수산 형태에 속해 수의 기운을 가지고 있으므로 중심에 기운이 모이지 않아야 좋다.

② 아파트의 이상적인 층수는 지기를 받을 수(나무가 자랄 수 있는 높이 15m) 있는 5층 이하가 적당하다.

③ 지붕에 하나의 정점을 가지고 있는 중심형 아파트 보다 직선형의 아파트가 좋다.

④ 이상적인 배치는 배산임수의 배치로 산을 등지고 물을 바라보며 반드시 남향으로 배치하여야 한다.

589 가상에 대한 설명으로 바른 것은?　　　　답 ③

① 집안에 큰 나무를 심으면 집을 지켜주는 수호신의 역할을 하므로 대문 안에 큰 나무를 키우는 것이 좋다.

② 안방의 욕실 문은 환기를 위하여 계속 열어두는 것이 좋다.

③ 집 주위에 송전탑이나 암석 등 흉한 지형물이 보이는 것은 좋지 않다.

④ 두 집을 한 집으로 만들면 넓이도 늘어나고 좋은 기운도 늘어나서 길하다.

590 양택을 지을 경우 고려해야 할 사항이 아닌 것은?　답 ④

① 늪지나 연못, 개천을 매립한 장소는 피한다.

② 택지는 평탄한 곳이 좋고 도로나 물보다는 높아야 한다.

③ 건물의 좌향은 지맥에 순응하는 것이 좋다.

④ 건물의 층수는 주위의 건물이나 산보다 월등히 높아야 전망이 좋아 길하다.

591 풍수인테리어에서 관엽식물을 놓아두는 장소로 적당하지 않은 것은?　　　　　　　　　답 ④

① 현관의 신발장 위

② 주방의 가스레인지와 개수대 사이

③ 해로운 기운이 모이는 구석

④ 거실의 중앙

592 집 안의 내부공간에 대한 이론 중 적절하지 못한 것은?
답 ②

① 대문과 현관문, 현관문과 안방이 일직선으로 되어 있는 구조는 좋지 않다.
② 현관에서 정면으로 큰 거울을 걸어서 밝은 집 안 분위기를 조성한다.
③ 거실의 크기에 비해 지나치게 크고 화려한 가구는 위압감을 줄 수 있으므로 피한다.
④ 햇볕이 많이 드는 남서쪽은 부엌의 방위로 부적절하다.

593 박환이란 용의 변화를 말하는 것이다. 다음 중 적합하지 않은 것은 무엇인가?
답 ③
① 險-順　　② 老-嫩　　③ 小-大　　④ 冷-溫

594 다음 중 쌍산오행의 배합이 잘못 이루어진 것은 어느 것인가?
답 ①
① 子癸　　② 乙辰　　③ 坤申　　④ 乾亥

595 당판은 여러 다른 이름으로도 부르는데, 이에 해당하지 않는 것은 어느 것인가?
답 ②
① 소명당(小明堂)　　　　② 인목(印木)
③ 구첨(毬簷)　　　　　　④ 매화(梅花)

596 山水同去에 대한 설명으로 옳은 것은 어느 것인가?답 ③
① 산과 물의 진행방향이 같기 때문에 좋은 현상이다.

② 여기서 말하는 산은 주산을 말한다.

③ 여기서 말하는 산은 청룡 또는 백호를 말한다.

④ 산과 물의 음양배합이 적절한 지형이다.

597 형세론으로 묘 터를 정할 때 여러 조건을 살피는데, 그
중 가장 후 순위는 무엇인가?   답 ④

① 주산   ② 용세

③ 물길   ④ 조·안산(朝案山)

598 혈은 크게 와, 겸 유, 돌 4가지로 구분한다. 이때 開脚穴
로 불리는 것은 무엇인가?   답 ②

① 와혈   ② 겸혈   ③ 유혈   ④ 돌혈

599 풍수지리의 의의를 설명한 것 중에서 틀린 것은?   답 ④

① 풍수지리는 바람과 물의 순환 이치, 그리고 땅의 형
성 원리와 지리적 여건을 연구해 인간이 더 건강하고
안락하게 살터를 구하는 동양적 지혜의 산물이다.

② 풍수지리는 자연적요소가 사람에게 미치는 영향을
파악해 취길피흉(取吉避凶)을 하려는 학문이다.

③ 풍수지리는 음양오행의 상생, 상극에 따라 영향을 받
는다.

④ 풍수지리는 조상을 좋은 자리에 모셔 지손들의 발복
만을 원하는 학문으로 숭조사상(崇祖思想)은 들어 있
지 않다.

600 이중환(1690~1756)이 저술한 택리지에 대한 내용이다.
틀린 것은?   답 ③

① 사민총론, 팔도총론, 복거총론. 총론으로 구성되어

있다.

② 복거총론에서는 살기 좋은 곳을 택하여 그 입지조건(지리, 생리, 인심, 산수)을 들어 그 타당성을 설명하였다.

③ 풍수지리설이 많이 인용되었으며, 자연 속에서 혈을 찾고 좌향(坐向)을 놓은 풍수적 법술이 자세히 소개되어 있다.

④ 근대 한국의 지리학과 사회학에 지대한 영향을 주었으며 실생활에서 참고할 수 있도록 저술되었다.

북한의 산천

   분단된 휴전선 넘어 북쪽의 땅에도 크고 이름난 명산들이 많이 있다. 그곳에도 수많은 혈들이 주인을 기다리고 때를 기다리며 숨어있는 혈들이 있을 것이다. 이제까지의 경험으로 보건데 대개의 혈은 옛 도읍지 근방에 많이 편중되어 있음을 볼 수가 있었다. 그렇다면 평양과 개성 인근에도 혈이 많이 있을 개연성은 충분하다.

   그리고 조선의 왕릉들이 대개 궁궐을 중심으로 100리 이내에 밀집되어 있는데, 이것은 왕의 능행에 편리한 이점 때문에 그러한 경우도 있지만, 한양주변의 파주와 양주, 고양군 등의 산세가 묘를 쓰기에 적합하였음을 뜻하기도 하는 것이다

   조선 왕릉의 지역적 분포도
   1. 태조 건원릉 구리시 인창동(동구릉)
   2. 정종 후릉   북한
   3. 태종 헌릉   서초구 내곡동
   4. 세종 영릉   여주군 능서면 왕대리
   5. 문종 헌릉   구리시 인창동(동구릉)
   6. 단종 장릉   강원도 영월읍
   7. 세조 광릉   남양주시 진접읍
   8, 예종 창릉   고양시 용두동(서오릉)
   9. 성종 선릉   강남구 삼성동

10. 연산군　도봉구 방학동
11. 중종 정릉　강남구 삼성동
12. 인종 효릉　고양시 원당동(서삼릉)
13. 명종 강릉　노원구 공릉동
14. 선조 목릉　구리시 인창동(동구릉)
15. 광해군　남양주시 진건면
16. 인조 장릉　파주군 탄현면 갈현리
17. 효종 영릉　여주군 능서면 왕대리
18. 현종 숭릉　구리시 인창동(동구릉)
19. 숙종 명릉　고양시 용두동(서오릉)
20. 경종 의릉　성북구 석관동
21. 영조 원릉　구리시 인창동(동구릉)
22. 정조 건릉　경기도 화성군 태안면
23. 순조 인릉　서초구 내곡동
24. 헌종 경릉　구리시 인창동(동구릉)
25. 철종 예릉　고양시 원당동(서삼릉)
26. 고종 홍릉　경기도 미금시 금곡동
27. 순종 유릉　경기도 미금시 금곡동

공주나 부여 등에도 경기도 못지않게 좋은 혈을 많이 볼 수 있으며, 신라의 도읍지였던 경주에도 수많은 고분군을 형성하고 있다. 즉 이전의 도읍지들은 군사적 요새로서의 기능만 아니라 산세가 수려하고 안정된 곳을 택했던 것이다.

풍수가 가장 왕성했던 시기가 조선시대인데, 그때의 사대부가들은 대개 한양을 중심으로 남쪽에 편중되어 있다. 이점은 여러 각도로 보아야 하겠지만 대체로 잦은 외침과 기후적인 영향으로 북쪽보다 남쪽을 선호했을 것이다. 그리고 고려의 잔재세력에 대한 불안감 때문에 통치기술의 일환으로 지역배치를 하였을 가능성도 배제할 수는 없다.

자연스럽게 권세가들은 자신들의 묘 자리를 한양 이남의 근방에서 많이 구할 수밖에 없었던 것이다.

한양 가까운 곳에 선산을 정했다가는 언제 왕실에 징발당할지 모르기 때문에 점점 궁궐에서 멀어져가며 남하하게 된다. 이러한 이유 때문에 남쪽의 혈은 대부분 낱낱이 드러나게 된다.

그러나 북한의 산천은 이러한 점에서 남쪽보다 훨씬 자연스럽게 천연적으로 보존될 수 있었을 것이다. 더군다나 그곳의 산은 여러 가지 여건상 미개발, 미개척지가 많이 있으며 현재의 체제상 국유지로 관리되고 있기 때문에 많은 혈들이 그대로 남아있을 가능성이 매우 높은 것이다.

물론 북한의 체제가 풍수를 부정하고 있지만, 그것은 이데올로기의 한 측면일 뿐이다. 그러한 정치적 이데올로기를 뛰어 넘어 한민족의 무한한 잠재력을 꽃피울 보물과도 같은 명당의 혈은 적극적으로 개발되고 보호되어야 한다.

하지만 그럴 경우 혈의 희소성으로 인해서 특정 권력을 지닌 극소수가 독차지 할지도 모른다는 우려를 지울 수가 없다. 바로 이점이 많은 사람들로부터 풍수가 지탄받는 바이지만, 그러나 조선의 왕릉에서 보았듯이 혈은 결코 돈과 권력의 문제가 아닌 것이다.

그 점은 차라리 하늘의 뜻에 맡겨두자.

그리고 보다 대국적인 견지에서 한민족의 미래를 걱정하고, 위대한 지도자와 영웅의 탄생을 고대하며 그 토양을 만들어주자. 주변 강대국들의 틈바구니 속에서 민족의 자주권과 자존심을 회복할 수 있는 길은 우리 스스로가 만들어 나갈 수밖에 없는 것이다.

우리의 국토에는 그러한 위기를 극복할 수 있는 약속의 땅, 희망의 땅이 곳곳에 숨겨져 있으며 애타게 주인을 기다리고 있다.

많은 돈이 드는 것도 아니고 심각한 부작용을 초래하는 것도 아니다.

전국토의 혈을 모두 찾아 쓴다 해도 36홀 골프장 하나에도 미치지 못한다.

외국의 자원과 기술, 인력을 값비싼 로열티를 지불하며 들여 올 것이 아니라 우리의 땅에 있는 우리의 자원인 혈을 개발해서 민족을 이끌고 나갈 인재를 키워야 한다.

작지만 강한 나라, 경쟁력 있는 나라로 만들기 위해서 분명 풍수가 국가와 사회에 기여할 수 있는 긍정적인 측면도 있을 것이다.

중국과 일본이 그토록 우리 산천의 맥을 끊고자 했던 의도를 절대로 간과해서는 안된다.

그들은 우리의 산하를 보고 한민족의 무한한 잠재력을 알고 있었기에 두려웠던 것이다.

　하지만 정작 우리 자신들은 편협한 논리로 풍수를 부정하고 매도하며 주어진 유산조차 팽개치고 있으니 애석한 노릇이 아닐 수 없다.

601 8택론에서는 세상의 모든 집을 8가지 집으로 구분했다. 복택끼리 연결된 것은? 답 ①

① 연년택, 복위택　　② 복위택, 육살택

③ 천을택, 화해택　　④ 오귀택, 절명택

602 패철의 24방위는 천간과 지지가 한 쌍이 되어 모두 12 쌍의 방위로 이루어졌는데 이를 동궁(同宮)이라 부른다. 틀린 것은? 답 ①

① 간묘(艮卯)　　② 을진(乙辰)

③ 곤신(坤申)　④ 신술(辛戌)

603 다음 물길 중 길수가 아닌 것은 어는 것인가? 답 ②

① 래수(來水)　　② 거수(去水)

③ 궁수(弓水)　　④ 합수(合水)

604 수구사는 물이 흘러가는 곳의 양쪽 언덕의 산이다. 절대로 수구가 공허하여 물이 빠져나가면 안 된다. 수구의 산은 주밀하고 빽빽하게 중첩되어 사귀고 막아 좁게 막혀야 한다. 다음 중 수구사에 해당하지 않는 것은 어느 것인가? 답 ③

① 화표산　　② 한문　　③ 귀성　　④ 나성

605 양택에서 좋은 입지의 공통점을 정리한 것이다. 좋은 입지에 해당하지 않은 것은? 답 ③

① 국세형성　　② 산진처

③ 남향우선　　④ 지세우선

606 다음 중 삼길육수의 방위가 아닌 것은 어느 것인가?

답 ③

① 진(辰)　　② 병(丙)　　③ 오(午)　　④ 해(亥)

607 좌를 기준하여 귀인방에 문필사, 귀인사, 고축사 등이 있거나 물이 득수하면 매우 길하다. 귀인방은 나경(패철)의 몇 층으로 보는가?　답 ③

① 2층　　② 4층　　③ 6층　　④ 8층

608 시공간에 따라 지기라 변한다고 여겨 시기 및 형국에 따라 좌향을 정하는 방법은 다음 중 어느 것인가?　답 ③

① 88향법　　　　　　② 정음정양법
③ 현공풍수법　　　　④ 통맥법

609 나경패철 24방위를 12쌍산 배합으로 운용하고 파구를 중심으로 사격을 결정하는 향법을 무엇이라고 하는가?

답 ①

① 88향법　　　　　　② 정음정양법
③ 현공풍수법　　　　④ 통맥법

610 양택의 입지선정에 대한 설명 중 옳지 않은 것은 어느 것인가?　답 ③

① 양택지가 되려면 그 주위를 감싸주는 전후좌우의 산과 물길 등의 역할이 매우 중요하다
② 경사진 곳이라면 높은 곳을 뒤로 하고 낮은 곳을 앞으로 하여 물을 바라보는 것이 이상적이다.
③ 남향은 햇빛을 가장 많이 받으므로 집을 건축할 때는 남향으로 건축하거나 산을 바라보는 것이 자연과 합치된다.

④ 국세가 크고 장원하면 국가의 수도가 들어서고, 작으면 촌락지, 더 작으면 개인 주택지 등으로 이용된다.

611 마을이나 도시를 둘러싼 형태를 보국이라 하는데 보국을 이룬 지역에 택지를 선택할 수 있다. 택지 설명에 대한 설명 중 잘못된 설명은 어느 것인가?　　답 ④

① 평지에 만들어진 도시에는 물과 산이 보이지 않으므로 도로가 앞쪽으로 난 남향의 부지를 선택하는 것이 좋다.

② 촌락이나 소도시에서 택지는 산과 물의 흐름을 세밀하게 살펴봐야 하며 경사진 곳은 높은 곳을 뒤로 하고 낮은 곳을 앞으로 하여 물을 바라보는 것이 이상적이다.

③ 소도시 등에서 자연을 예측하기 어려운 비산비야(非山非野)에서는 약간 기운 경사지를 찾아 높은 쪽을 뒤로 하고 낮은 곳을 바라보는 택지를 선택한다.

④ 택지는 남향보다는 지형과 지세에 순응하는 것이 우선이며 높은 산을 바라보며 물을 등지는 곳이 최적이다.

612 다음 중 택지로서 적당하지 않은 지역은 어느 곳인가?
답 ①

① 교통량이 많은 곳
② 조용한 곳
③ 앞이 낮고 뒤가 높은 지역
④ 산지나 구릉지가 넓게 에워싼 곳

613 양택의 내부공간에 대한 설명으로 옳지 않은 것은 무엇인가?　　답 ③

① 담장은 외부에서 들어온 기가 내부의 기로 가두어지는 공간으로 마치 혈을 보호하는 청룡 백호의 역할을 한다.
② 건물의 남성과 귀를 상징한다면 마당은 여성과 부를 상징한다.
③ 담장이 없는 곳은 나무나 화초를 심어 담장을 대신하기도 하는데 풍수에서는 이것도 담장으로 본다.
④ 마당이 앞뒤로 양분되어 있으면 재산이 분산되고, 두 집 살림을 할 수 있음을 의미한다.

614 형국론의 문제점이 아닌 것은?   답 ③
① 개인적인 관점이 많이 작용한다.
② 산상(산상)과 음상(음상)이 상(상)에서 산상은 알 수 있지만 음상은 알기 어렵다.
③ 수학적 공식적이다.
④ 인위적인 명당을 만들 수 있다.

615 좌향론에서 국을 나누어 12단계로 해석하는 방법이 있다. 다음중 설명이 맞지 않는 것은?   답 ④
① 양(養)은 모태 속에서 길러져 출생을 기다리는 상태이다.
② 생(生)은 생명이 박차고 나오는 것이다.
③ 사(死)는 기운이 떨어져 죽음에 이른다.
④ 태(胎)는 기운이 쇠진하여 병들어 죽음을 기다린다.

616 연꽃이 물에 떠 있는 형국으로 냇물이나 강물이 연꽃을 휘감아 올라가고 혈은 꽃의 중심에 있는 형국을 물형론에 무엇이라 하는가?   답 ③

① 영구출복형   ② 매화낙지형

③ 연화부수형   ④ 옥녀산발형

617 청오경에 나오는 글로서 오불상(五不祥)에 해당하면 이
     장을 해야 한다고 권고하고 있다. 다음 중 오불상이 아
     닌 것은 무엇인가?[183]   답 ④

     ① 자주 묘소가 허물어지는 것

     ② 묘소에 초목이 자라지 못하는 것

     ③ 집안에 불효하고 패륜아가 있는 경우

     ④ 연대가 오래된 묘소

618 풍수고전 지리인자수지(地理人子須知) 책의 저자는 누구
     인가?[184]   답 ①

     ① 서선계·서선술   ② 요금정

     ③ 곽박   ④ 청오자

619 풍수지리 고전 중 가장 오래된 책은?   답 ①

     ① 청오경   ② 금랑경   ③ 설심부   ④ 지리신법

620 중국의 곽박이 지은 것으로 금낭경으로 불리는 풍수고
     전은?[185]   답 ②

     ① 청오경   ② 장서   ③ 황제내경   ④ 회남자

621 다음 중『장경』오불가장지(五不可葬地)에 속하는 섯이
     아닌 것은?[186]   답 ①

     ① 육산(肉山)   ② 단산(斷山)

     ③ 석산(石山)   ④ 동산(童山)

183) 청오경에 나오는 글로 묘를 쓰고 나서 상서롭지 못한 다섯 가지라는 뜻이다.

① 아무 이유 없이 묘가 무너지는 곳 ② 묘소에 초목이 살지 못하는 곳(枯死) ③ 집안에 음란한 일이 있고, 젊은 사람이 죽는 경우 ④ 불효하거나 패륜아가 있는 경우. 또는 몹쓸 질환을 앓는 경우 ⑤ 재물이 빠지고, 관재구설이 잦을 때

184) 명나라 때 사람으로 형은 서선계 동생은 서선술이다. 인자수지는 사람의 자식으로 모름지기 알아야 한다는 뜻이다. 책은 1564년에 간행되었다. 수십 명의 풍수선생에게 30년 넘게 공부했으며, 250종의 책을 참고해서 저술했다고 한다.

185) 장서는 장경으로 불리며, 당나라 황제 현종이 글을 보고 세상에 드러내면 큰일 나는 책이라 해서 비밀스럽게 비단 주머 니에 싸서 보관했다고 해서 금낭경이란 이름을 얻었다. 풍수가 세상을 바꾸는 것이니 왕실만 내용을 알도록 간직하려 하였다.

186)『장경』의 오불가장지는 동산, 과산(過山), 단산, 독산, 석산이다.

187) 불가장지로는 동산, 단산, 석산, 과산, 독산, 핍산, 측산 등이 있다.

188) 『주역』 건괘 제이효(第二爻)에는 '동성상응(同聲相應)' '동기상구(同氣相求)'가 나온다. 유가(儒家)는 사람의 생명은 혼백의 결합 양상이며, 질병 뇌쇄 등과 같은 이유로 음양이 부조화할 때 혼비백산(魂飛魄散)하며, 귀신은 한시적으로 존재하며 점차 사라진다고 본다. 『회남자』에서는 땅의 종류에 따라 인간에게 미치는 영향을 설명하고 있다.

189) 〈보기〉는 호순신의 지리신법 서문에 나오는 내용이다.

190) 『발미론』에서는 비보를 재성(裁成)이라는 개념으로 표현하고 있는데 기존의 터에 문제가 있다면 이를 마름질하거나 보완하여 적절하게 맞추어 나가는 것으로 설명하고 있으며, 『금낭경』에서는 혈에는 삼길(三吉)이 있는데 첫째가 추길피흉, 둘째는 음양조화와 오토사비(五土四備: 오토는 청, 적, 황, 백, 흑의 다섯 가지 색의 흙이며 사비는 혈 주위의 현무, 주작, 청룡, 백호를 말함), 그 셋째가 비보인데 "눈으로 잘 살피고 인공(人工)의 방법으로 터를 잘 구비하여 완전함을 추구하며 부족함을 피하라. 높은 곳은 부드럽게 하고 낮은 곳은 돋우는 곳이 삼길(三吉)이다"라고 하였다. 『설심부』에서는 "흙

622 다음 중 불가장지(不可葬地)에 해당하지 않는 것은?[187]

답 ②

① 측산   ② 토산   ③ 핍산   ④ 독산

623 풍수의 동기감응설(同氣感應說)에 영향을 준 것이 아닌 것은?[188]

답 ②

① 주역   ② 시경
③ 유가(儒家)의 귀신론   ④ 회남자의 토기(土氣) 관념

624 다음 〈보기〉에서 설명하는 이기법과 가장 관계가 깊은 것은?[189]

답 ②

보기

나의 법술은 『청낭경』을 시조로 하고 곽박을 중시조로 하며, 증(曾), 양(梁), 일(一)의 학설로써 분명하게 하였고, 월사(月師)의 말을 확대해석하였다. … 오행의 생왕사절(生旺四絶)을 날줄로 삼고, 구성(九星)을 씨줄로 삼았다.

① 88향법   ② 지리신법
③ 정음정양법   ④ 양택삼요법

625 다음 중 풍수 전적(典籍) 중에서 비보(裨補)와 가장 관련이 없는 것은?[190]

답 ④

① 발미론   ② 금낭경   ③ 설심부   ④ 지리신법

626 다음 중 호순신의 지리신법에서 적용되지 않는 것은?[191]

답 ②

① 대오행   ② 정오행   ③ 포태법   ④ 구성법

627 지리신법 「오산도식」의 내용으로 옳지 않은 것은?[192]

답 ④

① 「오산도식」에서는 양국(陽局)과 음국(陰局)을 구분
한다.

② 양국(陽局)에서는 좌선(左旋: 시계방향)으로 포태가 배
속되고, 음국(陰局)일 경우 우선(右旋:반시계 방향)으
로 포태가 배속된다.

③ 좌선 양국에서 금국(金局)은 인(寅)에서 시계방향으
로 포(胞) 시작된다.

④ 좌선 양국의 수국(水局)과 토국(土局)에서는 묘(卯)에
서 시계방향으로 포(胞)가 시작된다.

628 다음 중 지리신법 「오산도식」의 내용으로 옳지 않은 것
은?[193]   답 ②

① 우선룡 음국(陰局)에서 금국(金局)은 묘(卯)에서 반시
계방향으로 포(胞)가 시작된다.

② 우선룡 음국(陰局)에서 목국(木局)은 인(寅)에서 반시
계방향으로 포(胞)가 시작된다.

③ 우선룡 음국(陰局)에서 화국(火局)은 자(子)에서 반시
계방향으로 포(胞)가 시작된다.

④ 우선룡 음국(陰局)에서 수국(水局)과 토국(土局)은 오
(午)에서 반시계방향으로 포(胞)가 시작된다.

629 지리신법 오산도식(五山圖式)의 기준점에 관한 설명으
로 올바른 것은?[194]   답 ①

① 좌선룡(左旋龍) 양국(陽局)에서 금국(金局)은 寅에서
시계방향으로 포태법의 포(胞)가 시작된다.

② 좌선룡(左旋龍) 양국(陽局)에서 목국(木局)은 亥에서
시계방향으로 포태법의 포(胞)가 시작된다.

에 남는 것이 있어 마땅히 파내야
하면 파내고, 산이 부족함이 있어
마땅히 보충해야 하면 보충한다."
고 하였다. 지리신법은 이기법에
관한 책이다.

191) 지리신법에서는 대오행(홍
범오행), 구성법, 포태법 등을 활
용한다.

192) 좌선 양국의 수국(水局)과
토국(土局)에서는 사(巳)에서 시
계방향으로 포태법의 포(胞)가 시
작된다.

193) 우선룡 음국(陰局)에서 목국
(木局)은 유(酉)에서 반시계방향으
로 포태법의 포(胞)가 시작된다.

194) 좌선룡(左旋龍) 양국(陽局)에
서 목국(木局)은 申에서 포태법의
포(胞)라는 단계가 시작되고, 좌선
룡(左旋龍) 양국(陽局)에서 화국
(火局)은 亥에서 포태법의 포(胞)
라는 단계가 시작되며, 좌선룡(左
旋龍) 양국(陽局)에서 수국(水局)
과 토국(土局)은 巳에서 포태법의
포(胞)라는 단계가 시작된다.

③ 좌선룡(左旋龍) 양국(陽局)에서 화국(火局)은 巳에서 반시계방향으로 포태법의 포(胞)가 시작된다.

④ 좌선룡(左旋龍) 양국(陽局)에서 수국(水局)과 토국(土局)은 申에서 반시계방향으로 포태법의 포(胞)가 시작된다.

630 지리신법에서 구성(九星)의 길흉과 물길의 관계에 대한 설명으로 옳지 않은 것은?[195]　　　　답 ①

① 녹존, 탐랑, 무곡, 거문은 길성(吉星)이고, 문곡, 염정, 파군은 흉성(凶星)이다.

② 탐랑과 무곡의 물(水)은 득수(得水)방위에서 들어오는 것은 좋지만 수구(水口)방위로 나가는 것은 흉하다.

③ 문곡, 염정, 녹존의 물(水)은 수구(水口)방위로 나가는 것은 좋지만 득수(得水)방위에서 들어오는 것은 흉하다.

④ 우필, 거문, 좌보의 물은 득수방위에서 들어오거나 수구방위로 나가는 것 모두가 길하고, 파군의 물은 득수와 수구 방위로 들어오거나 나가는 것 모두가 흉하다.

631 다음 『택리지』의 내용 중 (　　)안에 공통으로 들어갈 말로 가장 알맞은 것은?[196]　　　　답 ④

보기

먼저 (　)을(를) 보고 다음에 형세를 본다. … 무릇 (　)가 (이) 엉성하고 넓기만 한 곳에서는 비록 좋은 밭 만 이랑과 넓은 집 천 칸이 있다 해도 대를 이어 전지하지 못한다. 따라서 집터를 잡으려면 반드시 (　)가(이) 꽉 닫힌 듯하고, 그 안에 들이 펼쳐진 곳을 눈여겨보아서 구할 것이다.

226

① 토색(土色)　　　　② 이기(理氣)

③ 산형(山形)　　　　④ 수구(水口)

632 다음 『인자수지』의 내용 중 (　)안에 들어갈 말로 가장 알맞은 것은?[197]　　　　　　　　답 ②

> **보기**
>
> (　)은(는) 수구 사이에 산이나 바위가 기이한 형상으로 솟구쳐 올라 조입(朝入)하는 것을 말하는데 극존성(極尊星)이다. 그러므로 천에서 하나를 만나기가 어려우며 왕후대지(王侯大地)가 된다.

① 나성(羅城)　　　　② 북신(北辰)

③ 한문(捍門)　　　　④ 화표(華表)

633 다음 중 『명산론』에서 구분하는 물의 종류에 대한 설명으로 옳지 아닌 것은?[198]　　　　　　　　답 ③

① 현무수(玄武水)는 혈장 주위 24방위를 난간처럼 둘러싸고 흐르는 물이다.

② 진룡수(眞龍水)는 용의 입에 물이 있어 물이 빠르게 들어와 나누어져 혈에 도달하는 것이다.

③ 승룡수(乘龍水)는 물이 흘러가야 할 곳에서 역류하여 혈장 앞에 문안 인사를 하듯 모이는 물이다.

④ 조룡수(朝龍水)는 주작에서 혈 쪽으로 물이 와서 명당 앞에 이르거나 혹 2중, 3중, 4~5중으로 겹치는 물이다.

634 다음 중 『지학』에서 구분하는 물에 대한 설명으로 옳지 않은 것은?[199]　　　　　　　　답 ①

① 구곡수(九曲水)는 물이 몸을 지나치며 등지고 달아나

197) 나성(羅城)은 혈을 중심으로 산들이 중중(重重)하게 엮여져 혈의 기운을 보호하는 것이며, 한문(捍門)은 수구 사이의 양쪽 산이 대치하여 문을 지켜 막고 있는 것이다. 화표(華表)는 수구 사이에 기이한 봉우리가 있어 우뚝 솟아 있거나, 양쪽 산이 대치하고 물이 그 가운데의 빈틈을 따라 흐르는 산을 말한다.

198) 승룡수(乘龍水)는 혈의 좌우에서 물이 있어 이 물이 혈 앞에서 모여 합류하는 것이며, 물이 흘러가야 할 곳에서 역류하여 혈장 앞에 문안 인사를 하듯 모이는 물은 호룡수(護龍水)이다.

199) 구곡수는 혈 앞으로 아홉 번이나 구불구불하게 들어오는 물로서 관직에 등용되고 흘러나가도 복성(福星)으로 길하다. 물이 몸을 지나치며 등지고 달아나는 모양은 반도수(反跳水)이다.

는 모양으로 아무런 가치가 없다.

② 과두수(裹頭水)는 물이 산의 머리를 둘러싸고 바짝 붙어서 흐르는 것으로 절손(絶孫)한다.

③ 왜사수(歪斜水)는 혈 앞으로 들어오는 물이 비뚤어지고 기울어진 것으로 진혈(眞穴)이 없으며 용도 가짜이다.

④ 할각수(割脚水)는 물이 활 모양의 반대로 흘러가는 것으로 마치 물이 다리를 베는 형태이며 사람과 재물이 비게 된다.

635 다음 『인자수지』의 정혈법(正穴法)으로 옳지 않은 것은?200)   답 ④

① 양(陽)이 오면 음(陰)으로 받아야 하고, 음(陰)이 오면 양(陽)으로 받아야 한다.

② 기울어지게 오면 곧바르게 내려야 하며, 곧바로 오면 기울어지게 내려야한다.

③ 곧은 곳은 혈이 굽은 데 있고, 굽은 곳은 혈이 곧은 데 있다.

④ 산이 높으면 혈도 높고 평평한 곳에서 찾아야 하고, 산이 낮고 평평하면 혈도 낮고 왕성한 곳에서 찾아야 한다.

636 다음 〈보기〉는『인자수지』에서의 물의 분류이다. 길격(吉格)의 물을 모두 모아 놓은 것은?[201] 답 ④

> **보기**
>
> 가. 니장수(泥漿水) 나. 저여수(沮洳水) 다. 취예수(臭穢水)
> 라. 합금수(合襟水) 마. 진응수(眞應水) 바. 극훈수(極暈水)
> 사. 해조수(海潮水)

① 가, 나, 바, 마　　　　② 나, 다, 라, 바
③ 다, 라, 마, 바　　　　④ 라, 마, 바, 사

637 다음 중 지리신법에서 설명하는 수법(水法)으로 옳지 않은 것은?[202] 답 ④

① 우필, 거문, 좌보의 물은 들어오거나 나가거나 모두 좋다.
② 탐랑과 무곡의 물은 들어오는 것은 좋지만 나가서는 안 된다.
③ 문곡, 염정, 녹존의 물은 나가는 것은 좋지만 들어와서는 안 된다.
④ 물이 들어오는 곳(得水處)은 나쁜 방위여야 하고 물이 빠져나가는 곳(破口)은 좋은 방위여야 한다.

638 다음『인자수지』에서 분류한 샘의 종류 중에서 흉(凶)한 것을 모두 고른 것은?[203] 답 ③

> **보기**
>
> 가. 가천(嘉泉)　　나. 누천(漏泉)　　디. 천천(濺泉)
> 라. 몰천(沒泉)　　마. 폭포수(瀑布水)

① 가, 나, 디, 라　　　　② 가, 디, 라, 마
③ 나, 디, 라, 마　　　　④ 가, 나, 디, 라, 마

201) 물이 들어오는 곳(得水處)은 좋은 방위여야 하고 물이 빠져나가는 곳(破口)은 나쁜 방위여야 한다. 즉 길방래(吉方來) 흉방거(凶方去)이다.

203) 가천(嘉泉)은 물맛이 달고 빛이 밝으며, 향기가 있고 항상 물의 양이 똑같으며 넘치거나 마르지 않는 샘이다. 누천(漏泉)은 물이 새어 점점 떨어지는 샘이며, 천천(濺泉)은 구멍 속에서 쏘는 것과 나오는 차가운 물이며, 몰천(沒泉)은 밑에 빈 구멍이 있어서 다른 곳과 연결되고 이곳에 고인 물이 빠져 나가는 샘이다. 폭포수(瀑布水)는 산의 바위에서 물이 흘러 돌벽 아래로 쏟아지는 것으로 혈 앞에서 보면 눈물을 흘리는 모양이나 흰 칼 모양이기 때문에 불길하다.

204) 혈에 이르는 과정은 부모산-
태 - 식- 잉- 육 이다.

205) 봉우리가 빛나고 지각이 질
서 있고 튼튼한 것은 강룡이고, 봉
우리가 야위었고 지각이 짧으며
본체가 늘어진 것은 약룡이다. 봉
우리가 순하게 나오고 지각도 순
하게 펼쳐지며 뻗어가는 맥이 둥
글게 모인 것은 순룡(順龍)이다.

639 다음은 『인자수지』의 논용(論龍)에 관한 것이다. (   )안
에 들어갈 말이 ㄱㄴㄷ의 순서대로 바르게 배열된 것
은?204)   답 ①

> **보기**
>
> 현무정 후 일절을 (ㄱ)(이)라 하고, 그 아래 낙맥된 곳을
> (ㄴ)(이)라고 한다. 그 아래 속기처를 (ㄷ)(이)라고 하며,
> 이는 어미가 품고 배고 기르고 숨 쉬는 것을 도와주는 것과
> 같다. 다시 일어나 성면의 현무정이 (ㄹ)(가)이 되는 데, 이
> 는 아이를 밴 남녀가 머리를 맞대는 것과 같은 형체가 된
> 다. 융결된 혈처는 자식을 낳아 기르는 것[育]과 같다.

① 부모(父母) - 태(胎) - 식(息) - 잉(孕)

② 태(胎) - 부모(父母) - 식(息) - 잉(孕)

③ 식(息) - 태(胎) - 부모(父母) - 잉(孕)

④ 잉(孕) - 태(胎) - 식(息) - 부모(父母)

640 다음은 『인자수지』에서 설명하는 용세이다. 가장 올바
른 것은?205)   답 ④

① 약룡(弱龍)은 봉우리가 빛나고 지각이 질서 있고 튼
튼한 것이다.

② 강룡(强龍)은 봉우리가 야위었고 지각이 짧으며 본체
가 늘어진 것이다.

③ 사룡(死龍)은 봉우리가 순하게 나오고 지각도 순하게
펼쳐지며 뻗어가는 맥이 둥글게 모인 것이다.

④ 생룡(生龍)은 산봉우리가 뇌락(牢落)하고 지각이 살
아 있어 산이 진행하는 것이 활짝 열려 이끌린 모습
이다.

641 다음은 『인자수지』에서 설명하는 용세이다. 가장 올바

른 것은?[206]   답 ④

① 병룡(病龍)은 용신의 분벽이 많은 것이다.

② 겁룡(劫龍)은 본체는 비록 아름다우나 타나 흠이 있는 것이다.

③ 역룡(逆龍)은 용신이 살기(殺氣)를 띤 채로 벗어버림이 없는 것이다.

④ 진룡(進龍)은 봉우리가 차례로 쌓이고 지각이 균형이 있으며 뻗어가는 맥이 순서가 있는 것이다.

642 다음은 『지리신법』의 내용이다. (   )안에 공통으로 들어갈 말로 가장 알맞은 것은?[207]   답 ①

> **보기**
>
> 지리는 (   )을(를) 근본으로 한다. (   )가(이) 있은 연후에야 이 법(지리신법)을 사용할 수 있다. (   )가(이) 없는 곳에 이 법을 사용하면 효과가 없는 경우가 있는데 그 이유는 5가지 기(五氣)가 땅 속을 흐르며 사람이 세운 것은 모두 생기를 타야 하는데 (   )가(이) 없으면 생기가 모이지 않기 때문이다.

① 형세(形勢)   ② 이기(理氣)

③ 방향(方向)   ④ 수세(水勢)

206) 용신의 분벽이 많은 것은 겁룡이고, 본체는 비록 아름다우나 타나 흠이 있는 것은 병룡이며, 용신이 살기(殺氣)를 띤 채로 벗어버림이 없는 것은 살룡(殺龍)이다.

207) 호순신은 지리는 형세(形勢)를 근본으로 한다고 하였다.

208) 『장법도장(葬法倒杖)』은 태극
이 양의(兩儀)로, 양의가 사상(四
象)으로 다시 분류되어 혈의 종류
를 맥(脈), 식(息), 굴(窟), 돌(突)로
구분하였다.

209) 화성혈은 금(金)이 들어가면
녹아버리고, 목(木)이 들면 타 버
리고, 수(水)가 들면 말라 버리고,
토(土)가 들면 타 버리기 때문에
혈이 맺어지지 않는다.

643 다음 〈보기〉는 『장법도장(葬法倒杖)』의 일부이다. (　)안
에 들어갈 말이 가나다라의 순서대로 바르게 배열된
것은? 208)　　　　　　　　　　　　　　　　　　　답 ①

> **보기**
>
> 혈의 종류는 사상(四象)으로 구분한다. (가)은 혈장에 희
> 미한 등마루(脊)가 있는 것이며 소음의 상이고 (나)은 혈
> 장에 희미한 형(形)이 있는 것인데 소양의 상이다. (다)은
> 혈장에 희미한 와(窩)가 있는 것인데 태음의 상이며, (라)
> 은 혈장에 작은 거품(泡)이 있는 것인데 태양의 상이다.

① 맥(脈) - 식(息) - 굴(窟) - 돌(突)

② 식(息) - 맥(脈) - 돌(突) - 굴(窟)

③ 굴(窟) - 돌(突) - 식(息) - 맥(脈)

④ 돌(突) - 굴(窟) - 맥(脈) - 식(息)

644 다음 『인자수지』의 내용이다. (　)안에 공통으로 들어갈
말로 가장 알맞은 것은? 209)　　　　　　　　　　답 ②

> **보기**
>
> 오성(五星)이 모두 이치가 있는데 (　)만이 홀로 혈을 맺지
> 못하는 것은 (　)은 지극히 건조하여 다른 성(星)이 들어가
> 면 녹아 버리거나, 마르거나 타 버리기 때문이다. (　)혈에
> 는 성질이 조급한 사람이 많고 풍속이 좋지 않아 재앙이
> 나타난다.

① 목성　　　② 화성　　　③ 토성　　　④ 금성

645 다음은 『설심부』의 내용이다. ( )안에 들어갈 말이 순서대로 바르게 배열된 것은?[210] 답①

> **보기**
>
> (가)은 둥글게 둘러싸고(彎環), (나)은 구불구불하며(屈曲), (다)은 평평하고 바른 모양인데(平正) 모두 길(吉)하다. (라)은 뾰족하고 비스듬히 찌르며(尖斜), (마)은 곧게 찌르니(直撞) 모두 흉하다.

	(가)	(나)	(다)	(라)	(마)
①	금성	수성	토성	화성	목성
②	수성	금성	목성	토성	화성
③	토성	화성	금성	목성	수성
④	목성	토성	화성	수성	금성

646 다음 중 『명산론』의 사불장(四不葬)'에 해당하지 않는 것은?[211] 답④

① 혈은 있으나 생기가 없는 곳
② 남모르는 선행을 쌓지 않았던 집안
③ 내룡 등 유형은 있으나 혈이 없는 곳
④ 자손이 번창하고 명망 있는 명문가 집안

647 다음 중 『장서』의 오불가장(五不可葬)에 대한 설명으로 옳지 않은 것은?[212] 답④

① 기는 흙을 따라감으로 석산(石山)에 장사지낼 수 없다.
② 기는 형(形)을 따라오므로 단산(斷山)에 장사지낼 수 없다.
③ 기는 세(勢)로써 멈추기에 과산(過山)에 장사지낼 수 없다.
④ 기는 살아있는 것들로 인해 조화를 이루므로 독산(獨

---

210) 『설심부』「論水法」 "…金城彎環 水城屈曲 土城平正 皆吉. 火城尖斜 木城直撞 皆凶…"

211) 『명산론』의 사불장(四不葬)이란 좋은 땅에 장사 지내서는 안 될 네 가지 경우를 말하는데, 내룡 등 유형은 있으나 혈이 없는 곳(有形無穴), 혈은 있으나 생기가 없는 곳(有形無魂), 남모르는 선행을 쌓지 않았던 집안(不積陰德之家), 자손이 없거나 한미하고 천박한 집안(無孫寡劣之家) 등이 그것이다.

212) 기는 살아있는 것들로 인해 조화를 이루므로 동산(童山)에 장사지낼 수 없다.(氣以生和而 童山 不可葬也)

213) '백보전란'은 혈에서 100보 (步) 정도부터 더 이상 물길이 반듯하게 일직선으로 흘러가지 않고 교쇄되어야 함을 뜻한다.

214) 개장이란 산이 주산을 중심으로 좌우로 넓게 펼쳐진 것을 말하고 천심이란 개장을 할 때마다 그 중심이 되는 산에서 하나의 지맥이 뚫고 나아가는 것을 말한다. 산의 얼굴에 해당하는 곳을 면(面)이라 하고 산의 등에 하는 곳을 배(背)라 한다. 혈은 산의 얼굴[面]에 맺힌다.

215) 『청오경』은 풍수의 가장 오래된 경전이라 일컫는 후한대(後漢大)의 청오경『青烏經』으로 저자는 청오자(青烏子)이다. 진   나라 곽박이 저술한 것으로 알려진 『금낭경』에 경왈(經曰)이라고 하면서 『청오경』을 인용한 것으로 보아 『금낭경』 이전   에 분명히 존재했던 것으로 보인다.

山)에 장사지낼 수 없다.

648 『지리오결』의 '백보전란(百步轉欄)'에 대한 설명으로 옳지 않은 것은?[213]　　　　　　　　답 ①

① 혈에서 100보(步) 이전에서부터 물길이 반듯하게 일직선으로 흘러가야 한다.

② 혈에서 100보(步) 이후부터는 물길이 보이지 않고 수구가 보이지 않아야 한다.

③ '백보전란(百步轉欄)'에서 '전(轉)'은 물길의 방향이 굽어지는 것을 말한다.

④ '백보전란(百步轉欄)'에서 '란(欄)'은 물길이 굽어져 수구가 막혀지는 것을 말한다.

649 다음 〈보기〉는 『인지수지』의 한 부분이다. (　)안에 공통으로 들어갈 말로 가장 알맞은 것은?[214]　　답 ④

> **보기**
>
> (　)(이)란 변화하는 것을 말한다. 용의 형체가 늙은 것(老)에서 어린 것(嫩)으로 변하는 것이고, 거친 것(粗)에서 가는 것(細)으로 변하는 것이며, 흉(凶)에서 길(吉)로 변하는 것이니 이것이 다 조화의 묘(妙)인 것이다.

① 개장(開帳)　　　　② 천심(穿心)

③ 면배(面背)　　　　④ 박환(剝換)

650 풍수지리 최초의 경전(經傳)은 무엇인가?[215]　　답 ④

① 금낭경(錦囊經)

② 의룡경(疑龍經)

③ 감룡경(感龍經)

④ 청오경(青烏經)

구천십장 남사고

남사고(南師古, 1509-1571), 본명 남인해(南仁海), 경상북도 영천 출생. 조선 중기의 예언가이자 유학자로, 한국 역사에서 독특한 위치를 차지하는 인물. 그의 예언서인 격암유록(格庵遺錄)과 정감록(鄭鑑錄)은 조선 후기에 큰 영향을 미쳤으며, 오늘날까지도 많은 사람들에게 알려져 있다.

구천십장일화

젊은 시절, 울진 불영사(佛影寺)로 가던 길에 바랑을 메고 서 있는 어떤 중을 만났는데, 그 중이 남사고가 탄 말에다 자신의 바랑을 실어줄 것을 부탁하자 남사고가 이를 허락하였다.

남사고와 중이 함께 불영사에 도착해서 부용봉에 노닐다가 소나무 아래에서 내기장기를 두는데, 중이 갑자기 기합소리와 함께 자취를 감추었다가 한참 뒤에야 땅으로부터 코끝이 보이더니 점차 온몸을 나타냈다.

중이 묻기를, "무섭지 않더냐?"하니 남사고는, "무서울 것이 뭐 있겠소?" 라고 대답했다.

중은 "내가 많은 사람에게 시험을 해 보았으나 모두 겁을 먹고 기절을 하였으나 그대만은 이토록 대담하고 침착하니 내 비로소 가르칠 사람을 구하였다."하고는 비법을 적은 책을 주며, "그대는 기골이 범상치 않으니 부디 힘쓰라."는 말을 남기고 사라져 버렸다.

이때부터 남사고는 비법이 적힌 책을 열심히 연구하여 우주의 오묘한 이치를 꿰뚫어 알 수 있게 되었다고 한다.

남사고는 명종의 뒤를 이은 선조의 등극을 점쳤으며, 임진왜란이 발발할 것도 미리 알고 있었으며, 또한 동인(東人)과 서인(西人)의 당쟁이 시작될 것도 예언했다고 한다.

하지만 설화 속에 나타나는 남사고의 이미지가 반드시 긍정적인 것만은 아니었다. 한번은 이런 일이 있었다.

부모의 장례를 위해 여기저기 길하다는 땅을 골라 장사지냈으나 장례를 치른 뒤에 부모님의 묘소를 딱 보니 자신의 마음에 도무지 차지 않았다.

그래서 길지(吉地)를 골라 여러번 무덤을 옮기다가 마침내 한 묘 터를 얻었는데 바로 날으는 용이 하늘에 오르는 비룡상천(飛龍上天) 형세였다.

남사고는 크게 기뻐하여 이곳에 이장(移葬)을 하고 흙을 져다 봉분을 만드는데 어디선가 한 일꾼이 이런 노래를 부르는 것이었다.

"아홉 번 옮겨 열 번째 장사지낸 구천십장(九遷十葬) 남사고야! 이 자리가 비룡상천하는 명당인 줄 알지 마라. 죽은 뱀이 나무에 걸린 고사괘수(枯死掛樹) 자리가 여기가 아니더냐!"

남사고가 이 소리를 듣고 깜짝 놀라서 다시 산천의 형세를 찬찬히 살펴보니 과연 날으는 용이 하늘에 오르는 형세가 아니라 죽은 용의 형세였다.

정신을 차린 남사고는 그 노래를 부른 일꾼을 급히 찾았으나 일꾼은 홀연히 사라져 버려 어디로 갔는지 알 수가 없었다.

이에 남사고는 "땅도 각자 주인이 있는 법이니 인력만으로는 안 되는 것이다."라고 탄식을 하고 해(害) 없을 땅을 골라 이장했다고 한다.

우리는 이 고사에서 풍수지리에 아주 능통하면서도 정작 자기 아버지 무덤을 쓸 때에는 어떻게 하면 후손들이 발복(發福)을 누릴 수 있을까 하는 욕심에 눈이 어두워 아홉 번 이장하고 열번 무덤을 쓰게 되는 한 인간의 어리석음을 보았다.

[출전] 대동기문(大東奇聞)

주요 저서

《격암유록》은 남사고의 가장 유명한 예언서로, 주로 정치, 사회, 역사적 사건들에 대한 예언을 담고 있다. 이 책은 후대에 큰 영향을 미쳤으며, 특히 조선 후기와 일제강점기, 그리고 현대에 이르기까지 많은 사람들에게 읽히고 있다.

다양한 예언과 함께 도덕적, 윤리적 가르침도 포함하고 있어, 단순한 예언서를 넘어 사람들에게 중요한 교훈을 제공한다. 이 책의 내용은 암호화된 형태로 기록되어 있어, 이를 해석하는 데에는 많은 연구와 노력이 필요하다.

《정감록》은 또 다른 중요한 예언서로, 주로 개인과 가정, 사회적 문제들에 대한 예언과 조언을 담고 있다. 이 책은 주로 정치적, 사회적 변화와 관련된 예언을 담고 있으며, 많은 사람들에게 미래에 대한 예측과 대비책을 제시하는 역할을 했다.

영향과 평가

남사고의 예언서들은 조선 후기와 일제강점기, 그리고 현대 한국 사회에 이르기까지 큰 영향을 미쳤다. 특히 민중들 사이에서는 그의 예언서가 실제로 일어나는 사건들과 일치한다고 믿는 사람들이 많았다. 이러한 예언서들은 민간 신앙과 결합하여, 많은 사람들에게 미래에 대한 희망과 위안을 주기도 했다. 남사고는 예언가로서의 능력뿐만 아니라, 도덕적이고 윤리적인 유학자로서의 면모도 갖추고 있었다. 그의 예언서들은 단순한 예언을 넘어서, 사람들에게 도덕적 교훈과 가르침을 주는 역할을 하였다.

현대의 시각

오늘날에도 남사고의 예언서들은 많은 연구자들과 신앙인들에게 관심의 대상이 되고 있다. 특히 그의 예언들이 현대 사회와 연관이 있다고 믿는 사람들은 그의 저서를 연구하고 해석하는 데 많은 노력을 기울이고 있다. 남사고의 예언서들은 여전히 많은 사람들에게 미래에 대한 통찰을 제공하며, 그의 도덕적 가르침은 여전히 유효하다고 평가받고 있다.

남사고는 단순한 예언가를 넘어, 도덕적 지도자이자 철학자로서의 역할을 했으며, 그의 유산은 오늘날에도 많은 사람들에게 중요한 가르침을 제공하고 있다.

216) 『금낭경』은 곽박(276~324)
의 저술로, (기감편), (인세편), (평
지편), (산세편), (사세편), (귀혈
편), (형세편), (취류편)등 8편으로
전체 내용은 2천여 자에 불과하고
문장이 간결하지만 범위가 매우
넓고 포괄적이다. 조선시대 풍수
고시과목에서 암송과목이다.

217) 오실(五實 ①택소인다(宅小
人多) 집은 작은데 식구가 많은 경
우 ②대문소내대(大門小內大) 대
문은 작고 집 안이 큰 경우 ③장원
완전(將院完全) 담장이나 울타리
가 완비된 경우 ④택소육축다(宅
小育蓄多) 집은 작은데 가축이 많
은 경우 ⑤택수 구동남류(宅水口
東南流) 집의 하수구나 도랑물이
동남쪽으로 흐르는 경우

218) 『황제택경』은 저작 연대와 저
자가 미상으로 송나라시대 왕미
(王徽)라고 추정하는 양택서의 가
장 오래된 책이다. 양택풍수 지리
학의 초기 경전으로 『사고전서』의
풍수지리 서적 가운데 첫 번째로
수록될 만큼 그 권위를 인정받았
다. 주택의 가상을 판단한 것인데
방향과 길일을 중시하는 양택관을
계승하고 심화시킨 것이다.

651 풍수 동기감응(同氣感應)인 장자승생기야(裝者乘生氣也)
라는 구절이 처음 등장한 풍수 경전을 고르시오. 216)

답 ②

① 청오경　　② 금낭경　　③ 감룡경　　④ 인자수지

652 신의 힘을 빼앗아 타고난 운명을 바꾼다는 것으로 개천
에서 용이 날 수 있고 누구라도 왕후장상이 될 수 있다
는 풍수의 위력을 함축하여 말하는 고전은 무엇인가?

답 ②

① 청오경　　② 금낭경　　③ 양택십서　　④ 인자수지

653 황제택경에 나오는 5가지 조건을 갖춘 집에 거주하는
사람은 경제적으로 윤택해진다고 한다. 윤택해지는 5가
지 조건과 거리가 먼 것은?217)　　　　　　　　답 ②

① 집은 작은데 사람이 많이 사는 경우

② 집은 큰데 사는 사람이 적을 경우

③ 집에 비해서 가축이 많은 경우

④ 대문은 작고 집 안이 큰 경우

654 집터의 위치나 구조의 길흉을 따지는 양택풍수에 있어
가장 오래된 문헌은 무엇인가?218)　　　　　답 ④

① 청오경　　② 금낭경　　③ 인자수지　　④ 황제택경

655 곽박의 5불가장지가 아닌 것은?　　　　답 ③

① 동산은 불가장이다.

② 석산은 불가장이다.

③ 골짜기는 불가장이다.

④ 독산은 불가장이다.

219) 九曲委蛇, 準擬沙堤 여러 골짜기에서 나온 물들이 뱀처럼 구불구불하게 흐르고, 모래사장처럼 평평한 땅이 좋다.

656 황제택경의 오실오허(五實五虛)에 대한 설명이다. 틀린 것은? 답 ③

① 집은 작은데 사람이 많이 사는 경우는 좋다.

② 담이 튼튼한 경우는 오실에 해당한다.

③ 집은 작은데 대문이 클 때 상당히 좋다.

④ 집터는 넓은데 집이 작을 경우는 오허에 해당한다.

657 청오선(靑烏仙)의 10불상(十不相)의 설명이다. 틀린 것은? 답 ④

① 산세가 흩어지고 제각각으로 비주하여 달아나 무정한 곳은 결지하지 못한다.

② 청룡 백호가 두 끝이 날카롭게 마주 보며 싸우는 곳은 좋지 않다.

③ 급하게 물이 소용돌이치면서 내려오면 매우 흉하다.

④ 물이 배반하고 달아나는 去水地(거수지)에는 장사하지 마라.

658 풍수 고전 청오경(靑烏經)의 내용이다. 틀린 것은?219)

답 ④

① 山頓水曲, 子孫千億 = 산이 멈추고 모여 쌓이고 물이 감아주면 자손이 천억 번창 한다.

② 山來水回, 逼貴豊財 = 산이 오고 물이 돌면 귀가 속히 되고 재물이 풍족해진다.

③ 水過西東, 財寶無窮 = 물이 서쪽에서 동쪽으로 흘러갈 때 재산이 무궁해진다.

④ 九曲委蛇, 準擬沙堤 = 여러 골짜기에서 나온 물이 달아나면 모래사장처럼 혈이 머문다.

659 금낭경에서는 혈이 결지 되지 않는 곳을 '오불가장지'라 하여 기록되어 있고, 청오경에도 불가 장지에 대한 유사한 문구가 나온다. 불가 장지에 해당하지 않는 것을 고르시오.　　　　　　　　　　　　　　　　　　답 ④
① 동산, 단산　　　　　　② 과산, 동산
③ 핍산, 측산　　　　　　④ 금산, 목산

660 홍만선의 산림경제 복거조(卜居條)에 대한 설명으로 맞지 않는 것은?　　　　　　　　　　　　　　　　　답 ④
① 동쪽이 높고 서쪽이 낮아야 한다.
② 막다른 골목길, 매립지는 불길하다.
③ 흐르는 물과 맞닿는 곳, 물이 모여서 나가는 곳은 불리하다.
④ 아래층이 필로티 형태의 건물은 불길하다.

661 곽박의 5불가장지(五不可葬地)에 해당하지 않는 것은?

답 ④

① 동산(童山)　　　　　　② 단산(斷山)
③ 과산(過山))　　　　　　④ 금산(金山)

662 풍수의 경전이라고 할 수 있는 금낭경(錦囊經)에는 지맥이 일어나는 곳은 기가 같이 따라서 시작되는 곳이고, 지맥이 끝난 곳은 기가 같이 따라서 뭉친 곳이다.(支之所起 氣隨而始, 支之所終 氣隨而鍾)라고 하였다. 다음 중 틀린 해석은?　　　　　　　　　　　　　　　　답 ②
① 용은 일어난 곳을 근원으로 삼고 혈은 그치는 곳을 근원으로 삼는다.
② 혈이 맺힌 곳을 용의 꼬리라고 한다.

③ 반드시 용이 그치는 곳을 알아야 혈을 구할 수 있다.

④ 기는 물을 만나면 멈추므로 반드시 기가 뭉치는 곳은
물이 함께 따른다.

663 황제택경 오허오실(五虛五實)이다. 다섯 가지 좋은 점과
다섯 가지 나쁜 점을 말한 것으로 다음 중 5허(五虛)에
해당하지 않는 것은?   답 ①

① 집은 작은데 사람이 많은 것

② 집은 큰데 사람 수가 적은 것

③ 대문은 큰데 그 안의 집이 지나치게 작은 것

④ 담이 제대로 둘러쳐지지 않은 것

664 다음은 곽 박의 장경 제 1 氣感編이다. (   )안에 들어갈
풍수 이론의 기초가 되는 용어는?   답 ③

> **보기**
>
> "장자는 승생기야(藏者承生氣也)"라 장사를 지냄에 있어서
> 는 (   )에 의지해야 한다. '오기는 행평지중'이라. 오행의
> 기는 땅속을 돌아다닌다. "본체득기요 유체수음"이라 부모
> 의 유체가 기를 얻으면 그 남긴 바 몸인 유체는 음덕을 받
> 는다. 기감편에는(   )에 관한 구절이 여럿 나오고 있다.

① 사기(詐欺)   ② 설기(洩氣)

③ 생기(生氣)   ④ 음기(陰氣)

665 지리인자수지는 '안산은 마땅히 가까워야 하고 조산은
멀어야 좋은 것'이라고 설명했다. 다음 중 안산에 대한
설명으로 올바르지 않은 것은?   답 ①

① 우리나라의 지형에서는 무 용호 혈지와 무 안산 혈의
결지가 많다.

② 안산이 혈을 향해 뾰족하게 쏘고 부스럼 같이 거칠고 크며 파괴되어 부서지고 반배하여 무정하면 흉하다.

③ 안산이 본신 산에서 생겨 혈 앞에 가로 높아 원진수를 거두어 막으면 지극히 좋은 안산이다.

④ 우리나라에서 가장 많이 보이는 안산의 형상은 목성과 금성이다.

666 금낭경에서는 혈이 결지되지 않는 곳을 '오불가장지'라 하여 기록되어 있고, 청오경에도 불가장지에 대한 유사한 문구가 나온다. 불가장지에 해당되지 않는 것을 고르시오. 답 ④

① 동산, 단산 ② 과산, 동산

③ 핍산, 측산 ④ 금산, 목산

667 오허오실(五虛奧室)이 바르게 연결되지 않은 것은? 답 ③

① 대문은 큰데 그 안의 집이 지나치게 작은 것은 이허다.

② 택지는 넓은데 집이 지나치게 작고 정원만 넓은 것이 오허다.

③ 물도랑이 남동쪽으로 흐르면 오허다.

④ 담이 제대로 둘러쳐지지 않으면 삼허다.

668 오행의 상생 중 틀린 것은 무엇인가? 답 ①

① 목생수(木生水) ② 화생토(火生土)

③ 토생금(土生金) ④ 금생수(金生水)

669 오행 상극을 설명한 것 중 틀린 것은 무엇인가? 답 ②

① 화극금(火克金) ② 금극토(金克土)

③ 목극토(木克土) ④ 토극수(土克水)

670 오행 중 金의 성질을 설명한 것 중 옳지 않은 것은 무엇인가?[220]   답 ③

① 단단하다.   ② 소리가 맑다.

③ 청색을 의미한다.   ④ 예리하다.

671 오행 중 土의 성질이 아닌 것은 무엇인가?[221]   답 ①

① 속성속패한다.

② 대지를 뜻한다.

③ 색으로 표현하면 황색이다.

④ 만물을 포용한다.

672 오행 중 水의 성질이 아닌 것은 무엇인가?[222]   답 ③

① 검정색을 의미한다.

② 지혜와 학문을 의미한다.

③ 성질이 강하다.

④ 차고 냉정하다.

673 오행 중 속성속패(速成速敗)의 성질이 있는 것은 어느 것은 어느 것인가?[223]   답 ①

① 화(火)   ② 토(土)   ③ 금(金)   ④ 수(水)

674 음양오행의 한자 표기가 맞는 것은 무엇인가?   답 ③

① 陰洋五行   ② 陰楊五行

③ 陰陽五行   ④ 陰陽午行

675 음양오행에서 오행의 기운이 맞는 것을 고르시오. [224]

답 ③

① 오행의 목: 남 수리2. 7 붉은색 주작

220) 金은 쇠붙이를 말하며, 단면은 흰색을 띤다. 청색은 木에 해당된다.

221) 土는 대지를 말하는 것으로 대기만성의 기운을 갖고 있다. 발복은 더디지만 가장 오래 유지되는 오행이다.

222) 水는 바다를 뜻하고 방위는 북쪽이다.

223) 土는 발복이 더디지만 대기만성의 기운이 있고 金은 예리한 기운이 있으며, 水는 유연하니 부드럽고 친화력이 있으며, 木은 나무처럼 성장하는 기운이 있다고 해석한다.

224) 오행, 방위, 수리, 계절, 색, 사신사.
✓목: 동, 3,8, 봄, 푸른색, 청룡
✓화: 남, 2,7, 여름, 붉은색, 주작
✓토: 중앙, 5,10 환절기, 노랑, 혈
✓금: 서, 4,9, 가을, 흰색, 백호
✓수: 북, 1,6, 겨울, 검은색, 현무.

225) 수형의 지붕은 지붕의 용마
루 선이 아래로 처진 지붕을 말한
다. 차분하고 안정되어 평화로운
분위기의 장점이 있는 반면, 기운
이 좌우로 분산되어 흉가형 지붕
형태에 해당한다.

② 오행의 토: 중앙 수리3. 8 녹색 청룡

③ 오행의 수: 북, 수리1. 6 검정, 현무

④ 오행의 화: 남, 수리5. 10 노랑, 현무

676 오행의 상생상극으로 상생이 아닌 것을 고르시오.

답 ④

① 목생화   ② 화생토   ③ 토생금   ④ 금극목

677 오행의 기운에서 수리는 4와9를 의미하고, 계절은 가을
로, 사신사는 백호에 배속되고 방위는 서쪽에 해당하는
오행을 고르시오.   답 ④

① 木   ② 火   ③ 水   ④ 金

678 다음에서 오행의 기운과 성질이 올바른 것을 고르시오.

답 ③

① 토: 쌀쌀하고 움츠러들고 수축과 모으는 힘으로 가을
에 해당되고 서늘한 기운

② 목: 수직 상승하는 기운으로 사계절의 여름에 해당되
고 따뜻한 기운

③ 화: 불꽃같이 사방팔방 확산되는 성질과 계절은 여름
에 해당되고 뜨거운 기운

④ 수: 물의 성질로 사계절의 겨울에 배속되고 확산하는
성질이 있다.

679 오행산은 산의 기운을 음양오행설에 따라 구분한 것을
말한다. 주택에서도 지붕의 형태를 오행으로 구분하는
데 대표적인 명당형 지붕과 거리가 먼 오행은?[225] 답 ③

① 목형   ② 금형   ③ 수형   ④ 토형

680 오형산과 지붕의 형태에 대한 내용으로 잘못 설명한 것을 고르시오.[226] 답 ④

① 화형의 지붕은 속성속패, 혁명 개혁의 기운을 주며, 남을 압도할 만한 강한 기운으로 상승효과가 크다.

② 목형 지붕에서는 기운이 수직 상승하며 중심에 집중되는 명당형 지붕이다.

③ 토형의 지붕은 중심에 균형을 잡고 있으므로 기운을 안정시키는 효과가 큰 명당형 지붕이다.

④ 금형의 지붕은 공격적이며 호전적이어서 평화롭지 못하고 화끈하고 활동적인 성질을 가진다.

681 풍수에서 음양의 사례가 잘못 비유된 것을 고르시오.[227] 답 ③

① 하늘은 양이고 땅은 음이다.

② 아버지는 양이고, 어머니는 음이다.

③ 명예는 음이고, 재물은 양이다.

④ 깨끗한 것은 양이고, 지저분한 것이 음이다.

682 오형산의 성정으로 수직 상승하는 기운이 강한 산으로 정상부가 마치 붓끝같이 뾰족한 산으로 문장, 과거 급제, 명성과 명예 등과 관련된 인물을 배출하는 산을 고르시오.[228] 답 ①

① 목형산　　② 화형산　　③ 토형산　　④ 금형산

683 풍수에서는 산의 형태를 오행(五行)으로 분류한 것처럼, 물의 형태 또한 오행으로 분류하여 길흉을 판단하기도 한다. 그중 날카롭게 뾰족한 모양을 만들어 급하게 흐르는 물의 형태로서, 터가 물이 감아 도는 안쪽에 자리하

226) 금형의 지붕은 둥글게 곡선으로 이어진 모양으로 건물 중심에 기운을 집중시키는 힘이 강하면서 전체의 외형을 부드럽게 하는 명당 형 지붕이다.

227) 음양의 의미는 자연현상의 관찰을 통하여 얻어진 것으로서 우주의 존재하는 두 가지 기본 원소로서 우주의 근원과 각종 현상 및 변화를 설명하기 위한 것으로 양(陽)은 남자와 명예, 음(陰)은 여자와 재물로 구별하기도 한다.

228) 목형산은 정상부가 꽃봉오리 모양을 이룬 산을 말하며, 수직상승하는 기운이 많은 산이다. 목형산 중에서도 산 정상부가 마치 붓끝같이 뾰족한 산을 문필봉(文筆峰)이라 한다. 음택·양택 관계없이 학문을 숭상하는 사람이 많이 배출된다.

고 있어도 대체로 흉하다고 평가되는 물의 형태는 무엇인가?　　　　　　　　　　　　　　　　　　답 ④

① 목성수　　② 금성수　　③ 수성수　　④ 화성수

684 풍수에서는 산의 형태를 오행(五行)으로 분류한 것처럼, 물의 형태 또한 오행으로 분류하여 길흉을 판단하기도 한다. 그중 터 앞을 가로질러 곧장 흐르는 물은 오행 중 어느 것에 해당하는가?　　　　　　　　　　답 ①

① 목성수　　② 금성수　　③ 수성수　　④ 화성수

685 음양(陰陽)의 설명 중 틀린 것은?　　　　　　답 ①

① 수(數)의 음양 중 2, 4, 6, 9의 숫자는 음이다.

② 갑, 병, 무, 경, 임은 모두 양에 속한다.

③ 자, 인, 진, 오, 신, 술은 지지(地支)로 양에 속한다.

④ 하늘은 양이요 땅은 음이다.

686 오행(五行)의 설명 중 틀린 것은?　　　　　　답 ④

① 목(木)은 수직상승의 기운이며, 항상 솟구치는 성질을 지니고 있다.

② 화(火)는 불꽃처럼 폭발하려는 성질을 지녔다.

③ 토(土)는 중화 기운으로 균형을 유지하려고 작용한다.

④ 금(金)은 하강(下降)하는 기운이다.

687 산의 형태에 대한 설명으로 옳은 것은?　　　　답 ④

① 산의 모양이 좌우로 균형이 바르고 위엄이 갖춰진 격의 산을 보조격이라 한다.

② 산의 정상부에서 하부까지 연결된 능선이 힘없이 늘어진 형체의 산을 병체의 산이라고 한다.

③ 목산은 움직이지만 고요하고 성질이 온화하다.

④ 토산의 형체는 넉넉하고 반듯하면서 모나지 않고 고
요하다.

688 음양(陰陽)에 대한 설명 중 맞는 것은?　　　답 ④

① 숫자 3, 7, 19, 22, 28 은 양에 속한다.

② 천간 갑, 을, 병, 무, 기는 양에 속한 천간이다.

③ 어두움, 하늘, 아버지, 암컷, 달은 양에 속한다.

④ 지지의 음은 축, 묘, 사, 미, 유, 해 이다.

689 다음은 팔괘(八卦)를 설명한 것이다. 틀린 것은?　답 ④

① 감(坎)은 중남으로 수의 기운이며 북쪽이다.

② 간(艮)은 양으로 소남이며 토를 상징한다.

③ 진(震)은 장남으로 목의 기운이며 양이며 색상은 청
색 계통이다.

④ 건(乾)은 아버지로 양의 기운이며 서북쪽이며 목의
기운이다.

690 다음 중 오행에 관한 설명이다. 틀린 것은?　　답 ④

① 2, 7은 화, 3, 8목을 말하는 숫자 오행이다.

② 인체 오행 중 대장, 폐를 담당하는 것은 금의 오행이다.

③ 오행은 갑을(甲乙)은 목, 무기(戊己)는 토이다

④ 오행은 적색은 화, 황색은 토, 백색은 금, 흑색은 목이다.

691 음양(陰陽) 설명이다. 옳은 것은?　　　　답 ③

① 간지의 음은 갑, 병, 무, 경, 임이다.

② 간지의 양은 을, 정, 기, 신, 계이다.

③ 수의 음양 1, 3, 5, 7, 9 등 홀수는 모두 양에 속한다.

④ 수의 음양 2, 4, 6, 8 등 짝수는 모두 양에 속한다.

692 오성수의 형태이다. 틀린 것은?　　　　　　답 ④
① 목성수는 수세가 혈을 중심으로 곧게 뻗어나가는 직류수를 말한다.
② 화성수는 물의 흐름이 불꽃처럼 가진 모양을 말한다.
③ 수성수는 물길이 구불구불 굴곡하여 흘러가는 형태이다.
④ 토성수는 물이 혈을 궁수형태로 감아주는 형태를 말한다.

693 다음은 음양오행으로 배속표를 분류하였다. 틀린 것은?
　　　　　　　　　　　　　　　　　　　　　　답 ③
① 목은 간, 담, 눈을 말하며, 청색이며 숫자는 3, 8이다.
② 화는 심장, 소장, 혀를 말하며 여름을 나타낸다.
③ 수는 비장, 위장을 말하며 숫자는 2,7이다.
④ 금은 폐, 대장을 말하며 숫자는 4, 9이다.

694 오행의 설명이다. 틀린 것은?　　　　　　答 ④
① 토는 목, 화, 금, 수의 기운이 골고루 함유되었다.
② 금은 수축하고자 하는 기운이다.
③ 화는 불의 기운으로 분출시키고 발산하려 한다.
④ 수는 물을 뜻하며 항상 상승하는 성질을 가지고 있다.

695 오행(五行)을 오기(五氣)라 하며, 음기(陰氣)와 양기(陽氣)가 어울려 생성(生成)하는 목(木),화(火), 토(土), 금(金), 수(水)의 다섯 가지 원기(元氣)이다. 오기(五氣)는 본질을 지닌 목화토금수(木火土金水)의 다섯 가지 기(氣)로 이루

어져 모든 만물(萬物)은 모두 이 오기의 범주 안에 소멸(消滅)하고 생성(生成)하면서 일정한 법칙의 성쇠화복(盛衰禍福)으로 나타난다. 다음 중 오행의 생(生)을 올바르게 표시한 것은? 답 ④

① 목생화(木生火), 화생토(火生土), 금생목(金生木)

② 목생토(木生土), 화생금(火生金), 금생수(金生木)

③ 목생수(木生水), 화생목(火生木), 금생수(金生土)

④ 목생화(木生火), 화생토(火生土), 금생수(金生水)

696 다음은 산의 오성체의 성질(五星體性)에 대한 설명이다. 틀린 내용은? 답 ④

① 금의 체는 둥글고 뾰족하지 않으며 금의 성질은 고요하고 움직이지 않는다.

② 목의 체는 곧고 모나지 않으며 성질은 순하고 가지가 번창하다.

③ 화의 체는 날카로운 불꽃이 움직이는 듯 둥글지 않고 성질은 불꽃이 높고 멀리 타오르는 듯하고 고요하지 않다.

④ 수의 체는 모나게 모이고 반듯하여 성질은 고요하고 더디다.

697 음양(陰陽)의 설명 중 틀린 것은? 답 ①

① 수(數)의 음양 중 2, 4, 6, 9의 숫자는 음이다.

② 갑, 병, 무, 경, 임은 모두 양에 속한다.

③ 자, 인, 진, 오, 신, 술은 지지(地支)로 양에 속한다.

④ 하늘은 양이요 땅은 음이다.

698 오행(五行)의 설명 중 틀린 것은? 답 ④

① 목(木)은 수직상승의 기운이며, 항상 솟구치는 성질을 지니고 있다.

② 화(火)는 불꽃처럼 폭발하려는 성질을 지녔다.

③ 토(土)는 중화기운으로 균형을 유지하려는 작용을 한다.

④ 금(金)은 하강(下降)하는 기운이다.

699 오행을 오기라 하며 음기와 양기가 어울려 생성하는 원기로 목, 화, 토, 금, 수의 다섯 가지로 이루어져 모든 만물은 모두 이 오기의 범주 안에서 소멸하고 생성하면서 일정한 법칙의 성쇠화복으로 나타난다. 다음 중 오행의 상생에 해당하지 않는 것은?　　　　　　　답 ④

① 수생목(水生木)　　　　② 화생토(火生土)

③ 금생수(金生水)　　　　④ 목생수(木生水)

700 오성은 금은 태백(太白), 목은 세성(歲星), 수는 진성(辰星), 화는 형혹, 토는 진성(鎭星)등 다섯 가지의 오행이다. 오성체의 성질로 바르지 않은 것은?　　　　답 ④

① 목의 체는 곧고 모나지 않으며 성질은 순하고 가지가 번창하다.

② 화의 체는 날카로운 불꽃이 움직이는 듯 둥글지 않고 성질은 불꽃이 높고 멀리 타오르는 듯하고 고요하지 않다.

③ 수의 체는 고요하지 않으며 성질은 가라앉아 아래로 나간다.

④ 금의 체는 둥글고 뾰족하지 않으며 금의 성질은 고요하게 움직일수록 길하다.

무학대사와 왕십리 설화

옛날 옛적에, 고려 말에서 조선 초로 넘어가는 혼란스러운 시기, 한 명의 고승이 있었다. 그의 이름은 무학대사. 본명은 자초였으나, 사람들은 그를 무학대사라고 불렀다. 그는 오랜 시간 수도에 힘쓰며, 하늘의 뜻을 읽는 능력을 지닌 인물로 알려져 있었다.

한편, 고구려의 용맹한 장군 이성계는 나라를 세우기 위한 큰 뜻을 품고 있었다. 그의 곁에는 무학대사가 있었고, 이성계는 무학대사의 지혜를 존중하며 많은 조언을 구했다.

어느 날, 이성계는 무학대사에게 물었다.

"대사여, 이제 우리가 새로운 나라를 세울 곳을 정해야 할 때가 왔소. 어디가 좋겠소?"

무학대사는 눈을 감고 깊은 생각에 잠겼다. 얼마 후, 그는 눈을 뜨며 이성계에게 말했다.

"한양이야말로 천하의 중심, 하늘이 선택한 곳이오."

이성계는 무학대사의 말을 따르기로 했다. 둘은 함께 한양으로 향했다. 길을 가는 도중, 이성계는 무학대사에게 지도를 펴 보여주며 말했다.

"대사여, 이곳에서 서울까지는 얼마나 되는 거리인지 아시오?"

무학대사는 잠시 지도를 들여다보더니 웃으며 대답했다.

"십리쯤 되는 거리입니다, 전하."

이 말이 계기가 되어 그 지역은 '왕십리'라는 이름을 얻게 되었다. '왕이 있는 곳까지 십리'라는 뜻이 담긴 이름이었다.

무학대사는 한양을 도읍지로 정하기 위해, 곳곳을 살펴본 후 이성계에게 한양의 산과 강, 바람의 흐름을 설명했다.

"이곳은 풍수가 좋아 나라의 기운을 받기에 적합합니다. 이곳에 궁궐을 짓고 백성들이 모여들면, 조선은 번영할 것입니다."

이성계는 무학대사의 설명에 깊은 감명을 받았다. 그는 즉시 한양에 도읍을 정하고 궁궐을 짓기 시작했다. 한양에 도읍을 정한 후, 무학대사와 이성계의 전설은 널리 퍼졌습니다. 사람들은 왕십리 설화를 통해, 한양이 조선의 수도로 정해진 배경과 그 과정에서 벌어진 재미있는 이야기를 전해 들었다. 무학대사는 단순한 예언가를 넘어, 도덕적 지도자이자 철학자로서 조선의 초석을 다졌다. 그의 예언과 가르침은 조선의 번영을 이끄는 중요한 요소가 되었다.

무학대사와 이성계의 이야기는 단순한 역사적 사건을 넘어, 신비롭고 흥미로운 전설로 남아 있는데 이야기 속에는 도읍지를 정하는 과정의 긴장감과 두 사람의 깊은 신뢰, 그리고 예언과 풍수지리에 대한 신비한 요소들이 담겨 있다. 오늘날까지도 왕십리라는 지명은 이 전설을 통해 많은 사람들에게 알려져 있으며, 무학대사와 이성계의 지혜와 통찰력은 한국 역사 속에서 빛나는 유산으로 남아 있다.

701 산봉우리의 형태는 木火土金水 오형산으로 구분한다. 다음 중 집터로서 가장 적합하지 않은 봉우리는 무엇인가? 답 ②

① 목   ② 화   ③ 토   ④ 금

702 음양오행론에 대하여 잘못 연결된 것은? 답 ①

① 음기-여자-땅-동

② 양기-남자-천간-공기

③ 목-동쪽-봄-청색

④ 화극금(火尅金)

703 박환(剝換)이란 거칠고 큰 산이 곱게 변화는 과정을 말하는데, 그에 대한 설명으로 옳지 않은 것은 무엇인가?229) 답 ④

① 험한 것이 순하게 바뀌는 과정을 말한다.

② 찬 것이 따뜻하게 변하는 과정을 말한다.

③ 큰 것이 작은 것으로 바뀌는 과정을 말한다.

④ 꿈틀거리는 용맥이 곧게 바뀌는 과정을 말한다.

704 풍수에서는 자연을 살아있는 유기체로 간주하는데, 서구의 이론 중 흡사한 것은 무엇인가?230) 답 ②

① 프랙탈 이론   ② 가이아 이론

③ 나비효과   ④ 엔트로피 법칙

705 패철은 천간과 지지 24방위로 세분되었다. 이때 임자(壬子), 계축(癸丑) 같은 쌍산오행(双山五行)을 즐겨 사용하는데, 다음 중 쌍산오행의 배합이 잘못 구성된 것은 무엇인가? 답 ④

229) 용맥이 길고 곧은 것은 변화가 없는 상태다.

230) Gaia이론은 지구를 단순히 기체에 둘러싸인 암석덩이로 생명체를 지탱해주기만 하는 것이 아니라, 생물과 무생물이 상호작용하면서 스스로 진화하고 변화해나가는 하나의 생명체이자 유기체임을 강조하는 이론이다. 즉 Gaia이론이 지구전체를 有機體로 보는 거시적 성격이라면, 풍수지리론은 지구를 구성하는 산과 강을 살아있는 존재로 인식하는 미시적관　점이다. 한편 Gaia란 고대 그리스 신화에 등장하는 大地의 여신을 일컫는 말로서 곧 지구를 의미한다.

232) 화형산은 산이 거칠고 험한
상태니 바람이 세기 때문이다. 따
라서 집터의 주산으로 적합하지
않다. 혹 사찰이나 암자 등에서 주
산으로 삼는 경우도 있지만 일반
적인 경우는 아니다.

① 간인(艮寅)　　　② 을진(乙辰)

③ 곤신(坤申)　　　④ 유신(酉辛)

706 주산은 여러 가지 명칭이 있다. 그 중 옳지 않은 것은 무
엇인가?[231]　　　　　　　　　　　　　　　　답 ②

① 부모산　　② 화표산　　③ 모체산　　④ 소조산

707 모든 산에는 面背가 있는데, 面에 대한 설명으로 틀린
것은 무엇인가?　　　　　　　　　　　　　　답 ②

① 面에는 마을이 존재한다.

② 面에는 산이 어둡고 탁하다.

③ 面에는 많은 물이 모이는 지점이다.

④ 面에는 논밭이 넓다.

708 산의 봉우리는 크게 木·火·土·金·水 5가지로 분류한다.
그 중 집터의 주산으로 가장 적절치 않은 것은 무엇인
가?[232]　　　　　　　　　　　　　　　　　답 ①

① 화형산　　② 토형산　　③ 금형산　　④ 수형산

709 음택풍수 혈처에 대한 설명으로 적절치 못한 것은?[233]

답 ①

① 용맥 중 가장 강한 지점이다.

② 용맥 중 가장 건강한 지점이다.

③ 용맥 중 가장 안정된 지점이다.

④ 용맥 중 가장 따뜻한 지점이다.

710 서울의 북악산은 오형산으로 분류하면 어느 산에 속하
는가?[234]　　　　　　　　　　　　　　　　답 ④

① 화형산　②토형산　③ 수형산　④ 목형산

711 조선을 건국 당시 한양에 도읍을 정할 때 도성을 쌓는
　　내사산(內四山)의 기준으로 올바른 조합은?　　답 ③
　　① 북악산, 인왕산, 청계산, 낙산
　　② 북악산, 인왕산, 남산, 용마산
　　③ 북악산, 인왕산, 남산, 낙산
　　④ 북악산, 인왕산, 안산, 관악산

712 조선 초 궁궐을 정할 때 풍수인 윤신달은 태조 이성계에
　　게 한양의 북서쪽이 허한 것이 흠이라고 지적했다. 여기
　　서 한양 북서쪽의 허한 곳은 어디를 말함인가?　　답 ④
　　① 무악재고개　　　　　② 황토재
　　③ 미아리고개　　　　　④ 자하문고개

713 청와대는 이전에 사용하던 조선총독부관저에서 새롭게
　　이전한 것이다. 그 이유는 전임 대통령들의 잇따른 구속
　　에 따라 풍수적 조건이 맞지 않는다는 것이 표면적 이유
　　였다. 당시 청와대를 옮기는 대통령은 누구인가?　　답 ③
　　① 전두환　②김영삼　③ 노태우　④ 박정희

714 풍수에서는 산의 능선 모두를 용이라 표현한다. 이 때
　　용이 상하좌우 변화할 때 좌우에서 균형을 잡아주는 것
　　이 필요한데, 이에 대한 올바른 명칭은?[235]　　답 ①
　　① 지각　　②과협　　③ 전순　　④ 입수

715 용은 생룡과 사룡으로 구분한다. 다음 중 성격이 다른
　　한 가지를 고르시오.　　답 ④

235) 지각은 가지라 부르기도 한
다. 용맥의 균형을 잡아주는 역할
로 용의 좌우에 지게작대기처럼
곧게 이루어진다. 용맥의 좌우에
지각이 많으면 용의 변화가 많다
는 뜻이니 상태가 좋은 것을 말한
다. 반면에 지각이 없다면 용의 변
화가 없으니 사룡이 된다.

236) 생룡의 상태에 있는 암석은
박환되어여 부드럽게 변하게 된
다. 단단한 암석이 많다는 것은 박
환이 이루어지지 않은 것을 의미
한다.

237) 과협처는 봉우리와 봉우리
사이이기 때문에 필연적으로 바람
을 맞게 된다. 그러므로 바람을 맞
지 않게 다른 산이 과협처를 보호
해 주어야 한다. 과협이 곧고 길면
풍해를 당할 뿐 아니라 변화가 없
는 것이기 때문에 상태가 좋은 것
이 아니다.

① 강룡(強龍)　　　　　② 왕룡(旺龍)

③ 순용(順龍)　　　　　④ 광룡(狂龍)

716 우리나라의 산줄기는 백두대간과 정간 등으로 형성되었
다. 이중 백두대간에 어울리는 명칭은 무엇인가?　답 ④
① 횡룡(橫龍)　　　　　② 지룡(支龍)
③ 비룡(飛龍)　　　　　④ 대간룡(大幹龍)

717 용의 상태가 좋고 나쁨은 눈으로 보아 확인한다. 이
때 생룡(生龍)의 조건으로 적합하지 않은 것은 무엇인
가?236)　　　　　　　　　　　　　　　　답 ④
① 둥글게 훈(暈)의 모습이 형성된다.
② 토질이 단단하다.
③ 흙빛이 밝다.
④ 단단한 바위가 많다.

718 다음 중 사룡(死龍)이 아닌 것은 무엇인가?　　　답 ②
① 능선이 날카롭다
② 능선이 유연하다.
③ 능선이 급경사를 이루었다.
④ 능선이 곧고 긴 직룡(直龍)이다.

719 과협의 상태가 좋은 것을 말한 것 중 틀린 것은 무엇인
가?237)　　　　　　　　　　　　　　　　답③
① 장협(長峽)에서는 학슬의 형태가 있으면 좋다.
② 단협(短峽)에서는 좁게 묶어주는 봉요의 형태가 있으
면 좋다.
③ 과협처는 곧고 길게 이어짐이 좋다.

④ 과협처 좌우는 사태자국 없이 깨끗해야 한다.

238) 용맥이 상하로 변화하는 것은 기복변화, 좌우로 변화하는 것은 굴곡변화라 한다.

720 용맥이 상하로 여럿 반복되는 형태를 의미하는 것은?238)　　　　　　　　　　　　　답 ①

① 기복변화　　　　　　　② 굴곡변화

③ 비룡상천　　　　　　　④ 속기입수

721 청룡·백호는 터의 좌우에 있는 산을 말한다. 이때 청룡·백호의 가장 큰 기능은 무엇인가?　　　　답 ②

① 기맥을 공급해 준다.

② 바람을 차단해 준다.

③ 멋진 풍광을 제공해 준다.

④ 좌향을 정하는데, 기준이 된다.

722 풍수에서 산은 사람을 관장한다면 물이 의미하는 것은 무엇인가?　　　　　　　　　　　　답 ①

① 재물　　② 인격　　③ 관직　　④ 학문

723 물은 터를 향해서 둥글게 감싸주는 것을 길하게 여긴다. 이러한 물의 형태로 알맞은 것은?　　　　답 ①

① 궁수(弓水)　　　　　　② 횡수(橫水)

③ 거수(去水)　　　　　　④ 직수(直水)

724 물은 재물과 경제력을 의미하기 때문에 곧고 길게 빠져나가는 것을 가장 좋지 않게 여기는데, 이러한 물의 형태는 무엇인가?　　　　　　　　　　　　답 ③

① 횡대수　　② 요대수　　③ 직거수　　④ 반궁수

수구는 물빠짐을 막아주어야
하므로 좁게 되어야 하고 높은 산
이 있어 막아주어야 한다. 이를 화
표 또는 북진이라 한다.

240) 羅星은 禽星이라 부르기도
한다. 강 한가운데에 있어 사면이
물에 접한 상태가 되어야 한다. 이
때 나성의 머리는 상류를 향해 있
어야 하며, 머리가 하류를 향하고
있으면 물을 따라 도망가는 모습
이 되므로 불가하다.

725 물이 앞에서 구불거리며 들어오는 형태는 금시발복한다
고 한다. 이러한 물의 형태는 무엇인가?　　　　답 ②
① 대해수(大海水)　　　　② 조수(朝水)
③ 직수(直水)　　　　④ 궁수(弓水)

726 물이 들어오는 곳을 득수라 한다. 그러면 물이 나가는
곳은 무엇이라 하는가?　　　　답 ④
① 횡수(橫水)　　　　② 거수(去水)
③ 입수(入水)　　　　④ 수구(水口) 또는 파구(破口)

727 풍수에서 요구하는 水口에 대한 설명으로 옳지 않은 것
은 무엇인가?239)　　　　답 ①
① 수구는 넓게 벌어져 있어야 물이 잘 빠진다.
② 수구는 좁게 막아주어야 한다.
③ 수구에는 높고 큰 산이 있는 것이 좋다.
④ 수구를 지나는 물은 크게 굽이쳐야 좋다.

728 수구에 크고 험하게 생긴 산은 물이 나가는 것을 막아주
는 역할을 하므로 오히려 귀하게 여긴다. 이에 대한 명
칭으로 적합한 것은 무엇인가?　　　　답 ①
① 화표　　② 조산　　③ 안산　　④ 낙산

729 강 한가운데 있는 섬은 물이 나가는 것을 방비하는 역할
을 한다. 서울의 한강에서는 선유도와 밤섬이 그러한 역
할을 한다. 이에 대한 올바른 명칭은?240)　　　　답 ①
① 나성(羅星)　　　　② 북진(北辰)
③ 귀성(鬼星)　　　　④ 요도(橈棹)

730 물길에 대한 설명으로 옳지 않은 것은?241) 답 ②

① 여러 곳의 물길이 합수되는 지점이 좋다.

② 물은 한 곳에서 여러 갈래로 뿔뿔이 흩어지는 것이 좋다.

③ 물은 가급적 굽이침이 많아야 한다.

④ 물은 서서히 흘러야 좋다.

731 유서 깊은 도시는 대개 큰 강이나 바다를 접하고 있는 경우가 많다. 이러한 도시를 득수국 도시라 하는데, 다음 중 득수국 도시가 아닌 곳은?242) 답 ②

① 평양　　② 개성　　③ 부산　　④ 인천

732 바닷가에서 망망대해가 보이는 것에 대한 설명으로 옳지 않은 것은? 답 ①

① 물은 재물이라 했으므로 바다가 크게 보이는 것은 재물이 풍족한 것이다.

② 망망대해가 보이는 곳은 바람도 세므로 주거입지로 적합하지 않다.

③ 재물이 사방으로 흩어진 것으로 간주하기 때문에 불리하다.

④ 탁 트인 곳은 일시적 조망은 좋지만 장기적으로는 건강에 불리하다.

733 암 질환 발생은 지형시세와 관계가 있는 것으로 조사되었다. 다음 중 암 발생과 가장 관계가 적은 지형은 무엇인가? 답④

① 안개가 자주 끼는 곳

② 산에 험한 바위가 많은 곳

241) 물은 여러 물줄기가 모여 한 곳으로 흘러야 한다. 여러 갈래로 흐르는 물은 이집트의 수도 카이로가 그러하다.

242) 개성은 산에 둘러싸인 분지이므로 장풍국 도시로 분류한다.

243) 골짜기 지형은 계곡풍이 심
하고 바람이 차기 때문에 환자들
에게 불리한 지형이 된다. 그럼에
도 대부분의 요양원이 깊은 골짜
기에 있는 실정이다.

244) 비보 숲에 의한 효과는 숲 밖
에 비해 기온과 기압이 올라가게
된다.

245) 베르누이정리에 의해 바람
은 좁은 곳을 통과할수록 빨라지
고 기온과 기압이 떨어지게 된다.
이는 좁은 골짜기도 마찬가 지로
바람길이 형성되 기온과 기압이
빨리 떨어지게 된다.

246) 규봉(窺峯)은 탐두봉, 도적봉
으로 불리는 흉한 모습의 산이다.

③ 산골짜기 지형

④ 넓은 분지

734 중증의 환자가 치료의 목적으로 가장 불리한 지형은 무
엇인가?243)　　　　　　　　　　　　　　　　　답 ①

① 깊은 산골짜기　　　　　② 평지

③ 낮은 야산 인근　　　　　④ 바람이 잔잔한 지형

735 비보 숲에 둘러싸인 지형에 대한 설명으로 옳지 않은 것
은 무엇인가?244)　　　　　　　　　　　　　　　답 ③

① 기온이 외부에 비해 약간 상승한다.

② 바람이 잔잔하다.

③ 기압이 외부에 비해 낮다.

④ 바람세기의 편차가 적다.

736 고산지대는 암석이 많고 나무의 높이가 낮은데, 가장 큰
이유는 무엇인가?　　　　　　　　　　　　　　　답 ②

① 습도　　　② 바람　　　③ 햇빛　　　④ 지진

737 아래 그림과 같은 필로티 건물의 경우 해당되지 않는 것
은?245)　　　　　　　　　　　　　　　　　　　답 ③

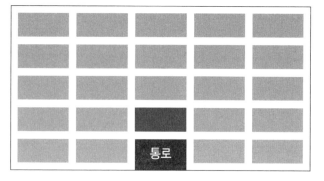

① 바람이 세다.　　　　② 열손실이 많다.

③ 기압이 주변보다 높다.　④ 소음이 많다.

738 규봉이라 함은 마치 고개만 내밀고 엿보듯 하는 형태를 말한다. 이에 대한 설명으로 맞지 않는 것은 무엇인가?[246]　　　　　　　　　　　　　답 ③

① 도적봉이라 한다.

② 탐두봉으로 부른다.

③ 귀인봉으로 여긴다.

④ 전후좌우 어디에 있어도 마찬가지이다.

739 사진은 서울 남산의 모습을 위성사진으로 본 것이다. A, B, C, D 중 산의 앞면에 해당하는 곳은 어디인가?[247]

답 ④

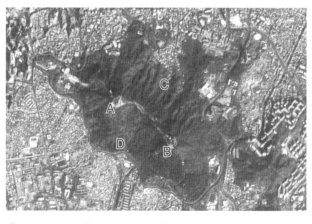

① A　　　　② B　　　　③ C　　　　④ D

740 위선사란 조상을 위한다는 뜻으로 쓰인다. 한자의 표기가 올바른 것은?　　　　　　　　　　　　답 ③

① 衛 先社　　② 爲善社　　③ 爲先事　　④ 爲善師

247) 산의 면은 깨끗하고 배부분은 험한 모습을 이루게 된다. 남산은 A에서 B로 진행하면서 두 개의 봉우리를 일으키면서 D부분이 면이 된다. 상대적으로 C부분은 골이 많은 것을 볼 수 있다.

248) 음택은 양택에 비해 발응이 더딘 편이다. 양택은 음택에 비해 발응이 빠르지만 거주하는 사람만 영향을 받는다.

249) 풍수지리는 환경결정론적 사고가 강하다. 터의 좋고 나쁨에 따라 길흉이 바뀌기 때문이다. 그러나 비보를 통해 불리한 것을 어느 정도 해소할 수 있기 때문에 환경가능론이 습합된 이론 체계다.

250) 금낭경 기감편에 있는 문장이다. 是以銅山西崩 靈鐘東應. 한나라 미앙궁에서 황제와 동방삭이 나눈 내용이다. 황제가 위 말을 듣고 "한낱 물체도 그러한데 하물며 사람은 더 말해 무엇하겠는가?"라며 동기감응에 대해 깊이 동감하는 대목이다.

741 음택과 양택의 비교 설명 중 틀린 것은 무엇인가?[248]

답 ①

① 음택이 양택에 비해 길흉의 반응이 빠르다.
② 음택이 양택에 비해 영향이 더디다.
③ 음택이 양택에 비해 영향이 오래간다.
④ 음택은 양택에 비해 후손에게 골고루 영향을 준다.

742 요즈음은 묘를 쓰기 보다는 화장이 크게 증가하였다. 그 이유가 아닌 것은?

답 ④

① 묘를 쓸 땅이 부족해서
② 망자의 유지를 따라서
③ 묘소 관리의 어려움 때문에
④ 법으로 매장이 금지되어서

743 화장 후 유골을 나무 밑에 안치하는 경우를 다음 중 무엇이라 하는가?

답 ①

① 수목장   ② 납골묘   ③ 산골(散骨)   ④ 평장

744 물과 바람은 좁은 곳을 지날수록 속도는 빨라지고 기압은 낮아진다. 이를 증명한 과학원리는 무엇인가?

답 ②

① 열열학제2법칙   ② 베르누이정리
③ 엔트로피 현상   ④ 카오스이론

745 지구를 살아있는 유기체로 여기는 가이아이론은 동양의 풍수지리이론과 흡사하다. 이때 가이아가 의미하는 것은 무엇인가?

답 ③

① 태양   ② 제우스
③ 지구   ④ 종교적 대상

746 환경결정론은 땅의 성격에 의해 인문적 환경이 크게 좌
우된다는 뜻이다. 그에 반해 환경은 인간의 힘에 의해
사막도 옥토로 바꿀 수 있다는 이론은 무엇인가?[249]

답 ④

① 에너지 보존법칙　　　② 양자역학
③ 만유인력　　　　　　　④ 환경가능론

747 풍수고전 금낭경에 보면 다음과 같은 대목이 나온다.
"구리광산이 서쪽에서 무너지니, 대궐 처마에 달린 구리
종이 울리는 것입니다. 이를 일러 동기가 서로 감응한다
고 합니다." 이를 말한 인물은 누구인가?[250]　　　답 ④
① 청오자　　② 곽박　　③ 양균송　　④ 동방삭

748 택일의 여러 길흉을 집대성한 책 이름은 무엇인가?[251]

답 ③

① 금낭경　　② 나경투해　③ 천기대요　④ 황제내경

749 천기대요에는 년살, 월살 등 피해야 하는 수많은 殺이
등장한다. 그 殺의 숫자에 근접한 것은 몇개인가?[252]

답 ④

① 50개　　② 100개　　③ 200개　　④ 250개

750 풍수의 저변확대에 가장 저해되는 요인은 무엇인가?[253]

답 ④

① 대중적 보편화　　　　② 양택풍수 확대
③ 생활풍수 개발　　　　④ 용어의 전문화

대한민국 풍수는 세계 최고

필자는 중국에 풍수답사를 여러 차례 다녀온 바 있다. 풍수이론이 발달한 중국풍수를 현지에서 직접 확인하고 싶었기 때문이다. 실제로 중국이 풍수에 대한 이론적 연구와 그 결과물인 풍수서적의 집필에 있어 우리보다 크게 앞서있다는 것은 부인할 수 없다. 그리하여 조선시대에는 중국의 풍수에 대해 동경 내지는 신비스럽게 여길 정도였다. 대표적인 것이 조선을 개국하여 도읍을 신도안으로 옮기려 할 때 하륜이 중국 송나라 사람 호순신의 풍수이론을 내세우며 천도불가론을 주장하여 자신의 주장을 관철하였고 선조임금은 선조비 의인왕후 능지를 정할 때 명나라 풍수 섭정국에게 자문을 구할 정도였다. 또 몇몇 양반 사대부가들은 중국의 풍수가에게 묘 자리를 잡는 것을 의뢰하기도 하였다.

하지만 이제는 그러한 사대주의적 사고에서 벗어날 때가 되었다. 중국에 여러 차례 풍수답사를 다니면서 느낀 것은 한국의 풍수는 제도권과 재야의 활발한 노력으로 매우 세련되었을 뿐 아니라 도시계획, 부동산, 건축, 인테리어 등 다양한 분야에서 새로운 영역을 개척하고 있다는 점이다.

반면 중국은 풍수에 사주와 택일 등이 습합되면서 정체성이 모호한 경향이 있다. 즉, 풍수에 인간의 운명을 추리하는 사주팔자 등이 혼합되면서 풍수 본래의 기능인 터의 좋고 나쁨을 판별하는 기능을 상실했다 해도 과언이 아니다. 중국에서의 풍수는 더 이상 학문으로 취급받지 못하고 아니면 말고 식의 술법으로 전락하고 있다는 생각이다.

이러한 이유는 1966-1976년까지 문화대혁명을 거치면서 풍수가 구시대적 잔재로 분류되어 혹독한 탄압을 받기 때문인데, 이 시기에 중국의 풍수는 대중적 역동성을 잃고 깊은 침체기를 겪게 된다. 문화대혁명 이후 중국의 풍수는 유네스코 세계문화유산 등재 준비 등 이전보다 활발한 분위기지만, 문화대혁명 이전 중국이 지닌 풍수의 잠재력을 회복하기에는 쉽지 않을 것으로 보인다.

한편 문화대혁명 당시 모택동이 풍수를 타파 대상으로 삼은 것은 예로부터 중국의 풍수는 최고위층만을 위한 비밀스런 帝王學으로 여겨졌기 때문에 일반 민중들은 접근할 수 없도록 의도적으로 배제하였을 가능성도 있다. 즉 모택동은 풍수를 자신들 권력 연장의 한 수단으로 생각하고 禁書로 지정했을 가능성도 있다. 이는 마치 당나라 현종이 곽박의 '葬書'를 보고난 뒤 왕실만을 위한 秘書(錦囊經)로 삼은 것과 흡사한 경우라 할 수 있다.

물론 몇 차례 답사만으로 중국의 풍수를 단정할 수는 없다. 중국의 거대한 땅덩어리와 인구는 엄청난 잠재력을 지니고 있기 때문이다. 그러나 분명한 것은 현 시점 중국풍수에 비해 한국의 풍수는 다양한 전공과 분야에 풍수를 접목하면서 학문적으로 세계 최고 수준이라 해도 과언이 아니다.

풍수 연구는 대학원을 중심으로 동양학과, 철학과, 한국학과, 경영학과, 부동산학과, 환경보건학과, 지리학과, 건축과, 토목과 등에서 활발한 연구가 진행되고 있다.

한국이 풍수의 최고선진국이 될 수 있었던 것은 최근 30년 간 학자들에 의한 고전의 번역이 이루어지면서 부터다. 그것을 토대로 눈 밝은 장인들은 음택과 양택, 마을과 도시 등에 접목하면서 풍수의 수준이 크게 향상될 수 있었다. 또 학자와 장인 간의 격의 없는 학술발표를 통한 꾸준한 교류도 큰 영향을 주었다. 따라서 한국의 풍수에 대해서 자긍심을 가질 필요가 있다.

다만 자긍심이 자만심이 되어서는 안 된다. 우리의 풍수가 중국보다 현 시점 앞서간다고 해서 문제가 전혀 없는 것은 아니기 때문이다. 정체불명의 풍수이론 난립과 수맥이나 기감능력을 빙자한 여러 문제는 시정되어야 할 부분이다.

중국풍수의 한 단면을 소개해 본다.

필자는 2017년 8월 상하이 인근 주가각(朱家角)을 여행하였다. 주가각은 약 1,700년 전에 촌락이 형성되었으며 상하이에서 가장 오래된 수변마을로 동양의 베니스로 불리는 곳이다.

　주가각 여행 중 어느 점포의 간판에는 주역·예측이라는 글이 태극문양과 함께 걸려있다. 주인은 중국 주역협회 회원이며, 楊貴順이라는 자신의 이름을 내걸고 있다. 이곳 주인은 50대 초반의 남성으로 희끗희끗한 긴 머리에 수염을 길게 기른 모습으로 마치 도인과 비슷한 풍모를 하고 있다.

　주역예측은 대꼬챙이로 된 점대 하나를 뽑으면 짧은 시간에 길흉화복을 알 수 있으며, 맞추지 못하면 돈을 받지 않는다는 문구가 있다.

抽签神算(추첨신산) : 대꼬챙이로 점대를 뽑아 정확하게 예측
抽一支签便知吉凶祸福(추일지첨편지길흉화복) : 점대 하나를 뽑으면 짧은 시간에 길흉
　　　　　　　　　　　　　　　　　　　화복을 알 수 있음
签不准不收钱(첨불준불수전) : 정확하게 맞추지 않으면 돈을 받지 않음

　상점의 한쪽 벽면에는 풍수포국, 기명, 풍수라는 글자가 크게 적혀있다. 풍수포국은 실내배치를 말하는 것이고 起名은 작명을 말한다. 起는 오른다는 뜻이 있으니 승승장구하는 작명이라는 뜻이다. 그 외에도 대형 유리창에는 자신이 하는 모든 것을 적어놓았다.

算官运 : 관운(승진운) 예측
算事业 : 사업 예측
算高考 : 대학입학시험 예측
算官司 : 소송(송사) 예측
算财运 : 재운 예측
算婚姻 : 혼인 예측
算寻人 求人 : 사람을 찾는 예측(求人)
测名好坏 : 이름이 좋은지 나쁜지 예측
公司起名 : 회사명 작명
八字豫测 : 팔자 예측

孕測男女 : 태아의 남녀 예측
起名改名 : 작명과 개명
店面起名 : 점포 작명
手相面相 : 손금과 얼굴의 관상
風水布局 : 풍수 배치

이것으로 보아 이곳은 풍수에 주역, 작명, 사주풀이, 관상, 손금까지 풀이하는 곳으로 우리나라의 종합철학관 같은 곳이다. 그러나 우리나라의 철학관은 일반적으로 특화된 분야가 있기 마련이다. 대개 사주풀이나 작명, 관상 등 각자의 주종목이 있지만 이곳은 사람의 운명에 대한 토탈서비스를 하는 것처럼 보인다.

우리 속담에 열 가지 재주 있는 사람이 밥 굶는다는 말이 있다. 업종이 점차 세분화되어가는 시대에 학자나 장인에게는 박학다식의 폭넓음보다는 깊이가 중요하다. 우리나라도 풍수인 중에 사주풀이와 작명, 관상 등을 접목하는 경우도 있지만, 어디까지나 보조적인 역할에 그쳐야 하며 한 분야에 매진해야만 일정한 수준에 도달할 수 있다.

앞에서도 말했듯이 풍수의 가장 기본적인 목적은 터의 좋고 나쁨을 판별하는 능력이다. 하지만 중국의 풍수는 기본과 기초를 도외시한 체 잔재주에 치중하는데, 필자가 만나본 대부분의 중국풍수인들은 큰 나침반을 들고 외모에 치중하는 등 과시하고 싶은 경향이 다분했다.

빈수레가 요란한 법이니 중국이 본래 지닌 풍수의 잠재력을 회복하기에는 상당한 시간이 필요할 것으로 보인다.

그로 인해 대한민국의 정교하고 세련된 풍수를 중국에서 가르치는 날도 머지않아 올 것으로 기대한다. 더 나아가 우리의 풍수가 미국이나 유럽 뿐 아니라 세계 어디에서도 통용될 수 있는 문화콘텐츠로서의 역할도 할 수 있을 것으로 본다.

대한민국 풍수인들이여 자긍심을 가져라.

751 풍수지리는 학문연구 분류표에 포함된 학문체계이다. 이 중 대분류-중분류-소분류-세분류 4단계로 구분하는데, 다음 중 맞는 분류는 무엇인가?254)　　　답 ③

① 인문학-지리학-자연지리학-풍수지리

② 인문학-지리학-인문지리학-풍수지리

③ 사회과학-지리학-인문지리학-풍수지리

④ 사회과학-지리학-자연지리학-풍수지리

752 묘소에 빗물이 침투하는 가장 큰 원인은 무엇인가?255)

답 ①

① 광중을 크게 파고 상대적으로 봉분을 작게 한다.

② 두더지 등의 침투에 의해서

③ 나무뿌리가 침투해서

④ 토질이 불량해서

753 조선시대 왕족이나 사대부가의 묘를 보면 석회를 사용해 회곽을 조성한 것을 볼 수 있다. 이때 석회를 사용하는 가장 큰 이유는 무엇인가?　　　답 ①

① 사방이 견고하게 굳어 나무뿌리와 벌레 등의 이물질의 침입을 방지하기 위해서

② 발복이 빠르기 때문에

③ 잡신이 침입하지 못한다는 속설 때문에

④ 이집트의 미이라처럼 보존하기 위하여

754 석회를 사용할 때는 흙과 물을 혼합하여 다진다. 이때 석회와 흙의 비율이 가장 적당한 것은?256)　　　답 ②

① 석회2 + 고운 흙8　　　② 석회6 + 고운 흙4

③ 고운 흙2 + 석회8　　　④ 고운 흙8 + 석회2

755 정확한 광중을 파기 위해서는 작업 전 일정한 규격의 금정틀을 만든 뒤 수작업으로 광중을 파는 것이 좋다. 그러한 이유로 맞지 않는 것은?[257]　　　　답 ①
① 광중을 빠르게 파기 위하여
② 광중을 정교하게 파기 위하여
③ 광중의 좌향을 정확하게 하기 위하여
④ 광중 주변의 균열을 방지하기 위하여

756 조선시대에는 장사를 치룬 뒤 약 10년 쯤 지나면 광중을 다시 파 보아 부모님의 체백을 확인하는 관습이 있었다. 이를 면례(緬禮)라 하는데, 그 이유 중 적합하지 않은 것은?[258]　　　　답 ③
① 부모님의 체백이 편안하지 확인하기 위하여
② 부모님 묘지 속에 이물질을 제거하기 위하여
③ 부모님 묘를 개장하여 좋은 운을 얻기 위하여
④ 부모님의 체백이 좋지 못한 경우 타지로 이장하기 위하여

757 용맥이 겉으로 보아서는 끊어진 것 같으나 사실은 땅속으로 가느다란 실이 이어지듯 끊어지지 않은 맥의 형태를 무엇이라 부르는가?[259]　　　　답 ②
① 봉요학슬(蜂腰鶴膝)　　② 우단사련(藕斷絲連)
③ 붕홍과맥(崩洪過脈)　　④ 개장천심(開帳穿心)

758 수구사는 물이 흘러가는 곳의 양쪽 언덕의 산이다. 수구가 공허하게 비어서 물을 곧게 나가게 하면 불리하다. 다음중 수구사에 해당하지 않는 것은?[260]　　　　답 ④
① 한문(捍門)　　　　② 화표(華表)

257) 광중을 수작업으로 하면 장비사용에 비해 많은 시간과 노동력이 필요하게 된다. 그래서 요즘은 힘들다는 이유로 수작업을 기피하는 경향이 있다. 하지만 장비를 사용하면 정교한 작업은 포기해야 한다.

258) 묘지 터가 좋고 나쁨을 확인할 수 있는 가장 좋은 방법은 면례이다. 그런 관계로 예전에는 면례가 자주 있었으니 요즘은 현실적으로 한 번 매장하면 다시 확인하기 어렵다.

259) 용맥은 두드러지게 나타나는 경우도 있지만, 어느 순간 모호한 형태로 이어지기도 한다. 마치 연꽃의 뿌리를 자르면 가느다란 실 같은 점액이 이어지는 것 같다고 해서 우단사련이라 부른다.

260) 한문은 강 양쪽의 산이 교쇄하여 물 빠지는 수구를 열쇠를 채우듯 한 형상이다. 화표와 북진은 수구에 크고 높은 산이 우뚝 솟아 있어 물빠짐을 파수하는 모습이다. 이때 북진은 험한 암석으로 이루어져 두려움이 들 정도의 형태니 험악한 장수가 무섭게 서서 지키는 모습이 된다. 다만 화표나 북진은 매우 험한 모습이기 때문에 혈처에서 보이지 않아야 한다.

261) 禽星은 강 한가운데 있는 섬
으로 羅星으로 부르기도 한다. 禽
星은 물 빠짐을 막아주는 수구사
의 일종이다.

262) 구성은 탐랑, 무곡, 문곡, 거
문, 좌보, 우필, 파군, 염정, 녹존
등으로 구분한다. 이기법에서는
산의 형태를 구성에 비유하여 말
하기도 한다. 길한 형태는 탐랑, 무
곡, 거문이고 좌보, 우필은 무난한
것으로 말한다.

263) 과협은 용이 계속 진행하는
과정이므로 혈을 맺을 수 없다. 혈
은 반드시 용맥이 끝나는 지점이
이야 하기 때문이다.

264) 과협은 산의 봉우리와 봉우
리 사이 고갯마루를 말한다. 과협
의 종류는 곡협(曲峽), 직협(直峽),
장협(長峽), 단협(短峽), 활협(闊峽)
이 있다. 산은 변화가 많아야 상태
가 좋은 것이므로 과협이 많을수
록 좋다. 다만 과협은 바람의 영향
을 받기 때문에 풍해를 입지 않아
야 생룡이 된다는 전제가 따른다.
단협은 봉우리와 봉우리 사이가
가까운 관계로 솟구치는 형상이
되어야 한다.

265) 혈의 가부를 논하는 방법으
로 6可공식이 있다. 胎, 正, 順, 强,
高, 低를 말한다. 胎는 가느다란 용
맥에 비해 혈처에 이르면 임산부
처럼 좌우가 살이 찐 형상, 正은 당
판의 좌우가 한쪽으로 기울지 않

③ 북진(北辰)   ④ 용신(龍神)

759 다음 중 관귀금요(官鬼禽曜)에 대한 설명 중 틀린 내용
은?261)   답③
① 혈의 전후좌우에서 발출한 여기(餘氣)의 보조사를 말
한다.
② 혈의 뒤에 있는 것을 귀성(鬼星)이라 한다.
③ 혈을 둥그렇게 감싸준 모습을 금성(禽星)이라 한다
④ 혈의 주변에 암석으로 이루어지는 것을 관성(曜星)이
라 한다.

760 구성 중에서 좋은 기운을 가지고 있는 것이 아닌 것
은?262)   답③
① 탐랑(貪狼)   ② 무곡(武曲)
③ 염정(廉貞)   ④ 거문(巨門)

761 참된 용은 과협이 많은 것이다. 다음 중 과협에 대한 설
명으로 바르지 않은 것은 무엇인가?263)   답④
① 과협이란 봉우리와 봉우리 사이의 고갯마루를 말한다.
② 과협은 맥의 독소를 제거하고 순화시켜 주는 여과장
치의 역할을 한다.
③ 과협은 맥의 힘을 더욱 왕성하게 만들어 주는 펌프의
작용을 한다.
④ 과협처에도 혈을 맺을 수 있다.

762 능선이 가라앉았다가 솟구치는 현상이 되려면 과협처는
어떤 모습이 되어야 하는가?264)   답②
① 장협(長峽)   ② 단협(短峽)

③ 곡협(曲峽) ④ 활협(闊峽)

763 혈의 가부를 논하는 방식으로 옳지 않은 것은? 265) 답 ②
① 高 : 국지적인 당판에서 혈처는 빗물이 스며들지 않게 주위보다 높아야 한다.
② 低 : 당판은 오목한 지형이어서 주변보다 무조건 낮아야 한다.
③ 正 : 당판은 좌우 어느 한쪽으로 기울지 않고 균형이 맞아야 한다.
④ 胎 : 혈처의 뒤편 가느다란 용세와 비교해서 혈은 통통하게 살찐 모습이 된다.

764 다음 용세 중 길한 용끼리 바르게 연결된 것은? 266) 답 ①
① 비룡, 강룡, 진룡, 복룡 ② 진룡, 사룡, 순룡, 진룡
③ 진룡, 순룡, 병룡, 강룡 ④ 역룡, 비룡, 복룡, 생룡

765 봉요학슬(蜂腰鶴膝)은 용의 변화 현상 중 하나다. 봉요학슬이 생기는 곳은 어디인가?267) 답 ④
① 당판 ② 선익
③ 전순 ④ 용맥 또는 과협

766 봉요에 대한 설명 중 옳은 것은 어느 것인가? 268) 답 ①
① 허리가 잘록한 현상으로 힘을 추스르는 모습이다.
② 봉요는 너무 가늘어 용맥으로 적합하지 않다.
③ 봉요의 현상은 기맥이 약한 것을 의미한다.
④ 봉요는 기맥이 끊어진 것이다.

767 기맥이 건강한 혈을 맺으면 사람의 이목구비에 해당하

아 반듯해야 하고, 順은 용맥의 상태가 충분히 박환되어 따뜻한 기운을 품어야 하고, 强은 혈처의 토질이 단단하여 이물질의 침입을 막아야 한다. 단 암석으로 이루어지면 불가하고 흙의 상태에서 단단해야 한다. 低는 크게 보았을 때 혈처를 주변 산들이 감싸주면서 나지막한 안정감이 들어야 한다. 다만 국지적인 당판에서의 혈처는 주변보다 높아야 한다.

266) 용세의 모습을 표현한 것으로 생룡, 왕룡, 강룡, 복룡, 순룡, 진룡 등을 길하게 여기고, 사룡, 약룡, 살룡, 병룡, 퇴룡, 겁룡 등은 흉하게 여긴다. 비룡은 용맥이 솟구치는 모습이니 길하게 여긴다. 다만 비룡의 형태도 말의 목덜미처럼 매끈해야 한다. 역룡은 용맥의 좌우에 달린 지각이 앞을 향하지 않고 뒤를 향한 것을 말한다.

267) 봉요학슬은 벌의 허리와 같고 학의 무릎과 같은 형상을 말한다. 혈을 맺고자 하는 징표이니 대체로 과협에서 이루어진다.

268) 봉요는 벌의 허리처럼 가느다란 상태를 말한다. 봉요를 이루면 용맥은 크게 솟구치면서 힘이 왕성함을 나타낸다.

는 형태를 이루게 된다. 이를 혈상의 오악(五嶽)이라 하
는데, 다음 중 오악에 해당되지 않는 것은?[269]   답 ④
① 입수   ② 전순   ③ 당판   ④ 과협

768 혈의 입수에 대한 설명 중 옳지 않은 것은 무엇인가?[270]
답 ④

① 기맥의 저장창고 역할이다.
② 입수는 토질이 단단한 것이 특징이다.
③ 입수에서 좌우측 선익이 파생된다.
④ 입수는 기맥이 뭉친 곳이므로 묘를 쓰기에 최적의 장
   소다.

769 전순에 대한 설명으로 옳지 않은 것은 어느 것인가?[271]
답 ②

① 혈을 맺고 남은 기운이다.
② 전순은 길게 뻗어야 좋다.
③ 전순이 없으면 대체로 가파른 경사지가 된다.
④ 전순은 좌향을 정할 때 기준이 된다.

770 선익에 대한 설명으로 옳지 않은 것은 어느 것인가?[272]
답 ④

① 선익은 좌우 두 개가 형성된다.
② 선익은 반드시 입수에서 파생된다.
③ 선익은 당판의 균형을 잡는 역할이다.
④ 선익은 용맥의 분신이므로 크게 꿈틀거리는 형태가
   길하다.

771 당판은 기맥이 가장 응집된 최적의 장소를 말한다. 당판

의 설명 중 틀린 것은 무엇인가?²⁷³⁾   답 ③
① 당판을 좌우로 2등분하면 양쪽의 크기가 동일하다.
② 당판 중에서도 가장 중심점을 혈심이라 한다.
③ 당판은 원심력에 의해 좌우 한쪽으로 기울게 된다.
④ 당판은 평면도로 보았을 때 둥근 형태를 이룬다.

772 청룡·백호에 대한 설명 중 틀린 것은 어느 것인가?²⁷⁴⁾
답 ①

① 물이 우측에서 좌측으로 흐르면 백호가 길어야 한다.
② 청룡·백호는 혈을 향해 감싸주어야 한다.
③ 청룡·백호의 역할은 바람을 막아주는 역할이다.
④ 청룡이나 백호가 반드시 있어야 하는 것은 아니다.

773 다음 중 물이 나가는 것을 막아주는 역할의 수구사가 아닌 것은 무엇인가?²⁷⁵⁾   답 ④
① 화표(華表)   ② 북진(北辰)
③ 한문(扞門)   ④ 라성(羅城)

774 수구처에 양쪽 산이 서로 마주보듯 대치하여 물 나가는 것을 막아주는 수구사를 무엇이라 하는가?   답 ③
① 화표(華表)   ② 북진(北辰)
③ 한문(扞門)   ④ 관성(官星)

775 횡룡으로 혈을 맺을 때 뒤편을 받쳐주는 역할을 무엇이라 하는가?²⁷⁶⁾   답 ②
① 관성(官星)   ② 귀성(鬼星)
③ 금성(禽星)   ④ 요성(曜星)

273) 당판은 좌우가 기울질 않아 평탄한 안정감이 있어야 한다. 만약 어느 한쪽으로 기운 상태면 편룡이 되니 묘를 쓸 수 없다.

274) 물이 좌측에서 우측으로 흐르면 백호가 길어 물을 막아주어야 하고, 물이 우측에서 좌측으로 흐르면 청룡이 길어야 한다. 이를 下水砂라고 한다. 만약 물흐름과 청룡백호가 같으면 山水同去라 해서 불리한 지형이 된다.

275) 羅城은 청룡백호 등의 산줄기가 혈을 성처럼 감싼 모습을 말하고 羅星은 물 한가운데 있는 섬으로 수구사가 된다.

276) 橫龍結穴 有鬼有樂이라 했다. 횡룡으로 혈을 맺을 때는 혈 뒤를 받쳐주는 역할의 귀성이나 낙산이 필요하게 된다. 이때 둘 중 하나만 있어도 된다. 낙산은 혈 뒤편에서 바람을 막아주는 것으로 유비 뒤에 관우가 늠름하게 서있는 모습에 비 유한다.

776 산의 형태가 주름치마와 같이 골이 많이 파여진 형태를 무엇이라 하는가?277)　　　　　　　답 ③

① 이향사(離鄕砂)　　　　② 퇴전필(退田筆)

③ 흔군사(掀裙砂)　　　　④ 어병사(御屛砂)

777 혈처에서는 보이지 않지만 물이 감싸며 흐르는 형태를 무엇이라 하는가?278)　　　　　　　답 ①

① 암공수(暗拱水)　　　　② 구곡수(九曲水)

③ 금성수(金城水)　　　　④ 권렴수(捲簾水)

778 혈 뒤에 골이 많아 묘소를 향해 빗물이 들이치는 형태를 무엇이라 하는가?279)　　　　　　　답 ②

① 견비수(牽鼻水)　　　　② 림두수(淋頭水)

③ 분류수(分流水)　　　　④ 반신수(反身水)

779 용이 변화를 하게 되면 변화지점마다 스스로 균형을 잡기 위해 (　)을 형성하게 된다. (　)속에 적합한 단어는 무엇인가?280)　　　　　　　답 ①

① 지각　　② 전순　　③ 선익　　④ 과협

780 권렴수(捲簾水)에 대한 설명으로 맞는 것은 무엇인가?281)　　　　　　　답 ③

① 물이 크게 감싸준 형태를 말한다.

② 물이 연못이나 저수지로 고여 있는 것을 말한다.

③ 논밭으로 이루어진 물이 층층이 낮아지면서 빠져나가는 것을 말한다.

④ 물이 앞에서 들어오는 것을 말한다.

- 山無祖惡來(산에 근본이 없으면 악함이 온다)

- 穴者山之花也, 如樹之實也(혈이란 산의 꽃이니 나무에 비유하면 열매와 같은 것이다)

- 星必以剝換爲貴(산은 반드시 박환 되어야 귀함이다)

- 地理以向背定吉凶(지리는 향배로서 길흉을 정하는 것이다)

- 山環水聚而龍面(산이 돌아오고 물이 모이는 곳이 용의 면이다)

- 龍祖貴則 子孫亦貴, 龍祖賤則 子孫亦賤(용의 근본이 귀한즉 자식 또한 귀할 것이요, 용의 근본이 천한즉 자식 또한 천할 것이다)

- 崎嶇峻險 龍之怒, 踊躍翔舞 龍之喜(울퉁불퉁 산이 험한 것은 용이 성을 내는 것이요, 뛰며 춤추는 것은 용이 기뻐함이다)

- 主山峯之圓美, 福祿兼而長壽(주산의 봉우리가 둥글고 아름다우면 복록과 장수를 겸할 것이라)

- 祖宗聳拔者, 子孫必貴(조종산이 빼어나게 솟아 있으면 그 아래쪽의 파생된 능선도 반드시 귀할 것이다)

- 玄武不垂者, 拒屍(주산이 머리를 공손히 드리우지 못했다면 시신을 거부함이라)

- 山淸人秀 山濁人愚 自然之理(산이 맑으면 사람이 수려하고 산이 탁하면 사람 또한 어리석은 것이니, 이것이 자연의 이치이다)

- 雖地有大小寬隘之不同, 其觀之要一在情意(산의 크고 작음과 넓고 좁음은 같지 않지만, 산을 살피는 요체는 한가지일 뿐이니 오직 마음과 뜻에 달려있다)

- 氣行於不可見, 當以法推之(기의 움직임은 눈으로 볼 수가 없으니, 마땅히 이치로서 헤아릴 것이다)

- 若有生成之龍, 必有生成之穴(만약 龍이 참되게 되면, 반드시 혈을 만든다)

- 龍穴爲主 砂水次之(산을 살피는 데는 용과 혈이 우선이요, 주변의 사격과 물은 다음이다)

- 屈曲活動龍之生, 醜粗硬直龍之死(상하좌우로 용이 꿈틀거림은 용이 살아 있음이요, 추하고 거칠며 뻣뻣하고 곧은 것은 용이 죽은 것이다)

- 山中明顯爲脈, 地中肥動爲氣(산에서 밝게 비추는 것이 맥이요, 땅에서 살이 쪄서 움직이는 것이 氣다)

- 相山亦似相人(산을 살피는 것은 사람의 상을 보는 것과 같은 것이다)

- 雜木深山, 不可葬(잡목이 우거진 산에 불가장이요)

  陰濕深山, 不可葬(음습하고 깊은 산에 불가장이요)

  惡氣凶山, 不可葬(악하고 험한 산에 불가장이라)
- 坐下若無眞氣脈, 面前空有萬重山(땅 속에 만약 참된 기맥이 없으면, 앞에 보이는 겹겹의 산들이 모두가 공허함이라)
- 上地之山 若水之波 若馬之馳(좋은 산은 물결치듯 말이 달리는 듯하다)
- 圓者 生氣之表也(둥글다는 것은 생기의 증거다)
- 有脈在身 其體自動, 有氣在體 其體自肥(나의 몸에 脈이 있으면 스스로 움직이고, 나의 몸에 氣가 있으면 스스로 살이 찐다)
- 剝換之處有暈爲貴, 險惡之處醇化爲吉(박환된 곳에는 훈이 있음이 귀함이고, 험악한 곳에는 순하게 변함이 길한 것이다)
- 而氣散穴不結(넓은 것은 기가 흩어진 것이니 혈을 맺지 못한다)
- 地理之與物理(지리는 물리와 같은 것이다)
- 尖, 銳, 急, 直, 頑, 硬 皆凶(산의 능선이 날카롭고, 뾰족하고, 급하고, 곧으며, 딱딱하고, 뻣뻣한 것은 모두가 흉하다)
- 今之師巫 不識龍之行度 但見四山環抱 外從聳秀 曾不究龍(오늘의 지사와 무가들은 용의 행도를 알지 못하면서, 다만 사방의 산들이 둘러주고 먼 곳의 산들이 빼어나게 솟아오름만을 따르니, 이것은 용을 탐구하는 것이라 할 수 없다)
- 蓋枝脚橈棹, 龍之分氣也(대개 지각·요도는 용의 分氣이다)
- 龍之凶者, 枝脚亦必惡陋(용이 흉한 것은 지각 또한 반드시 악하고 추한 것이다)
- 地貴平夷, 土貴有支, 穴取安止(땅이 귀함은 평평한 것이고, 가지가 있는 것이니, 혈은 편안하게 머무른 곳에서 취할 것이다)
- 蓋隱拙者 却有奇 異跡, 顯露者 多是花穴假形(대개 은은하고 졸렬하게 보이는 것은 오히려 기이하고 괴이한 혈이 많고, 뚜렷하게 드러나 보이는 것은 꽃과 같으나 많은 것이 가짜다)
- 龍之枝脚, 如人之手足(용의 지각은 사람의 수족과 같은 것이다)
- 出身左右手足, 是謂生龍(나의 몸 좌우에 수족을 뻗은 것이 生龍이다)
- 枝嫌延蔓(가지는 넝쿨처럼 이리저리 뻗은 것을 싫어한다)
- 論龍枝脚之妙思過半矣(용을 논함에 지각의 묘함은 절반 이상이다)

- 最關者, 穴後一節也(가장 중요한 것은 혈 뒤의 한마디이다)

- 地美則神靈安子孫盛(땅이 아름다우면 신령이 평안하니 자손이 번성할 것이다)

- 天不貽地不受(하늘에서 주지도 않고 땅에서 받아주지도 않는다)

- 求而得之卽所謂緣也, 惟不可强耳(산을 구하고 얻는 것은 소위 인연에 의한 것이므로 억지로 한다고 되는 것 아니다)

- 眞龍之過峽多(참된 용은 과협이 많은 것이다)

- 師若肯傳峽裏訣傾囊倒洩天機(어느 스승이 만약 협의 깊은 비결을 옳게 전수하여 경랑도협 한다면 천기를 누설함이다)

- 過峽宜狹不宜闊, 長則力弱氣已殘(과협은 마땅히 좁아야 하며 넓은 것은 마땅치 않다. 긴 것은 힘이 약하여 이미 氣가 쇠잔한 것이다)

- 項細者, 氣從也(목이 가늘게 되는 것은 氣가 따름이다)

- 斷而不斷, 龍脫殺(끊어질 듯 끊어지지 않은 것은 용이 살을 벗음이다)

- 尊龍或有蜂腰馬項(존귀한 용은 혹 벌의 허리와 같고, 말의 목덜미와 같은 것이 있다)

- 過峽一線短又細, 蜂腰鶴膝束氣聚(과협의 한 선이 짧고 가느니, 봉요학슬은 기를 묶어 모아 줌이다.)

- 龍之生死, 關於過峽(용의 생사가 과협에 달렸다)

- 住處多爲醜惡形, 世俗庸師心裏懼(머무는 곳〈혈〉은 많은 것이 추하고 악한 모습을 하고 있으니, 평범한 지사들은 마음속으로 두려워한다)

- 大凡好地作醜穴, 不與世人容易說(무릇 좋은 땅은 추하게 혈을 만드니 세상 사람과 더불어 말하기 쉽지 않다)

- 生龍中死龍, 死龍中生龍(생룡이 사룡으로 변할 수 있고, 사룡이 나아가다 다시 생룡으로 바뀔 수 있다)

- 小之龍結局必小, 不可貪大局勢(작은 용은 혈을 맺어도 국세가 작은 것이니, 큰 국세를 탐하는 것은 불가하다)

- 自古吉地希有 三凶四吉可用(사고로 길지는 드문 것이니, 3흉 4길이면 가히 쓸 수가 있다)

- 若不得地正穴 埋向陽地藏風(만약 정혈을 얻지 못했다면, 바람을 막아 주고 양지바른 곳을 향해서 쓸 것이다)

- 訣以言傳, 妙由心悟(비결은 말과 글로서 전할 수 있지만, 묘한 것은 스스로의 마음으로 깨달아야 한다)

- 入首者乃龍到頭忽起, 爲結穴之主祖(입수는 용이 머리에 이르러 홀연히 솟은 것이니, 혈을 맺는 근본이 된다)

- 欲知結地不結地, 萬物結果先有(혈을 맺었는지 안 맺었는지를 알고자 한다면, 모든 과일에는 꼭지가 있음을 먼저 살필 것이다)

- 土肥卽 氣厚(땅이 살이 찌면 기가 넉넉함이라)

- 形止勢縮(形이 머물면 용세의 간격이 짧아진다)

- 形止氣蓄(形이 그치면 氣가 쌓인다)

- 肥不離肥 瘦不離瘦, 乃不成變化者也(살찐 것이 살찐 곳을 벗어나지 못하고, 수척함이 수척한 곳을 탈피하지 못한다면 변화하지 못한 것이다)

- 騰蛇凶危(뱀이 산을 오르는 듯 꿈틀꿈틀하는 것은 흉하고 위태롭다)

- 龍不起頂龍不眞 穴不起頂穴不眞(용이 봉우리를 일으키지 못했으면 용이 참됨이 아니며, 혈이 봉우리를 만들지 못했으면 혈이 참됨이 아니다)

- 界圓則結(윤곽이 둥글게 생기면 혈을 맺음이다)

- 看穴之 三證論

  看其氣止者一證(혈은 기맥이 멈춘 곳을 살피는 것이 그 첫째요)

  止處更有脈作 者二證(멈춘 상태에서 살이 찐 모습이 되어야 그 두 번째 증거이며)

  五步下 更有餘氣 作脣者三證(살찐 혈판 밑에는 남은 기맥이 전순을 만들어야 그 세 번째 증거다)

- 龍行未止不可尋穴, 謂之行龍又謂過龍(용이 그치지 않으면 혈을 찾을 수 없으니, 일컬어 행룡 또는 과룡이라 부른다)

- 高一寸爲山, 低一寸爲水(일촌이 높은 곳이 산이요, 일촌이 낮은 곳은 물이다)

- 穴의 6可公式 : 胎·正·順·强·高·低

- 穴의 5가지 結地條件 : 起·動·止·肥·平

- 形如覆釜, 浮龜(혈의 모습은 솥을 엎어놓은 듯하며, 물위에 떠있는 거북이와 같다)

- 突中之屈須遷, 屈中之突莫棄(돌출한 모습 중에 움푹한 것은 모름지기 옮길 것이요, 오목한 중에 튀어나온 것은 버리지 말 것이다)

- 生氣則 燠(생기는 따뜻한 것이다)

- 穴吉而溫 富貴連綿, 其逆反是 子孫孤貧(혈이 길하고 따뜻하면 부귀가 오래 이어질 것이요. 그 반대면 외롭고 가난할 것이다)

- 生氣潛干下則 暈形現於上如魚在水中一動 其水上自成一暈이라. 見暈 可以知魚也(생기가 땅 밑에 있으면 훈형이 위로 나타나니, 물속에 고기가 있어 한번 움직이면, 물위에 스스로 한 훈이 생김과 같은 것이다. 그 훈을 보니 가히 고기가 있음을 알 수 있다)

- 陰地一線(기맥은 한 줄의 선으로 이루어진다)

- 毫釐之差, 禍福千里(털끝만한 차이로도 좋고 니쁨은 천리가 된다)

- 地氣之虛實, 殊乎咫尺之間(지기의 허와 실은 극히 짧은 거리로 가려진다)

- 結穴處, 要帶 帶褥(혈을 맺은 곳에는 요나 이부자리를 펼쳐 놓은 것이 필요하다)

- 貴龍落處, 有氈脣(귀한 龍이 끝나는 곳에는 전순이 있다)

- 穴前下之急空, 落馬死(묘 앞이 급하게 허전하다면, 말에서 떨어져 죽음이라)

- 堂處騎龍泄氣, 子孫出於貧寒(묘를 쓴 곳이 말달리듯 泄氣하면, 자손들이 가난하게 된다)

- 穴若不隋龍上星, 定然是假不是眞(혈이 만약 용 위의 모습으로 따르지 못하면, 정연 가짜이며 참됨이 아니다)

- 止處隱伏, 無有去意(머무는 곳은 차분히 엎드려서 가고자 하는 의사가 없어야 한다)

- 脣氈者 穴下餘氣之發露也, 大者曰氈 小者曰脣(脣氈者는 혈 아래에 餘氣가 發露한 것이니, 큰 것을 전이라 하고 적은 것을 순이라 한다)

- 山無餘氣則, 穴不眞(산에 남은 기맥이 없은즉, 혈이 참됨이 아니다)

- 峽者龍之眞情發現處也(과협은 용의 참된 기운이 나타난 곳이다)

- 蜂腰鶴膝龍欲成是也, 故凡見此形則知龍將結作可以求索穴場矣(봉요학슬은 용이 成하고자 하는 것이므로, 무릇 이와 같은 형이보인 즉 장차 용의 결작을 알리는 것이니 혈장을 찾아 구할 것이다)

- 軟腰過長, 不敢裁(연약한 허리가 너무 길게 되면 감히 재혈하지 못함이다)

- 龍虎穴之左右砂也, 彎抱有情爲吉(청룡과 백호는 혈의 좌우에 있는 것으로, 둥글게 껴안아서 정이 있는 모습이 길함이다)

- 有龍無虎 亦爲吉 有虎無龍 未是凶 只要外山 連接應 分明有穴 福常豊(청룡만 있고 백호는 없어도 역시 길함이요 백호만 있고 청룡은 없어도 융함이 아니니, 단시 바깥 산이 연이어서 응해주면 분명 혈이 있음이요 복이 항상 풍부하리라)

- 堂前吐舌直走, 必離鄉而丐乞(묘를 쓴 앞쪽이 뱉어 놓은 혓바닥과 같이 곧게 달아나면, 반드시 고향을 떠나서 걸식하게 된다)

- 直長則穴不眞, 短縮則穴不結(청룡, 백호가 곧고 길게 되면 혈이 참되지 못하고, 짧으면 혈을 맺지

못한다)

- 逆砂一尺, 可致富(물의 흐름과 반대로 감아준 산이 단 한자만 되어도, 가히 富를 이룰 수 있다)

- 山水同去, 穴不結(산과 물이 같이 가는 곳에는 혈을 맺지를 못한다)

- 下砂不轉莫尋龍(하사가 감아주지 못했으면 용을 찾지 말 것이다)

- 有地無地, 先看下臂(땅이 있고 없음은 먼저 下臂를 살필 것이다)

- 龍虎腰低越肩風射則, 穴不結(청룡 백호의 허리가 낮아서 어깨너머로 바람이 몰아치면 혈이 맺지를 못한다)

- 靑龍山如針砂, 日朝夕而是非(청룡이 바늘같이 가느다란 모습이면, 날마다 아침저녁으로 시비가 생긴다)

- 龍虎胸, 家遭喪禍(청룡·백호가 가슴을 치는 형상이면 집안에 喪禍가 있을 것이다)

- 外陽秀麗千萬山, 不如近身一抱案(멀리 바깥에 있는 수려한 천만 산이, 나의 몸 가까이서 둘러준 하나의 안산만 못하다)

- 水長無案明堂曠, 下後兒孫家計傾(물이 곧게 나가고 안산이 없어 명당이 공허하면, 葬事후 자손의 가계가 기울 것이다)

- 案山則, 與夫婦之同坐(안산은 부부가 마주보고 앉은 것과 같다)

- 案山有之屈曲, 塚與宅皆凶也(안산의 모습에 골이 많은 것은 묘나 집에서나 모두 흉한 형상이다)

- 案山則 如拱, 如揖, 如拜(안산의 모습은 껴안듯이, 절하는 모습으로 고개를 숙인 형상이어야 한다)

- 險惡之處 醇化爲吉(험악한 곳은 순하게 바뀜이 길함이다)

- 三吉六秀 何用强求, 正穴眞形 自然黙合(삼길 육수를 억지로 구해서 무엇하리요, 혈이 바르고 참된 것은 자연스럽게 침묵할 따름이다)

- 形勢不吉而土色俱備用之者, 禍不旋日(형세가 불길한데 토색을 갖추었다 해서 묘를 썼다면, 禍가 돌이킬 수 없다)

- 上砂送多其地大, 下砂收密其地久(위에서부터 많은 사격을 보내 주어야 대지가 됨이요, 아래의 사격들은 빈틈없이 빽빽하게 거두어 주어야 오래 간다)

- 龍穴旣眞 前後左右之山 自然相應(용혈이 이미 참되었다면 전후좌우의 산이 자연스럽게 응해 준다)

- 有聲不如無聲, 明拱不如暗拱(소리가 있음은 소리가 없는 것 보다 못하며, 보이는 것은 보이지 않는 것만 못하다)

- 登山點穴, 先看水勢(산에 올라 혈을 찾고자할 때, 먼저 물의 형세를 살필 것이다)

- 峻急本無受容不融結(경사가 급한 곳은 본시 수용이 없는 곳이니 혈을 맺지 못한다)
- 凡山形土脈所落處, 必須在平夷之地(무릇 산형과 토맥이 내려와 자리를 만드는 곳은, 반드시 평탄한 땅에서 이루어진다)
- 尖利破碎, 龍帶殺(험하고 날카로우며 무너지고 파헤쳐 진 것은 용이 살을 띠었음이다)
- 貴龍重重穿出帳, 賤龍無帳空雄强(귀한 용은 거듭거듭 장막을 뚫고 나옴이요, 천룡은 장막도 없이 공연히 웅장하고 강하기만 하다)
- 龍眞穴的則 凶砂反爲吉砂, 龍賤穴假則 吉砂反爲凶砂(용이 참되고 혈이 적실한즉 흉한 모습이 오히려 길하게 되고, 용이 천하고 혈이 가짜인즉 길한 모습이 반대로 흉한 작용을 한다)
- 指鹿爲馬, 認蚓爲蛇(사슴을 가리켜 말이라 하고, 지렁이를 보고 뱀이라 한다)
- 壙中泉敗家絶孫, 壙入水疾病多生(광중에서 물이 나는 것은 패가절손이요, 광중에 물이 드는 것은 질병이 많다)
- 橫龍結穴 有鬼有樂(횡룡으로 혈이 맺힐 때는 鬼星과 樂山이 있어야 한다)
- 金城環抱 不如水繞 水繞不如水聚 水繞則氣全 氣全則福綿(산이 둥글게 감싸 안음이 물이 돌아준 것만 못하고, 물이 감아준 것은 물이 모여 있는 것만 못하다. 물이 감아준즉 기가 온전함이요, 기가 온전한즉 복이 길게 이어진다.)
- 鬼星太長則, 奪本身之氣(귀성이 너무 길은즉 내 몸의 기를 빼앗아 간다)
- 穴後須防仰瓦(혈의 뒤쪽은 모름지기 오목함을 방비해야 한다)
- 穴前高後低(혈은 앞이 높고 뒤가 낮은 것을 두려워한다)
- 堅土人剛, 弱土人柔(땅이 단단하면 사람이 굳세고, 땅이 허약하면 사람이 여린 것이다)
- 窩有弦稜砂(와혈에는 현릉사가 있어야 한다)
- 窩中微突(와혈의 중심은 미미하나마 튀어 나와야 한다)
- 窩無毬簷爲虛(와혈에는 공 같은 받침이 없으면 가짜다)
- 屈曲活動最爲貴脈, 大而曲者亦尋常矣(좌우로 꿈틀거리는 것이 가장 귀한 맥이지만, 크게 曲한 것은 대수롭지 않다)
- 未論千里之來龍, 但看到頭之一節(千里來龍을 따지지 말고, 다만 머리에 이른 한마디를 살필 것이다)
- 乘金者太極之暈也, 圓金在於穴後以微微難見者也, 詳見則必有其顯(승금자는 태극의 형태로서 둥그런 金體가 혈 뒤에 미미하게 있어 보기가 어려우나, 자세히 살피면 반드시 나타난다)
- 鉗有落棗砂(겸혈에는 대추가 떨어진 듯 통통해야 한다)

- 有分無合則難裁, 有合無分則難據(나눔이 있고 합함이 없은즉 裁穴하기 어렵고, 합함은 있으나 나눔이 없은즉 기댈 곳이 없다)
- 上有微茫八字分, 下有微茫八字合(위에서 희미하게 팔자로 나눔이 있고, 아래서는 희미하게 팔자로 합함이 있다)
- 千里行龍 穴在一席(千里龍에 혈처는 한 곳 뿐이다)
- 貴地常小 富地常多 衆人之所不喜者 則爲大貴之地 此奇形異相所以
- 千金難求也(귀한 혈은 적고 富穴은 항상 많은 것이니, 여러 사람이 좋아하지 않는 것이 즉 大貴의 땅이라. 이는 기이하고 이상하게 생긴 땅으로 천금을 주어도 구하기가 쉽지 않다.)
- 橈棹 : 당판이 기우는 것을 지탱시켜 주는 받침대 역할
- 捍門 : 수구 양쪽에서 물의 출입을 단속하는 산으로, 혈을 수호하는 수문장과 같다.
- 東邊秀異之朝砂 西邊必有眞龍之結作(동쪽에 수려하고 특이한 조산이 있으면, 서쪽에 반드시 眞龍의 결작이 있을 것이다)
- 乳穴曲卽非(乳穴이 曲한 것은 혈이 아니다)
- 曲是包裏 非正穴是也(曲은 안을 싸안은 것이지, 正穴이 아닌 것이다)
- 蓋正中是垂穴 斜曲是山脚(대개 正中은 혈이 되고, 굽은 것은 산의 가지가 된다)
- 一個山頭 下十墳一墳富貴 九墳貧, 共山共向 共流水 只看穴情 眞不眞(하나의 산 밑에 10개의 묘가 있다면 하나는 부귀하지만 9개는 가난함이라. 똑같은 좌향에 같은 물이 흐르건만 단지 살필 것은 혈의 情이니 참됨과 거짓됨을 볼 것이다.)
- 獨山 不可葬(獨山에 묘를 쓰는 것은 불가하다)
- 山抱水回則吉, 山飛水走則凶(산이 감싸고 물이 감아준 즉 길함이요, 산이 날아가고 물이 도망간 즉 흉이라)
- 突穴無帳屛是, 虛花(돌혈이 장막 같은 둘러줌이 없으면 참됨이 아니다)
- 地理要逆 … 緩中有急(지리는 반대됨을 요하니 … 용세가 느릿한 곳에서는 급한 곳을 찾아라)
- 突有縣針砂(돌혈에는 현침사가 있어야 한다)
- 龍虎本身發出者爲上 他山假合者次之(청룡·백호는 본신에서 생긴것이 상격이요, 멀리 타산이 합한 것은 다음이다)
- 氣乘風卽散(기는 바람을 타면 흩어진다)
- 風水之法 得水爲上 藏風次之(풍수의 법에 물을 얻음이 첫째요 장풍의 보국은 다음이다.)

- 一曰 : 龍要眞(용이 참됨이 첫째이고)

  二曰 : 穴要的(혈이 적실해야하며)

  三曰 : 砂要秀(사격은 수려한 모습이며)

  四曰 : 水要抱(물은 감싸 안은 형상이 좋고)

  五曰 : 向要吉(향은 길함을 요한다)
- 登山勿用帶羅經, 下穴不看諸卦例(산을 오를 때 패철을 사용치 말고, 혈을 정할 때는 여러 괘법의 (점치는) 이론을 살필 것 없다)
- 朝水一酌, 能求貧(들어오는 물이 한 잔의 술과 같은 정도라도 능히 가난을 구제할 수가 있다)
- 直蕩浩大皆凶(물의 모습이 곧고, 흩어지고, 넓고, 큰 것은 모두가 흉함이다)
- 因形察氣(形으로서 氣를 관찰한다)
- 入氣孔大 氣亦散, 入氣孔小 氣卽聚(氣가 들어오는 구멍이 크게 되면 氣 역시 흩어짐이요?氣가 들어오는 구멍이 작게 되면 氣를 모으는 것이다)
- 地理之如物理(지리는 물리와 같다)
- 山勢土脈未止, 非穴也(산세와 기맥이 멈추지 않으면 혈이 아니다)
- 穴前水之直走, 千財散而一朝(묘 앞의 물이 곧게 달아나는 모습은 천금의 재산이 하루아침에 흩어진다)
- 曲竄若驚蛇(놀란 뱀이 꿈틀거리며 달아나는 듯하다)
- 勢有萬端, 理歸一揆(형세는 만 가지 모습이지만, 이치는 하나의 법칙으로 귀결된다)
- 龍虎而開口 子孫之財敗(청룡·백호가 입을 벌리고 있으면 자손의 재물이 패한다)
- 尤嫌無案山 衣食必艱難(더욱 두려운 것은 안산이 없는 것이니. 반드시 의식이 어려울 것이다)
- 水穿堂直過 謂之水破天心 主財不聚 人丁稀少(물이 명당을 곧게 뚫고 지나게 되면 수파천심이라 하여, 재물이 모이지 않고 사람도 드물게 된다)
- 水賤龍貴不爲全, 禍福兩相兼(물은 천하고 용이 귀한즉 온전한 것이 아니니, 화복이 서로 상반된다)
- 山如破碎倚斜, 縱合卦例何爲(산이 허물어지고 기울며 경사졌는데, 설령 卦例가 맞다한들 무엇하리요)
- 壙中泉 敗家絶孫, 壙入水 疾病多生(광중에서 물이 나는 것은 패가절손이요, 광중에 물이 들면 질병이 많다)

- 火則尖利帶殺, 火無穴也(火形山은 뾰족하고 날카로운 殺을 띤 것이니, 火形山에는 혈이 없다)
- 土者氣之體, 有土斯有氣(흙은 氣의 근본이니, 흙이 있는 곳에 기가 있다)
- 最忌凹風穴, 決定人丁絶(가장 꺼리는 것은 凹風이니 결정코 인정이 끊어진다)
- 怪石若居前案, 必有凶災(괴이한 돌이 만약 앞쪽에 있으면, 반드시 흉한 재앙이 있을 것이다)
- 穴吉葬凶, 與棄尸同(혈이 비록 길하지만 장법이 흉하게 되면 시신을 버리는 것과 같다)
- 天時不如地理(때가 좋음이 땅이 좋음만 못하다)
- 龍穴其本, 年月爲末(용혈이 근본이요, 년 월은 마지막에 살필 것이다)
- 氣感而應鬼, 福及人(생기가 죽은 자에게 응하면 그 후손에게 복이 미친다)
- 遠七近三(멀리서 일곱 번을 보고 가까이서 세 번을 살핀다)

바람을 알면 건강하고, 물을 알면 부자가 되며,
땅을 알면 귀하게 되고 이치를 알면 실패하지 않는다